Unterwegs

zur Vorbereitung auf die Zentrale Mittelstufenprüfung Deutsch als Fremdsprache

Trainingsbuch

Angelika Braun · Sabine Dinsel · Karin Ende

LANGENSCHEIDT

BERLIN · MÜNCHEN · WIEN · ZÜRICH · NEW YORK

Unterwegs
zur Vorbereitung auf die Zentrale Mittelstufenprüfung
Deutsch als Fremdsprache

von Angelika Braun, Sabine Dinsel und Karin Ende

Redaktion:	Mechthild Gerdes
Layout:	Karin Kopp, Augsburg
Umschlag:	Barbara Slovik, München

Autoren und Verlag danken den Begutachterinnen und Erproberinnen für die kritische Begleitung, Erprobung und die zahlreichen konstruktiven Anregungen zur Entwicklung des Lehrwerks.

Zu diesem Trainingsprogramm gehören zusätzlich:
eine Audiokassette   ISBN 3-468-**47647**-7
zwei CDs   ISBN 3-468-**47648**-5

Das Lehrwerk folgt grundsätzlich der reformierten Rechtschreibung. Davon abweichend sind die authentischen Texte, die aus historischen oder philologischen Gründen in der ursprünglichen Orthographiefassung abgedruckt wurden.

Umwelthinweis: gedruckt auf chlorfrei gebleichtem Papier

Druck:	7.	6.	5.	4.	3.	2.	Letzte Zahlen
Jahr:	2005	2004	2003	2002	2001	2000	maßgeblich

Druck: Druckhaus Langenscheidt, Berlin
Printed in Germany   ISBN 3-468-**47646**-9

Inhaltsübersicht

Test

Training

Liebe Prüfungskandidatinnen, liebe Prüfungskandidaten,

wir freuen uns, dass Sie so kurz vor dem Ziel stehen, die *Zentrale Mittelstufenprüfung* (ZMP) abzulegen, und mit unserem Trainingsprogramm **Unterwegs zur Zentralen Mittelstufenprüfung (ZMP)** die letzten Hürden nehmen wollen. Wir möchten Sie

- mit den Anforderungen und dem Verlauf der Prüfung vertraut machen und
- Ihnen dabei helfen, ein Trainingsprogramm zusammenzustellen, das auf Ihre Bedürfnisse zugeschnitten ist.

Zunächst aber Antworten auf einige allgemeine Fragen, die für Sie wichtig sein dürften.

Warum lohnt es sich, die ZMP abzulegen?

Die ZMP ist weltweit bekannt und bei Firmen und Institutionen als Nachweis guter allgemeinsprachlicher Deutschkenntnisse anerkannt. Wenn Sie später an einer deutschsprachigen Universität oder Fachhochschule studieren möchten, ersparen Sie sich mit dem ZMP-Zeugnis in der Tasche die sprachliche Eingangsprüfung für das Studienkolleg. Weiterhin können Sie nach bestandener ZMP an Vorbereitungskursen auf die DSH teilnehmen. An einigen Hochschulen, bzw. in einigen Studiengängen reicht die ZMP sogar schon als sprachliche Voraussetzung für die Zulassung zu einem Fachstudium.

Was wird in der ZMP geprüft?

Die ZMP wurde 1995 nach den Richtlinien der ALTE-Konferenz in trinationaler Zusammenarbeit (D - A - CH) überarbeitet und prüft, ob der Kandidat in der Lage ist, komplexe authentische Texte aus dem allgemeinsprachlichen Bereich zu verstehen. Er muss wichtige Strukturen im Deutschen so sicher verwenden können und über den adäquaten Wortschatz verfügen, dass er (seine und andere) Belange im privaten, öffentlichen und beruflichen Leben situationsadäquat und angemessen äußern kann. Im Vordergrund der Prüfungsziele steht also die Kommunikationskompetenz im Deutschen. Das heißt im Einzelnen für Sie:

Die Prüfung besteht aus vier Teilen. Wenn Sie die Prüfung erfolgreich abschließen, zeigen Sie ...

- im Teil **Leseverstehen**, dass Sie durch Anwendung der passenden Lesestile Artikel aus deutschsprachigen Zeitschriften und Zeitungen in angemessener Zeit lesen und verstehen und die darin enthaltenen Meinungen bzw. Details und Hauptaussagen herausfinden können.

- im Teil **Schriftlicher Ausdruck**, dass Sie nach Vorgabe von fünf Leitpunkten einen Brief bzw. ein Kurzreferat ausarbeiten können. Ihre Sicherheit im formellen Register zeigen Sie, indem Sie Lücken in einem formellen Brief mit Vorgaben aus einem persönlichen Brief füllen.

- im Teil **Hörverstehen**, dass Sie mithilfe verschiedener Hörstile Informationsgesprächen und Radiosendungen inhaltlich folgen und dabei auch regionale Varianten der gesprochenen deutschen Standardsprache (auch aus Österreich und der Schweiz) verstehen können.

- im Teil **Mündliche Kommunikation,** dass Sie zu Themen von allgemeinem Interesse eine klare und zusammenhängende mündliche Darstellung geben können, dass Sie sich spontan und aktiv an Gesprächen und Diskussionen auf Deutsch beteiligen und dass Sie mit Nachfragen und Umschreibungen sprachliche Schwierigkeiten überbrücken können.

Übersicht über die Zentrale Mittelstufenprüfung (ZMP)

	Kompetenzen	*Aufgabentyp*	*Punkte*
Leseverstehen			
Teil 1	Selektives Lesen	Kurztexte auswählen	5
Teil 2	Globales Lesen	Hauptaussagen und Details entnehmen:	
		Lückentext oder Notizen machen	10
Teil 3	Detailliertes Lesen	Meinungen und Standpunkte erkennen	5
Teil 4	Grammatik / Wortschatz	Lücken in einem Text ergänzen	10
		Insgesamt 90 Min.	**30**
Hörverstehen			
Teil 1	Selektives Hören	Einem Gespräch gezielt Informationen entnehmen	15
Teil 2	Detailliertes Hören	Hauptaussagen und Details entnehmen:	
		Multiple-Choice oder Zuordnungsaufgabe	15
		Insgesamt 30 Min.	**30**
Schriftlicher Ausdruck			
Teil 1	Etwas berichten, Informationen referieren, Meinung äußern	Freies Schreiben anhand von fünf Leitpunkten: Einen persönlichen Brief, einen formellen Brief oder ein Kurzreferat schreiben	20
Teil 2	Formelles Register im Brief beherrschen	Lücken in einem formellen Brief ergänzen	10
		Insgesamt 90 Min.	**30**
Mündliche Kommunikation			
Teil 1	Über ein Thema sprechen	Sich zusammenhängend äußern	15
Teil 2	Etwas aushandeln	Ein Gespräch führen, diskutieren	15
		Insgesamt 30 Min. (davon 15 Min. Vorbereitung)	**30**

Mit wie vielen Punkten hat man bestanden?

Insgesamt gibt es maximal 120 Punkte. In jedem Prüfungsteil müssen Sie mindestens 50 % der Punkte erreichen (wird ab Mitte 2000 in 60 % beim Leseverstehen und beim Hörverstehen geändert). Andernfalls müssen Sie die gesamte Prüfung wiederholen. Diese kann mehrmals wiederholt werden.

Die Bewertungskriterien für die Prüfungsteile *Schriftlicher Ausdruck* und *Mündliche Kommunikation* finden Sie im Trainingskapitel auf den Seiten 69 bzw. 97.

Bitte beachten Sie, dass ab 2005 nach der neuen Rechtschreibung korrigiert wird (siehe dazu: *DUDEN: Die neue Rechtschreibung, 1996*).

Punkte	Note
120 - 106	sehr gut
105 - 91	gut
90 - 76	befriedigend
75 - 60	ausreichend
59 - 0	nicht bestanden

Wie können Sie sich mit *Unterwegs*, dem Lehrwerk für die Mittelstufe, auf die Prüfung vorbereiten?

Im Lehrwerk *Unterwegs* (Materialienbuch und Kursbuch) werden alle für die Prüfung relevanten Kompetenzen (siehe dazu die Spalte „Kompetenzen" in Übersicht S. 6) geschult. Dementsprechend steht in den einzelnen Kapiteln des Lehrwerks *Unterwegs* die Entwicklung dieser Kompetenzen im Vordergrund.

Wie in der Prüfung wird in *Unterwegs* sprachliches Wissen nicht isoliert abgehandelt, sondern integriert in den verschiedenen Fertigkeitsbereichen mittrainiert. In zahlreichen Aufgaben bietet *Unterwegs* vielfältige Kommunikationssituationen und Schreibanlässe, in denen mündlich und schriftlich auch die für die ZMP-Prüfung relevanten Sprachhandlungen trainiert werden.

Einen guten Überblick darüber, welche Fertigkeit wo genau im Lehrwerk trainiert wird, bieten das Inhaltsverzeichnis im Kursbuch und zusätzlich die Übersichtstabellen am Anfang jeden Kapitels im Lehrerhandbuch.

Was bietet Ihnen dieses Trainingsprogramm *Unterwegs zur Zentralen Mittelstufenprüfung*?

Wenn eine Kandidatin oder ein Kandidat mit guter sprachlicher Handlungsfähigkeit in die Prüfung gehen, heißt das noch nicht, dass sie problemlos die Prüfung bestehen. Zu dem, was man an zusätzlichem Wissen und Können zur Bewältigung der Prüfungssituation braucht, finden Sie in diesem Trainingsbuch:

- Informationen über die Prüfung, Bewertung und Durchführung
- Kennenlernen des Prüfungsverlaufs und des Testformats bzw. der Prüfungsaufgaben
- Training der Teilkompetenzen, die zur Bearbeitung der Prüfungsaufgaben nötig sind
- Hinweise, Tipps und Tricks zu den einzelnen Prüfungsteilen
- Hinweise für das selbstständige Weiterlernen.

Wie ist das Trainingsprogramm *Unterwegs zur ZMP* aufgebaut?

A Trainingsbuch

Test

Im **Testkapitel**

lernen Sie die vier Teile des ZMP-Tests *(Leseverstehen, Hörverstehen, Schriftlicher Ausdruck und Mündliche Kommunikation)* und das vorgegebene Testformat kennen.
Nach Durchführung der Testaufgaben können Sie in den zugehörigen Lösungen ab S. 112 prüfen, wie erfolgreich Sie die vier Prüfungsteile ausgeführt haben.

Training

Im **Trainingskapitel**

trainieren Sie an verschiedenen Aufgaben das, was Sie für die einzelnen Prüfungsteile wissen und können müssen. Je nach Prüfungsteil müssen andere Strategien geübt werden.

1. Diagnose	2. **Training**	3. **Anwendung**	4. **Unterwegs**
Sie steht am Anfang jeden Trainingsabschnitts und bezieht sich auf die entsprechenden Prüfungsaufgaben in obigem Testkapitel. Hier können Sie Ihre Stärken und Schwächen in den einzelnen Prüfungsteilen feststellen und bekommen gleichzeitig Tipps und Hinweise zur Bearbeitung des folgenden Trainingsabschnitts.	Hier können Sie <u>zahlreiche Aufgaben</u> zu den vier Prüfungsbereichen durcharbeiten. Diese Aufgaben, dazu Tipps und Hinweise helfen Ihnen, die Anforderungen, die in den einzelnen Prüfungsabschnitten an Sie gestellt werden, besser zu durchschauen und typische Schwierigkeiten der einzelnen Prüfungsteile zu erkennen. Indem Sie die Aufgaben bearbeiten, erproben Sie Vorschläge zum Vorgehen bei der Prüfung. Eine wichtige zusätzliche Hilfe bieten die zugehörigen Lösungen mit erläuternden Kommentaren ab S. 112.	Am Ende jedes Trainingsabschnitts können Sie das neu Gelernte und Geübte in einer <u>typischen Prüfungsaufgabe anwenden.</u> Auch hier ist die anschließende Fehleranalyse mithilfe der zugehörigen kommentierten Lösungen wichtig.	Hier finden Sie weiterführende Aufgaben zum jeweiligen Prüfungsabschnitt, außerdem Verweise auf passende Aufgaben, Übersichten und Texte im Lehrwerk *Unterwegs*.

Hier finden Sie zu allen Aufgaben im Test- und Trainingskapitel die richtigen Lösungen (häufig gibt es verschiedene richtige Möglichkeiten). Kommentare und Begründungen helfen Ihnen zu verstehen, warum eine Lösung richtig ist bzw. was Sie bei einer falschen Lösung möglicherweise nicht beachtet haben. So können Sie aus Ihren Fehlern lernen.

Der Abdruck der Hörtexte bietet Ihnen die Möglichkeit, Hörtexte nachzulesen.
Das Beispiel für eine Prüfung zur *Mündlichen Kommunikation* (vgl. auch unter **B**) kann Ihnen zur Orientierung für Ihr Training helfen.

B Audiomaterialien (Kassette oder 2 CDs)

Sie bieten alle Hörtexte für den Prüfungsbereich *Hörverstehen* und ein Beipiel für eine Prüfung im Bereich *Mündliche Kommunikation* (vgl. auch „Transkripte"). Auf den CDs werden alle Hörtexte für *Hörverstehen 2* doppelt präsentiert, um eine authentische Vorbereitung auf die Prüfungssituation zu ermöglichen. Die kürzere Kassette bietet diese zweifache Präsentation im Testkapitel und bei der Anwendungsaufgabe, nicht im Trainingsbereich.

Wie bereitet man sich am besten auf die Prüfung vor?

Als Selbstlerner: Mit dem Trainingsbuch *Unterwegs zur Zentralen Mitttelstufenprüfung* und den Audiomaterialien (1 Kassette oder 2 CDs) können Sie sich gut allein auf die Prüfung vorbereiten. Bei ausreichender Zeit können Sie das Programm ganz durcharbeiten: zuerst das Testkapitel, dann das Trainingskapitel. Auf jeder Seite und bei jeder Aufgabe können Sie anhand der Kopfzeilen und der Überschriften zu einzelnen Übungsabschnitten feststellen, was Sie dort lernen und warum das jeweils für die Prüfung wichtig ist. Beachten Sie dabei auch den ausführlichen Lösungsteil ab S.112 und die Vorschläge zum Weiterlernen im Teil „Unterwegs", die sich am Ende jedes Trainings-abschnitts im Trainingskapitel befinden.

Wir empfehlen Ihnen, dass Sie sich zur Vorbereitung **in einer Lerngruppe** oder **zu zweit** zusammentun. Gemeinsam wissen Sie mehr, können voneinander lernen und sich gegenseitig korrigieren, Sie können miteinander Deutsch sprechen – und meistens macht das gemeinsame Lernen mehr Spaß.

In einem Prüfungsvorbereitungskurs lässt sich das Trainingsprogramm auch zusammen mit *Unterwegs*, dem Lehrwerk für die Mittelstufe, einsetzen. In diesem Lehrwerk wird eine Vielzahl von Hör- und Lesetexten zu den verschiedensten Themen und mit verschiedenen Aufgabenstellungen angeboten. Außerdem lernen die Prüfungs-kandidatinnen und -kandidaten darin Strategien kennen, wie man an anspruchsvolle fremdsprachliche Texte her-angeht, was beim Hören und Schreiben zu beachten ist und welche Redemittel in bestimmten Kommunikations-situationen wichtig sind.
In diesem Trainingsbuch liegt darüber hinaus der Schwerpunkt darauf, auf die spezielle Prüfungssituation, die Prüfungsinhalte und die in der Prüfung geforderten Fertigkeiten vorzubereiten.
Das ZMP-Trainingsprogramm kann aber auch mit anderen Mittelstufenlehrwerken zur Vorbereitung auf die ZMP im Unterricht eingesetzt werden.

Weitere Aspekte der Mittelstufenprüfung, die Sie bei der Vorbereitung berücksichtigen sollten!

Was wird in Hinsicht auf Grammatik geprüft?

In der ZMP wird Grammatik nur integriert in den einzelnen Prüfungsteilen mitgetestet. Wir geben Ihnen aber in unserem Trainingsbuch an einigen Stellen Hinweise, welches Grammatikphänomen Sie in diesem Prüfungsbereich beherrschen sollten bzw. unter welchem Begriff Sie zur Klärung oder zum Üben in einer Grammatik nachschlagen können.

In erster Linie verweisen wir Sie in solchen Fällen auf den Grammatikanhang im Materialienbuch von *Unterwegs*. Sie können aber auch jede andere Grammatik dazu verwenden. Hier eine kleine Auswahl von Grammatik-Übungsbüchern:

> ➤ Helbig, Buscha: *Übungsgrammatik Deutsch*, Langenscheidt Verlag, 1997.
> ➤ Rug, Tomaschewski: *Grammatik mit Sinn und Verstand*, Klett Verlag, 1993.
> ➤ Hall, Scheurer: *Übungsgrammatik für Fortgeschrittene*, Verlag für Deutsch, 1995.
> ➤ Buscha u.a.: *Grammatik in Feldern, Lehr- und Übungsbuch der deutschen Grammatik*, Verlag für Deutsch, 1998.

Welchen Wortschatz, welche Themen braucht man für die Prüfung?

In der Prüfung müssen Sie über fortgeschrittene allgemeinsprachliche Deutschkenntnisse verfügen. Die Kenntnis von speziellem Fachwortschatz wird von Ihnen nicht erwartet.
Der Wortschatz, der in der Prüfung verlangt wird, besteht aus

- Redemitteln, die Sie immer dann brauchen, wenn Sie eine bestimmte Sprachhandlung ausführen oder verstehen möchten, gleich um welches Thema es dabei geht: *widersprechen, eine Meinung äußern etc.*
- Wörtern und Wendungen, die Sie brauchen, um Texte zu spezifischen Themen (*Erziehung, Ernährung* usw.) zu verstehen oder zu produzieren.

Zu den nötigen Ausdrucksmitteln finden Sie in diesem Buch zahlreiche Aufgaben und Beispiele sowie Hinweise auf Übersichten und Aufgaben im Lehrwerk *Unterwegs*. Der benötigte thematische Wortschatz ist nur schwer einzugrenzen. In der Prüfung werden nur Themen angesprochen, mit denen ein „durchschnittlicher europäischer Zeitungsleser" vertraut ist.

Die Texte können aus folgenden Themenbereichen kommen:

- *Alltag*
- *Arbeit*
- *Wohnen und Umwelt*
- *Freizeit*
- *Unterhaltung*
- *Reisen*

- *Beziehungen zu anderen Menschen/ zu einer anderen Kultur*
- *Tradition*
- *Gesundheit und Hygiene*
- *Ernährung*

- *Erziehung / Ausbildung / Lernen*
- *Konsum / Handel*
- *Dienstleistung*
- *Orte / Klima*
- *Sprache / Kommunikation.*

Zum Üben von Wortschatz empfehlen wir:
Buscha, Friedrich: *Deutsches Übungsbuch*, Langenscheidt Verlag, 1996.

Wo bekommt man Informationen zur Prüfung?

Die ZMP wird an Volkshochschulen in Deutschland und in der Schweiz sowie an anderen autorisierten Sprachschulen und Goethe-Instituten im In- und Ausland abgenommen. Das Österreichische Sprachdiplom (ÖSD) ist der ZMP vergleichbar, unterscheidet sich aber in einigen Teilen davon.
Anmeldungsformalitäten und Kosten erfragen Sie bitte direkt bei den Institutionen.
Hier eine Auswahl an Adressen:

— in Deutschland: Goethe-Institut; Helene-Weber-Allee 1; D-80637 München; Tel.: (49) 89-15 92 10;
(D)   E-mail: *pruefung@goethe.de* oder Internet: *www.goethe.de*
Volkshochschulen: WBT; Hansaallee 150; D-60320 Frankfurt; Tel (49) 69-95 62 46-0
E-mail: *WBTests@aol.com*

— in Österreich: ÖSD-Prüfungszentrale, Porzellangasse 2/28, 1090 Wien,
(A)   Tel.: (43)1-3193395; Fax: (43)1-3193396
E-mail: *osd@vip.at*

— in der Schweiz: Koordinationsstelle der Klubschulen; Limmatstr. 132; CH-8031 Zürich;
Tel. (01) 27-7 20 23
(CH)   Verband Schweizer Volkshochschulen; Hallertstr. 58; CH-3000 Bern 26;
Tel. (31) 30-2 82 09; E-mail: *vsvaups@aol.com*

Weitere Modelltests der ZMP zum Trainieren erhalten Sie gegen Gebühr bei:
Verlag Max Hueber, Max-Hueber-Str. 4, D- 85737 Ismaning;
Tel.: (49) 89-9602-336 / Fax: (49) 89-9602-328; E-mail: *vmh.auslieferung@t-online.de*

Wie lange braucht man für die Vorbereitung?

Das hängt von vielen Faktoren ab: Wie viel Zeit steht Ihnen noch zur Verfügung? Möchten Sie in der Prüfung glänzen oder einfach nur bestehen? Möchten Sie eine Rundum-Vorbereitung oder haben Sie ganz spezifische Interessen? Genügt Ihnen die reine Prüfungsvorbereitung oder müssen Sie gleichzeitig Grammatikkenntnisse auffrischen oder Ihre Aussprache verbessern? Interessiert Sie vor allem ein schneller Eindruck von der Art der Prüfungsaufgaben oder möchten Sie das Buch gründlich durcharbeiten und alle Anregungen für weiterführende Aufgaben aufnehmen? Dementsprechend intensiv oder weniger intensiv werden Sie unser Trainingsprogramm durcharbeiten. Sie sollten mindestens 15 Trainings- bzw. Unterrichtsstunden ansetzen; es könnten aber auch 50 und mehr werden, wenn Sie alle Empfehlungen (z.B. im Abschnitt *Unterwegs*) zum Trainieren der prüfungsspezifischen Fertigkeiten beachten.

Wenn Ihnen nur noch wenig Zeit bis zur Prüfung bleibt, empfehlen wir Ihnen, auf jeden Fall zuerst das <u>Testkapitel</u> am Anfang des Trainingsbuchs zu machen. Dann sollten Sie selektiv vorgehen und im <u>Trainingskapitel</u> nur die Abschnitte, bei denen Sie Schwächen haben, bearbeiten bzw. lesen.
Wenn Sie noch viel Zeit zur Verfügung haben, empfehlen wir Ihnen, allein oder mit Ihrer Lerngruppe, das Trainingsbuch ganz durchzuarbeiten und außerdem weitere Texte und Aufgaben im Lehrwerk *Unterwegs* zu bearbeiten.

Auf der nächsten Seite können Sie herausfinden, welcher Prüfungstyp am meisten auf Sie zutrifft (vielleicht erkennen Sie sich aber auch in mehreren wieder?) und wie deshalb Ihr persönliches Trainingsprogramm mit *Unterwegs zur ZMP* aussehen könnte.
Entscheiden müssen letztendlich Sie selbst!

Mit *Unterwegs zur ZMP* haben Sie jedenfalls alles Wichtige in der Tasche und später dann im Kopf, um mit einem sicheren Gefühl in die Prüfung zu gehen.

Wir wünschen Ihnen viel Energie für die Vorbereitung und viel Erfolg für die Prüfung!

Was für ein Prüfungstyp sind Sie?

Kreuzen Sie an, was für Sie zutrifft.

❏ Sicher ist sicher

Ihnen ist noch nie etwas vom Himmel gefallen. Ihre guten Leistungen waren immer der Lohn für Ihren Fleiß. Außerdem ist Ihnen immer ein bisschen mulmig vor so einer Prüfung, darum gehen Sie lieber auf Nummer sicher. Sie möchten alles Wissenswerte über die Prüfung erfahren, so viele Tests wie möglich bear-

beiten und die einzelnen Prüfungsteile trainieren. Sie würden neben dem Trainingsprogramm gerne noch mehr tun, um sich optimal vorzubereiten.

Wir empfehlen Ihnen:
*Sie bearbeiten am besten „Unterwegs zur **ZMP**" von Anfang bis Ende: **Test** mit **Lösungen** zum Test. Dann im Trainingskapitel jeweils alle Teile: **Diagnose – Information – Aufgaben** mit **Lösungen** und Kommentaren - **Anwendungsaufgabe** mit **Lösungen** und **Kommentaren** – „**Unterwegs"** mit weiteren Hinweisen.*

❏ Last Minute

Es ist immer dasselbe. Sie haben sich zwar schon vor Wochen für die Prüfung angemeldet, aber mit der Vorbereitung warten Sie wie immer bis kurz vor der Prüfung. Jetzt bleibt Ihnen nur noch wenig Zeit, um sich gut vorzubereiten.

*Sie machen **das Testkapitel** und vergleichen Ihr Ergebnis mit den **Lösungen**. Überlegen Sie sich bei Falschantworten immer, was Sie übersehen haben. Dann holen Sie sich aus dem **Trainingskapitel** alle wichtigen **Informationen, Hinweise** und **Prüfungstipps**. Schließlich machen Sie noch die **Anwendungsaufgabe** am Ende jedes Trainingsabschnitts und vergleichen Ihr Ergebnis mit den zugehörigen **Lösungen** und Kommentaren.*

❏ Nimm's leicht!

Es gibt doch Wichtigeres im Leben. Sie rechnen sich ganz genau aus, wie viele Punkte Sie im Einzelnen brauchen, um die Prüfung zu bestehen, und machen nur das Nötigste. Im Test kreuzen Sie immer eine Antwort an und vertrauen auf Ihr Glück. Manchmal helfen Ihnen dabei (als Prüfungsprofi) auch ein paar Tricks und Logik.

*Sie beginnen mit dem **Testkapitel**, vergleichen Ihr Ergebnis mit den zugehörigen **Lösungen** und rechnen Ihre Punktzahl aus. Nur zu den Teilen, bei denen Sie zu wenig Punkte erreicht haben, bearbeiten Sie den entsprechenden **Trainingsabschnitt** mit **Tipps** und **Hinweisen**. Eine wichtige Hilfe sind dabei für Sie auch die **Lösungen** mit Kommentaren. Zum Schluss machen Sie noch die **Anwendungsaufgabe** zu dem jeweiligen Training, das Sie bearbeitet haben, und vergleichen Ihr Ergebnis mit den zugehörigen **Lösungen** und Kommentaren.*

❏ Problem erkannt!

Sie sind ein alter Prüfungshase. Sie haben schon etliche Prüfungen hinter sich und wissen in etwa, wo Ihre Stärken und Schwächen im Deutschen liegen. Sie wollen sich also nur einen kurzen Überblick über die Prüfung verschaffen und einzelne Teile trainieren, um nicht zu viel Zeit damit zu verbringen.

*Sie bearbeiten nur einzelne Teile aus dem **Testkapitel**, dann – wenn nötig – das entsprechende **Training** mit Tipps und Aufgaben und am Ende die **Anwendungsaufgabe** in dem jeweiligen Trainingsabschnitt. Beachten Sie immer auch die Kommentare in den **Lösungen**.*

Hinweise zur Durchführung des folgenden Tests.

Wichtige Informationen vorab

Der folgende Test entspricht dem Format der Zentralen Mittelstufenprüfung. Sie können damit selbst überprüfen, inwieweit Ihr Sprachstand und Ihre Kenntnisse den Anforderungen der ZMP entsprechen, und danach Schwerpunkte für Ihre Vorbereitung setzen.

Bearbeiten Sie die Aufgaben möglichst unter Prüfungsbedingungen und beachten Sie dabei folgende Hinweise:

- Wörterbücher und sonstige Hilfsmittel sind nicht erlaubt.
- Bearbeiten Sie die Aufgaben zu jedem einzelnen der vier Testteile ohne Unterbrechung.
- Halten Sie sich unbedingt an die Zeitvorgaben.
- Beachten Sie, dass Sie jeweils in der angegebenen Zeit die Lösungen auf den Antwortbogen (S. 142) übertragen müssen.

Vor dem Test sollten Sie sich besorgen:

- eine Kopie des Antwortbogens auf S.142, Papier mit Rand für den schriftlichen Ausdruck
- eine Uhr, am besten Wecker oder Stoppuhr
- Papier und Schreibzeug
- einen Kassettenrekorder bzw. CD-Player
- ausreichend Zeit (siehe unten).

Wie bearbeiten Sie am besten die folgenden vier Testteile?

Leseverstehen
In **90 Minuten** müssen die vier Aufgaben bearbeitet und die Lösungen auf den Antwortbogen übertragen sein. In welcher Reihenfolge Sie die vier bearbeiten, bleibt Ihnen überlassen.

Hörverstehen
In ca. **30 Minuten** müssen Sie zwei Aufgaben zu zwei Hörtexten bearbeiten. Nach Lösung der letzten Aufgabe (die genauen Zeitvorgaben hören Sie auf der Kassette bzw. der CD) haben Sie **fünf Minuten** Zeit, um Ihre Lösungen aus beiden Aufgaben auf den Antwortbogen zu übertragen.

Schriftlicher Ausdruck
In **90 Minuten** müssen beide Aufgaben bearbeitet sein. Wenn Sie für Aufgabe 1 siebzig Minuten und für Aufgabe 2 zwanzig Minuten berechnen, kommen Sie gut zurecht. Text 1 muss ca. **200 Wörter** umfassen.

Mündliche Kommunikation

Für die Vorbereitung stehen Ihnen **15 Minuten** zur Verfügung. Die Prüfung selbst dauert weitere **15 Minuten**. Für diesen Testteil sollten Sie sich eine andere Person als Gesprächspartnerin/-partner suchen. Nehmen Sie das Gespräch möglichst auf Kassette auf. Zur Auswertung hilft Ihnen *Hörtext 3* mit dem Beispiel für eine mündliche Prüfung auf der Kassette bzw. den CDs und die Bewertungskriterien dazu auf S. 97.

Wie werten Sie am besten Ihren Test aus?

Vergleichen Sie Ihre Aufgabenergebnisse mit den Lösungen ab S. 112. In diesem Lösungskapitel finden Sie am Ende von Leseverstehen und Hörverstehen eine Tabelle mit Informationen zu den Punkten, die Sie bei den einzelnen Aufgaben erzielen können.

Bewerten Sie Ihre eigenen Lösungen und tragen Sie Ihre erreichten Punkte in die unten stehende Tabelle ein. Notieren Sie dort auch Ihre Erfahrungen oder Schwierigkeiten mit jedem Teiltest. Zum Teiltest *Schriftlicher Ausdruck* finden Sie im Lösungskapitel zwei bewertete Beispieltexte von Kandidaten; für den Teiltest *Mündliche Kommunikation* befindet sich ein Beispiel auf Kassette bzw. auf den CDs; die Bewertung dazu finden Sie in den Lösungen auf S. 127.

Nachdem Sie den gesamten Test so bearbeitet haben, können Sie entscheiden, wie Sie mit dem Trainingsteil weiterarbeiten wollen. Empfehlungen dazu finden Sie auf S.11.

So können Sie nach dem Test Ihre weitere Arbeit planen:

	erreichte Punkte von:	zufrieden: ja? / nein?	Weiterarbeit im Trainingskapitel auf Seite: .
Leseverstehen Aufgabe 1 Aufgabe 2 Aufgabe 3 Aufgabe 4	5 10 5 10		
Hörverstehen Aufgabe 1 Aufgabe 2	15 15		
Schriftlicher Ausdruck Aufgabe 1 Aufgabe 2	20 10		
Mündliche Kommunikation	30		

Aufgabe 1: Sie suchen in einer Computer-Zeitschrift für fünf Personen passende Internet-Adressen. Welche der folgenden acht Internet-Adressen (A-H) würden Sie auswählen? Es gibt jeweils nur eine richtige Lösung. Es ist möglich, dass es nicht für jede Person eine passende Adresse gibt. Übertragen Sie Ihre Lösungen auf den (kopierten) Antwortbogen auf S. 142. Markieren Sie in diesem Fall das Kästchen „negativ".

Arbeitszeit: ca. 15 Minuten

BEISPIELE: Sie suchen eine passende Internet-Adresse für ...
01 einen Bücherwurm, der sich ein Buch bestellen will.   Lösung: **B**
02 ein Ehepaar, das Sportergebnisse im Internet sucht.   Lösung: **negativ**

AUFGABEN:

Sie suchen eine passende Internet-Adresse für ...

1 einen Weinbauern an der Mosel, der die voraussichtliche Niederschlags-menge der nächsten Tage wissen will.   ....

2 einen Arzt, der sich mit Skigymnastik fit machen will.   ....

3 einen Sportlehrer, der sich für die neuesten Nachschlagewerke zu Sportarten interessiert.   ....

4 eine schwedische Medizin-Studentin, die an einer deutschen Universität promovieren will.   ....

5 eine amerikanische Zeitschrift, die sich für das Freizeitverhalten deutscher Jugendlicher interessiert.   ....

A Forschung

Der Deutsche Akademische Austauschdienst (DAAD) ist jetzt mit einer eigenen Homepage im Internet vertreten. Auf rund 250 Seiten stellt der DAAD sich und seine Programme für
5 Studenten und Forscher aus dem In- und Ausland vor. Wer einen Studienplatz oder einen Forschungspartner in Deutschland sucht, kann von hier aus durch die deutsche Hochschullandschaft surfen.

http://www.daad.de

Deutschland Nr. 5, 66,1997

B Literatur

Deutsche Buchhandlungen haben jetzt 24 Stunden lang geöffnet. Der Verlag des Börsenvereins des Deutschen Buchhandels blättert auf seinem Server mehr als eine Million lieferbarer Bücher, Zeitschrif-
5 ten und Musikalien sowohl zur umfassenden Information wie zum Bestellen auf. Die Benutzer wählen aus fünf umfangreichen bibliographischen Datenbanken die Titel aus, die sie bei einer der registrierten Buchhandlungen elektronisch bestellen wollen.
10 **http//www.buchhandel.de**

Deutschland Nr. 5, 66,1997

C Fitness für die Zunge

Wer wissen will, was „Tschechische Gucci-Täschchen" und „Ein Glück, dass Gott die Glocken goss" gemeinsam haben, kämpft sich durch diese Zusammenstellung von Zungenbrechern. Wem bisher Komplimente, Heiratsanträge oder der tägliche Wetterbericht nicht flüssig von den Lippen ging, ist nach einem Trainingsworkshop mit dieser Seite geübt: „Zwanzig Zwerge zeigen Handstand, zehn im
5 Wandschrank, zehn am Sandstrand".

www.uebersetzung.at/twister/de.htm *konr@d guide Februar/März 1999, 181.*

D DWD

Etwas trocken sind sie schon, die Seiten des
Deutschen Wetter Dienstes (DWD) – allerdings
nur im Design. Ansonsten sind sie prall gefüllt
mit allem, was man über die kommende Wet-
5 terlage wissen möchte. Tolle Perspektiven bieten dabei die Satellitenaufnahmen: Keine Wol-
ke bleibt verdeckt. Und: Achtung, Kapitäne zur
Luft und zur See, auch ihr solltet vorbeischau-
en! Der Wetterbericht für die Schiff- und Luft-
10 fahrt sagt, wo es stürmt und wo die Luftlöcher
warten:
www.dwd.de

Internet Programm in: Tomorrow März 1999, 114

E Stellenbörse

Möchten Sie bei Levi's, Juji oder Osram arbeiten? Oder bei den Profikids?
Alles kein Problem, möchte man meinen. Firmen von A – Z gibt's reichlich, Jobangebote
5 zuhauf. Sie müssen nur die entsprechenden
Qualifikationen mitbringen. Wäre doch ge-
lacht, wenn sich da nichts fände! Denn es
geht sowohl um Praktikumsplätze als auch
um Ingenieurposten, die zu besetzen sind.
10 Die virtuelle Stellenbörse hat circa 1000 Jobangebote im In- und Ausland.

Internet Programm in: Tomorrow März 1999, 70

F Koreanische Fitness

Schlicht gestaltete Seiten mit vielen praktischen
koreanischen Fitnesstipps. Jeden Monat neu
zeigt Meister Seo, der im normalen Leben als
Original-Bayer gewandet durch Deutschlands
5 Süden läuft, wie Übungen aussehen, die man
auch wirklich nachmacht. „Wie man zwei Maß
Bier trinkt und halbwegs fit bleibt" oder „Die
Kälte besiegen":
www.meister-seo-im-sz-magazin.de/

konr@d guide Februar/März 1999, 180

G Demoskopie

Die Deutschen und ihr Verhalten sind das
Studienobjekt der *infas Sozialforschung.*
In regelmäßigen Umfragen per Computer,
Telefon oder Direktkontakt ermittelt *infas*
5 unter anderem, ob die Deutschen glückliche
Arbeitnehmer sind, wie viel sie lesen und ob
sie Vertrauen in ihre Rente haben. Wer sich
für die neuesten Umfrageergebnisse interessiert, ist unter **http://www.infas.de** an der
10 richtigen Adresse.

Deutschland Nr. 2, 66, 1998

H Sportreisen online

Die Rubriken der „Tourismus Info Internet" sind mit reichlich Inhalt versehen und lohnen ein Ab-
surfen: beginnend bei „Skigebieten", wo sich Unterthemen wie „Heli-Ski" und „Karten über
Skigebiete" finden, bis zu „Sportreisen", wo das Ganzjahres-Fitnessprogramm im Vordergrund steht.
Hier gibt es Infos zum Aktivurlaub im Allgäu, zu Abseiltechniken beim Canyoning, zu Tauchurlaub und
5 Pferdereisen oder zum Wandern in den Dolomiten. Auf einer weiteren Linkseite finden sich Infos zu
Rad- und Wanderwegen.
www.tii.de/reisen/aktion.html

konr@d guide Februar/März 1999, 181

➤ Lösungen S. 112
➤ Information zu diesem Testteil und weiteres Training S. 27

Auftritt der Gummibären

Einfache Experimente im Kindergarten sollen dem schlechten Image der Chemie entgegenwirken. Die Kleinen sind begeistert.

VON WOLFGANG BLUM

Die Aufgabe ist nicht einfach: „Die beiden Gummibärchen möchten tauchen, ohne nass zu werden", erklärt Gisela Lücke. „Denn wenn sie feucht werden, wird ihre Haut so klebrig. Das mögen sie nicht." Sieben Kindergartenkinder grübeln vor zwei Gläsern und einer großen, mit Wasser gefüllten Schüssel. (…)

Gisela Lücke lenkt die Aufmerksamkeit der Kinder auf die Gläser. Eines ist mit Wasser gefüllt, das andere leer. Mit der Öffnung nach unten taucht die 41-jährige Chemikerin das leere Glas ins Wasser und holt es wieder heraus – zur Überraschung der Kinder ist seine Innenseite ganz trocken geblieben. Nochmals wird es ins Wasser gestülpt und leicht gekippt. Blasen steigen auf. Woraus die bestehen? „Aus Luft." Also war das Glas doch nicht ganz leer. „Aber wo schon etwas ist, kann kein anderer Gegenstand sein", erklärt Gisela Lücke.

Jetzt kommt der große Auftritt der Gummibärchen. Die Aluminiumhülle eines Teelichtes dient ihnen als Boot. Vorsichtig wird es aufs Wasser gesetzt, dann stülpt Lücke das Glas darüber und senkt es langsam ab. Die Gummibärchen sinken auf den Boden, über sich als „Taucherglocke" das Trinkgefäß. Die Kinder sind (…) begeistert, und (…) jedes von ihnen möchte die Gummibärchen nochmals tauchen lassen.

Rund vierzig Kinder aus Berliner Kindergärten und Grundschulen erleben so ihre erste Chemie-Stunde. Eingeladen hat die Gesellschaft Deutscher Chemiker (GDCh), deren Präsident Erhard Meyer-Galow die Kleinen möglichst früh an das Fach heranführen will, um langfristig das schlechte Image der Branche zu überwinden. „Chemie – das ist, wenn ein Gabelstapler umstürzt und dann ganz giftige Sachen auf den Boden fallen", zitiert Lücke einen Sechsjährigen. Um diesem Eindruck entgegenzuarbeiten, macht die Chemie-Didaktikerin seit drei Jahren in den Kindergärten naturwissenschaftliche Experimente.

„Je eher wir mit naturwissenschaftlicher Bildung anfangen, (…) desto größer wird später das Interesse der Schüler sein", zeigt sich Meyer-Galow überzeugt. Schließlich kommt auf die deutsche Chemie-Industrie ein massiver Mangel an Nachwuchs zu, nahmen doch die Studentenzahlen in den vergangenen Jahren rapide ab.

Nach der gängigen Lehrmeinung, gesteht Gisela Lücke, seien Kinder im Alter von fünf, sechs Jahren noch nicht fähig, wissenschaftliche Zusammenhänge zu erfassen. Ihrer Erfahrung nach stimme das jedoch nicht. Nach dem Tauchgang der Gummibärchen sei allen Kindern klar, dass Luft Wasser verdränge. Und wenn die Nachwuchsforscher Zucker und Salz in Wasser auflösen und durch eigenes Probieren lernen, dass die Stoffe nicht verschwinden, sondern erhalten bleiben – dann wird für Lücke bereits der Grundstock ökologischen Denkens gelegt. (…)

Inzwischen hat Lücke eine Mappe zusammengestellt, in der sie zwölf aufeinander abgestimmte Versuche beschreibt. Die nötigen Materialien gibt es fast in jedem Haushalt: Schüsseln, Gläser, Kerzen, Essig, Zuckerwürfel, Münzen. Im Frankfurter Raum nahmen in 55 Kindergärten und Tagesstätten mehr als 500 Kinder an einem Pilotprojekt teil. Auf Fragebogen äußerten sich die Erzieher hinterher allesamt positiv. In Köln und Kiel werden regelmäßige Fortbildungen für die Betreuer angeboten.

In Einzelgesprächen ergründete Gisela Lücke (…), was bei ihren Nachwuchsforschern hängenblieb: Mehr als die Hälfte der Kinder konnte sich ein knappes halbes Jahr nach den Versuchen noch detailliert an den Ablauf erinnern. Nur bei einem Zehntel war alles in Vergessenheit geraten – da kann mancher Chemie-Lehrer nur vor Neid erblassen. (…)

Die Zeit 48/19.9.1998 (gekürzt)

Hauptaussagen und Details entnehmen: Lückentext

Aufgabe 2: Ergänzen Sie im folgenden Text die fehlenden Informationen. Lesen Sie dazu den Artikel auf der gegenüberliegenden Seite 16. Schreiben Sie Ihre Lösungen zuerst auf dieses Blatt, und übertragen Sie diese am Ende auf den kopierten Antwortbogen auf S.142.

Arbeitszeit: ca. 35 Minuten

Die 41jährige **(0)** Gisela Lücke führt mit kleinen Kindern einfache Experimente durch, um sie an das Fach Chemie heranzuführen. Die Kinder beobachten z.B., wie Gummibärchen **(6)** , ohne nass zu werden. Sie erkennen so, dass Luft Wasser verdrängt. Das Projekt wird an **(7)** in Berlin durchgeführt. Es hat zum Ziel, langfristig das Image der Chemischen Industrie zu **(8)** . Erhard Meyer-Galow, Präsident der **(9)** , erhofft sich davon sogar, dass sich wieder mehr Schüler dazu entschließen, Chemie zu **(10)** .

Gisela Lücks Erfahrungen zeigen: Schon kleine Kinder können wissenschaftliche **(11)** verstehen, wenn sie Gelegenheit haben, sie in Experimenten selbst **(12)** .

Gisela Lücke hat **(13)** in einer Mappe zusammengestellt. Alles, was man dafür braucht, ist ganz einfach zu **(14)** .

Was sie mit Lücks Methode gelernt haben, haben ein halbes Jahr später nur wenige Kinder **(15)** .

(0) _Chemikerin_

(6) _____

(7) _____

(8) _____

(9) _____

(10) _____

(11) _____

(12) _____

(13) _____

(14) _____

(15) _____

➤ Lösungen S.112
➤ Information zu diesem Testteil und Training S.32

„Sagen Sie niemals nichts"

Beim ersten Kontakt auf geschäftlichem Parkett ist die erste Hürde, eine gemeinsame Gesprächsbasis zu finden

VON ELISABETH BONNEAU

Stellen Sie sich vor, Sie stellen sich vor, bei einer Messe, einer Präsentation, einer Party. Sie ha-
5 ben mit freundlichem Blickkontakt Ihren Namen genannt, Ihr Gegenüber ebenfalls. Hände geschüttelt. Und was nun? „Nice to meet you.
10 Where are you from?"- Amerikanern kommen in dieser Situation konventionelle Redewendungen leicht und locker über die Lippen. Deutsche
15 tun sich damit schwer. Selbst wenn sie einem Menschen zum ersten Mal begegnen, möchten sie nicht auf eine Floskel zurückgreifen, erhe-
20 ben vielmehr den Anspruch, ihm etwas Geistreiches, Profundes, zumindest Persönliches darzubieten.

Elisabeth Bonneau ist Kommunikationstrainerin und Autorin mehrerer Ratgeber zur Persönlichkeitsentwicklung

Dabei vergessen sie zum einen, dass ein
25 Unbekannter mit ihrer Art von Esprit oder Offenheit möglicherweise völlig überfordert ist und (Selbst-) Ironie zu diesem Zeitpunkt noch nicht als solche erkennen kann. Zum anderen ignorieren sie die Erkenntnis, dass bei
30 der allerersten Begegnung vor allem Gesicht, Kleidung und, wie neuere Untersuchungen zeigen, die Stimme zählen. Vom Inhalt einer Aussage ist nie die Rede.

Also zurück zu „Angenehm", das je nach
35 Situation und Gegenüber als inhaltsfrei bis verlogen zu werten ist? Keineswegs. Kommunizieren heißt Gemeinsamkeiten finden, abgleichen, abgrenzen.

Beim Erstkontakt gilt es, eine gemeinsame Basis zu 40 finden. Doch mit stereotypen (Halb-) Sätzen wie „Schönes Wetter heute!"und „Sie sind also auch dabei!", werden Sie das kaum schaffen. Mit 45 situationsbezogenen Aussagen schon eher. So können Sie beim Kongress zum Beispiel das Programm thematisieren: „Ich komme gerade aus dem Vortrag von 50 Professor X und bin ganz beeindruckt." Bei der Party kann das exzellente Buffet angesprochen werden. Anreise, 55 Parkgelegenheiten, das Ambiente können ebenfalls Elemente eines Einstiegs sein.

Fragen Sie Ihr Gegenüber aber nicht aus: Warum sollte 60 eine wildfremde Person Ihnen verraten, woher sie kommt, ob sie verheiratet ist und was sie in ihrer Freizeit am liebsten tut. Auch hier hilft es, bei Goethe nachzuschlagen: „Wenn du nehmen willst, dann gib." Geben Sie et- 65 was von sich preis, erzählen Sie über Ihre Anfahrt, über Ihren Grund, zu dieser Zeit an diesem Ort zu sein, erwähnen Sie, was Ihnen hier und jetzt gefällt. So schaffen Sie eine positive Stimmung, ein Sprungbrett in weite- 70 re Themen und die Motivation für Ihr Gegenüber, Ihnen etwas über sich zu erzählen. Erst Angebot, dann Nachfrage, ist die Devise. (…)

© *Welt am Sonntag, 20.12.1998 (gekürzt)*

Meinungen und Standpunkte erkennen

Aufgabe 3: Stellen Sie fest, wie die Autorin des Textes auf der gegenüberliegenden Seite die unten stehenden Fragen (16 - 20) beurteilt: **(A) positiv / (B) negativ bzw. skeptisch.**

Schreiben Sie Ihre Lösungen zu den Nummern 16-20 auf den (kopierten) Antwortbogen auf S.142.

Arbeitszeit: ca. 20 Minuten

BEISPIEL: (0) Wie beurteilt Elisabeth Bonneau die Konventionen der
Kontaktaufnahme in den USA?   Lösung: **A**

AUFGABEN:

Wie beurteilt Elisabeth Bonneau

16   die Tendenz, beim ersten Kennenlernen über anspruchsvolle
Themen sprechen zu wollen?

17   die Floskel „Angenehm" bei der Kontaktaufnahme?

18   das Thema „Wetter", um ein erstes Gespräch in Gang zu setzen?

19   die Frage nach den Hobbys des Gesprächspartners?

20   die Wirkung der Erzählung eigener Erlebnisse?

➤ Lösungen S.112
➤ Information zu diesem Testteil und Training S.42

Aufgabe 4: Lesen Sie bitte den folgenden Text, und wählen Sie in den Aufgaben 21-30 das Wort (A, B, C oder D), das in den Satz passt. Es gibt jeweils nur eine richtige Lösung. Schreiben Sie Ihre Lösungen zu den Nummern 21-30 in den (kopierten) Antwortbogen auf S. 142.

Arbeitszeit: ca. 15 Minuten

Bei Krankheit: Hausübung per E-Mail

Schüler bauen das Internet (0) in ihren Alltag ein und engagieren sich in Online-Communities

Innsbruck/Wien – Christina ist (21) im Stress, denn in einem Monat ist Matura. Die E-Mail, (22) sie die ganze Zeit gewartet hat, ist nun endlich eingetroffen. In der Vergangenheit hatte sie in Mathe ziemliche Schwierigkeiten. Auf alle Fragen bekam sie
5 übers Internet eine schnelle Antwort, (23) ihre Begeisterung für die Nutzungsmöglichkeiten des Datennetzes erklärt.

Auch Judith wickelt ihre schulischen Pflichten (24) ausschließlich elektronisch ab. Bei Recherchen für Referate, Projekte und Forschungsarbeiten stellt das World Wide Web eine schier uner-
10 schöpfliche Informationsquelle dar. Dass dabei hin und wieder Texte aus Bequemlichkeit eins zu eins übernommen werden, (25) schon vorkommen, meint sie, sei aber eher die Ausnahme.

Selbst Kranksein ist heute keine Ausrede mehr, Hausübungen nicht rechtzeitig abzugeben. Zum Beispiel Christina: Sie schickt
15 sie einfach per E-Mail in die Schule. Dort druckt sie dann ein Freund von ihr aus und gibt sie dem jeweiligen Professor. Nach ihrer Meinung erleichtere das Internet zwar den Schulalltag, zum Schummeln sei es (26) weniger geeignet. Denn es kann vorkommen, dass die Texte, die man herunterlädt, eher von dürftiger
20 Qualität sind. Außerdem bevorzugt sie beim Schummeln die klassischen Methoden.

Eine in Österreich einzigartige Einrichtung ist „Reflex", eine kostenlose Online-Community, die von Schülern und Studenten aufgebaut wurde. David Lindner und Oliver Polterauer, die
25 „Reflex" vor zwei Jahren ins Leben (27), verraten das Geheimnis ihres Erfolges: „Wir (28) alles selbst, das heißt es gibt keine Sponsoren und keine wohltätigen Geldgeber. Jeder, der möchte, ist herzlich eingeladen, Arbeitszeit und Geld in unser Projekt zu investieren."
30 Nachwuchsprobleme kennen die beiden nicht. Jene Mitarbeiter, die mit der Schule fertig sind und keine Zeit mehr haben, können (29) durch neue Kandidaten „ersetzt" werden. Im Schnitt stoßen nämlich täglich zwischen 50 und 60 neue „User" (30).

Andreas Tröscher, Der Standard 11. 5. 1999 (gekürzt)

BEISPIEL (0)
A) lange
B) lang
C) längstens
D) längst

AUFGABEN:

21 A) gerade
   B) auch
   C) aber
   D) sogar

22 A) worauf
   B) woran
   C) auf die
   D) an die

23 A) dass
   B) das
   C) was
   D) die

24 A) kaum
   B) nahezu
   C) geradezu
   D) etwa

25 A) dürfe
   B) muss
   C) sollte
   D) könne

26 A) dadurch
   B) aber
   C) noch
   D) nämlich

27 A) holten
   B) riefen
   C) kamen
   D) brachten

28 A) schaffen
   B) unterstützen
   C) bearbeiten
   D) finanzieren

29 A) sofort
   B) denn
   C) nachher
   D) vorerst

30 A) herein
   B) dahin
   C) heran
   D) hinzu

➤ Lösungen S.112
➤ Information zum diesem Testteil und Training S.47

Informationen entnehmen und Notizen machen

Sie sollen im Folgenden den *Hörtext* 1 einmal hören. Folgen Sie den Anweisungen auf der Kassette oder der CD.

Aufgabe 1: Notieren Sie in den Aufgaben (Nr. 31-40) Stichworte aus dem Hörtext 1. Lösen Sie die Aufgaben nur auf der Grundlage des Hörtextes, nicht nach Ihrem eigenen Wissen. Schreiben Sie Ihre Lösungen zuerst auf dieses Aufgabenblatt. Am Ende des gesamten Prüfungsteils *Hörverstehen* haben Sie zusätzliche 5 Minuten Zeit, Ihre Lösungen (Nr. 31-40) auf den (kopierten) Antwortbogen (Nr. 31-40) auf S.143 zu übertragen.

Arbeitszeit: ca. 6-7 Minuten

Hörtext 1

Index 1+2

Notizen

(01) Name der Firma: _____ *Kontakte knüpfen* _____

(02) Geschäftsführerin: _____ *Helga Meiser* _____

(31) Hilfe für Menschen: _____

(32) Komponenten der Agentur: _____

(33) Größte Zielgruppe der Agentur: _____

(34) Angebotene Freizeitaktivitäten: _____

(35) Zweck des persönlichen Gesprächs: _____

(36) Pro Jahr 696,- DM inklusive: _____

(37) Zahl der Angebote pro Jahr: _____

(38) Bei Rücktritt vom Vertrag: _____

(39) Treffen am: _____

(40) Erkennungszeichen im Café: _____

➤ Lösungen S.112
➤ Information zu diesem Testteil und Training S. 52

Sie hören jetzt Hörtext 2 - einmal ganz und dann in 4 Abschnitten. Folgen Sie den Anweisungen auf der Kassette oder CD.

Hörtext 2

Index 3-8

Aufgabe 2: Kreuzen Sie die richtige Lösung (A, B oder C) an. Beantworten Sie die Fragen nur auf der Grundlage des Hörtextes 2, nicht nach Ihrem eigenem Wissen. Am Ende des gesamten Prüfungsteils *Hörverstehen* haben Sie fünf Minuten Zeit, die Lösungen (Nr. 41-50) auf den (kopierten) Antwortbogen auf S. 143 zu übertragen.

BEISPIEL: Was bieten immer mehr Reiseprospekte an?

     A) Urlaub in Begegnungszentren.

     B) Reisen, um Land und Leute kennen zu lernen.

     C) Ferienreisen für Singles.

Arbeitszeit: ca. 18 Minuten

41. Was hat sich in Goa wegen des Massentourismus geändert?
- A) Die Zahl der armen Leute stieg um eine weitere Million.
- B) Den Menschen in Goa geht es jetzt im Allgemeinen besser.
- C) Der Tourismus hat den Goanesen vor allem Nachteile gebracht.

42. Wie weit ist man in Österreich mit der Diskussion neuer Tourismuskonzepte?
- A) Seit ein bis zwei Jahren laufen die Gespräche darüber.
- B) Man ist noch nicht ganz so weit wie in Deutschland, aber die Diskussion hat begonnen.
- C) Dank der Mitarbeit von 59 Veranstaltern ist die Diskussion weit fortgeschritten.

43. Was bedeutet „Sanfter Tourismus"?
- A) Ökologisch bewusste Touristen reisen in heimatnahe Regionen.
- B) Man reist in Hotels mit ökologischem Bewusstsein.
- C) Die Einheimischen entscheiden über die weitere Entwicklung des Tourismus in der Region.

44. Was passiert mit den Gewinnen im „Sanften Tourismus"?
- A) Der Gewinn landet auf der Bank.
- B) Der Gewinn wird in der Region wieder verwendet.
- C) Der Gewinn wird anteilig an alle ausbezahlt.

45. Welche neuen Leitlinien gelten für die Einheimischen?
- A) Sie erhalten für ihre Leistungen angemessene Gehälter.
- B) Sie dürfen mitreden, aber noch nicht mitentscheiden.
- C) Je mehr Engagement sie einbringen, desto mehr Gehalt bekommen sie.

46. Welche Reisen bietet „Eine andere Reise" an?
- A) Touren zu entfernten, einsamen Orten.
- B) Reisen, um vor Ort den Alltag der Menschen zu erleben.
- C) Reisen, um „tote Steine" zu suchen.

47. Was machen Kunden von „Anders Reisen" nach dem Urlaub?
- A) pflegen die entsprechenden Freundschaften.
- B) Sie schicken Bilder an die Einheimischen.
- C) Sie lassen sich am Urlaubsort nieder.

48. Was hat „Anders Reisen" noch im Angebot?
- A) Radreisen und Wanderreisen.
- B) Schiffsreisen.
- C) Städtereisen.

49. Warum hat das Lesachtal in Österreich Vorbildfunktion in Sachen Tourismus?
- A) In der Landwirtschaft werden sanfte Bebauungsmethoden gewählt.
- B) Die Zahl der Gästebetten übersteigt nicht die Zahl der Einwohner im Tal.
- C) Nur ein einziger Skilift geht bis ins Tal.

50. Was könnte sich in Zukunft auf dem Reisemarkt abzeichnen?
- A) Der Massentourismus nimmt zu.
- B) Reisen abseits des Massentourismus finden mehr Anhänger.
- C) Exotische Reiseziele werden immer begehrter.

➤ Lösungen S. 112

➤ Information zu diesem Testteil und Training S. 57

Aufgabe 1: Leserbrief

In einer deutschen Zeitung stand folgende kurze Meldung:

Arbeitszeit: ca. 70 Minuten

Schönheit rettet keine Partnerschaft

Gestörte Partnerschaften sind oft auch mit einer Schönheitsoperation nicht zu retten. Solche Eingriffe auf Wunsch des Partners führen oft zum Misserfolg, so Marianne Schrader vom Deutschen Ärztinnenbund. Angeblich würde sich jede dritte Frau unters Messer begeben, sofern dies der Partner wünsche. „Ich würde diese Frauen warnen", sagte die Chirurgin. Sie wies zudem auf mögliche Risiken hin: „Die Folgen jeder operativen Maßnahme können Wundheilungsstörungen sein. Aber auch die Narbenbildung, die bei kosmetischen Eingriffen so wichtig sei, könne schlecht verlaufen. Man habe daher nach den Operationen gelegentlich nur „eingeschränkte Ergebnisse".

© Associated Press
in: SZ 16./17. 8. 1997

Arbeitsauftrag:

Schreiben Sie als Reaktion darauf einen Leserbrief an die „Süddeutsche Zeitung".
Gehen Sie dabei auf folgende Punkte ein:

- warum Sie schreiben,
- was Sie von Schönheitsoperationen halten,
- ob es diese Möglichkeit auch in Ihrem Land gibt,
- was Sie persönlich tun würden, um eine Partnerschaft zu retten.
- Schließen Sie Ihren Brief mit einer Empfehlung an Menschen, die sich einer Schönheitsoperation unterziehen wollen.

Hinweise:

Die Adresse der Zeitung brauchen Sie nicht anzugeben. Bei der Beurteilung wird nicht nur darauf geachtet, wie korrekt Sie schreiben. Sorgen Sie auch dafür, dass die Abschnitte und Sätze gut aneinander anschließen.

Schreiben Sie etwa 200 Wörter.

➤ Lösungen S.112
➤ Information zu diesem Test und weiteres Training S.76

Aufgabe 2: Ein indischer Student kann ein Forschungssemester in Österreich erst später als ursprünglich vorgesehen beginnen. Er schreibt deshalb einen Brief an einen Freund in Wien und einen zweiten an die Wissenschaftlerin, die sein Forschungsprojekt in Österreich betreut.
Für die Aufgaben 51 - 60 füllen Sie die Lücken und verwenden dazu die Informationen aus dem ersten Brief. Schreiben Sie Ihre Lösungen auf den (kopierten) Antwortbogen auf S. 143. In jede Lücke passen ein oder zwei Wörter.

Arbeitszeit: ca. 20 Minuten

AUFGABEN:

BEISPIEL 0: geehrte

Lieber Erwin,

ich habe heute eine ganz schlechte Nachricht für dich: Ich kann im nächsten Semester doch nicht nach Österreich kommen.

Erinnerst du dich, dass ich hier an der Uni vorher noch eine Prüfung machen muss? Jetzt ist meine Statistik-Professorin ins Krankenhaus gekommen. Von der Sekretärin weiß ich, dass es mindestens zwei Monate dauert, bis sie wieder an die Uni kommt. Dumm, oder?

Jetzt werde ich also erst nächstes Semester mit meinem Studium fertig! Ich bin ziemlich verzweifelt. Was mache ich nur, wenn Dr. Rexroth, die ja mein Projekt in Wien betreuen wollte, nächstes Jahr keine Zeit mehr für mich hat? Ich habe ihr auf jeden Fall schon mal einen Brief von unserem Institutsleiter geschickt, in dem er alles erklärt. Hoffentlich versteht sie, dass nicht ich an dem Chaos schuld bin.

Na, und du bist darüber sicher auch nicht glücklich. Bestimmt hast du für mich schon einiges vorbereitet und organisiert. Das müssen wir jetzt alles auf nächstes Jahr verschieben. Sei bitte nicht böse.

Bis dahin erst mal Grüße von

Sanjay Sharma

Sehr (0) Frau Dr. Rexroth,

leider muss ich Ihnen (51), dass es mir nicht möglich ist, zum vorgesehenen (52) mein Forschungsprojekt bei Ihnen aufzunehmen.
Gestern (53) ich überraschend die Nachricht, dass eine Professorin schwer erkrankt ist, bei der ich noch eine Prüfung abzulegen habe.
Nach (54) der Sekretärin wird sie an der Universität frühestens in zwei Monaten zurückerwartet, (55) sich der Abschluss meines Studiums um ein Semester verzögert.
Nun meine Frage an Sie: Wäre es Ihnen auch im darauf (56) Semester möglich, meine Forschungsarbeit zu betreuen? Für eine kurze Mitteilung (57) ich Ihnen sehr dankbar. Ein offizielles Schreiben des Institutsleiters lege ich diesem Brief (58). Ich hoffe sehr, Sie haben für meine Situation (59).

(60) bitte die Unannehmlichkeiten, die ich Ihnen bereite, noch bevor ich überhaupt in Wien bin.

Mit freundlichen Grüßen

Sanjay Sharma

➤ Lösungen S.112
➤ Informationen zu diesem Testteil und Training S.92

Aufgabe 1: Sprechen Sie möglichst ausführlich über diese Fotos.

Vorbereitungszeit mit Aufgabe 2: 15 Minuten

- Sagen Sie zuerst, welche Personen, Dinge und Situationen dargestellt sind, geben Sie aber keine ausführliche Bildbeschreibung.

- Danach können Sie auf eine Frage von allgemeiner Bedeutung eingehen, die mit der dargestellten Situation zusammenhängt, und/oder

- Vergleiche mit den Verhältnissen in Ihrem Heimatland ziehen und oder

- über persönliche Erfahrungen dazu sprechen.

➤ *Prüfungsbeispiel auf CD und Kassette: Hörtext 3, Transkript S. 132*
➤*Information zu diesem Testteil und Training S. 97 ff.*

Aufgabe 2: Sie lernen an einer Sprachschule Deutsch. Diese Schule hat am Ende des Jahres noch Geld übrig, um etwas zusätzlich zu finanzieren. Der Leiter möchte die Meinung der Kursteilnehmer dazu hören, was mit dem Geld geschehen soll. Diskutieren Sie mit dem Prüfer/der Prüferin, welche der vorgeschlagenen Anschaffungen Ihnen am besten gefällt.

Vorbereitungszeit inclusive Aufgabe 1: 15 Minuten

Renovierung und Modernisierung
der Klassenräume

Computerraum mit Selbstlernmaterialien und Internet-Anschluss

▬ Machen Sie Vorschläge und begründen Sie diese.

▬ Gehen Sie auch auf Äußerungen Ihres Gesprächspartners/Ihrer Gesprächspartnerin ein.

▬ Am Ende sollten Sie sich mit ihm/mit ihr auf einen Vorschlag einigen.

Vielzweckraum
für Kinoabende, Theateraufführungen,
Musikveranstaltungen und Feste

Organisation einer Veranstaltungsreihe zu
Goethe mit Vorträgen, Lesungen, Filmen

Selbstlernprogramme
zur Grammatik und
Aussprache (Phonetik)
für jeden Studenten

➤ Informationen zu diesem Testteil und Training S. 97 und 106

Leseverstehen 1

Diagnose

Vor der Arbeit mit diesem Trainingsteil sollten Sie den Test „Leseverstehen 1" auf S. 14 gemacht und dann die Lösungen auf S.112 mit Ihren eigenen verglichen haben.

Tauschen Sie sich anschließend über Ihre Erfahrungen aus.

Hatten Sie Schwierigkeiten,   Wir empfehlen Ihnen:

— weil Sie Details übersehen haben?   ➡   Aufgabe 1, 2, 3; S. 27/28

— weil Sie die Zeit überschritten haben? ➡ Aufgabe 4, 5; S. 29

> Vergleichen Sie Ihre Lösungen im Training immer mit dem Lösungsschlüssel.

Information

In dieser Aufgabe wählen Sie für fünf Personen aus acht Kurztexten (z. B. Buchrezensionen, Kursbeschreibungen) das passende Angebot aus. Die Wünsche und/oder Interessen der einzelnen Personen erfahren Sie aus den folgenden kurzen Personenbeschreibungen. Es geht in dieser Aufgabe um selektives Leseverstehen, also um die Fähigkeit, in einem Text schnell bestimmte Informationen zu finden und unwichtige Passagen dabei überlesen zu können. Planen Sie Zeit ein, um Ihre Lösungen am Ende der Anwendunsaufgabe auf den (kopierten) Antwortbogen auf S.142 zu übertragen.

Selektives Leseverstehen

Hinweis: Wenn Sie zum Beispiel als Vegetarierin/Vegetarier in einer Speisekarte nur nach Gemüsegerichten suchen, dann lesen Sie die Speisekarte selektiv. Sie überspringen ganz schnell die Zeilen mit Fleischgerichten und suchen nach Gerichten, die ohne Fleisch und Fisch angeboten werden.

➤ *Unterwegs*, Kursbuch S. 55

Training: Schlüsselwörter finden

1. **Sie suchen für vier Personen einen passenden Kurs aus dem Angebot einer Volkshochschule. Lesen Sie die Personenbeschreibungen und unterstreichen Sie dabei Schlüsselwörter.**

   (1) Susanne möchte Gospels singen, hat aber keinerlei Chorerfahrung.
   (2) Herr Müller hat vor kurzem einen Stimmbildungskurs besucht und sucht einen Chor am Vormittag.
   (3) Die Kindergärtnerin Andrea ist immer auf der Suche nach neuen, interessanten Ideen für ihre Arbeit mit Kindern.
   (4) Der Jungschauspieler Michael hat eine Rolle im Theater bekommen. Dafür braucht er noch schnell ein paar Grundkenntnisse im Singen.

   Hinweis: Was ist ein **Schlüsselwort?** In diesem Beispiel, in dem Kurse zu Gesang und Musik gesucht werden, müssen Sie besonders auf die unterschiedlichen Wünsche und Besonderheiten (Alter, Können etc.) der einzelnen Personen bzw. der Angebote in den Kursen achten.

2. **Überfliegen Sie die Anzeigen auf der nächsten Seite.**

   a) **Welcher Kurs könnte zu welcher Person passen? Was vermuten Sie? Notieren Sie neben den Personenbeschreibungen in der Aufgabe die Buchstaben der Kursangebote, die für die Personen interessant sein könnten.**

b) Unterstreichen Sie die Schlüsselwörter in den folgenden Kursangeboten, die bei der Suche nach dem passenden Kurs helfen könnten. Orientieren Sie sich dabei an den Unterstreichungen in Aufgabe 1 auf S. 27.

A Lieder aus aller Welt

Für alle, die Freude am Singen mehrstimmiger Lieder haben. Das Lied-angebot ist gegliedert nach verschiedenen Themenkreisen und Herkunftsgebieten bzw. Kulturen. In die Anfänge chorischer Stimmbildung wird eingeführt.Notenkenntnisse nicht erforderlich. Weitere Informationen bei der Dozentin.

Chorischer Arbeitskreis; Volkshochschule Guardinistraße 90; 9 x donnerstags 17.30 bis 19.00 Uhr; 4.3. bis 20.5.2000; DM 63,-

B Chor für Einsteiger/innen

Wollten Sie schon immer in einem Chor singen, haben aber keine Zeit gehabt oder sich nicht getraut, einfach mal hinzugehen? Hier haben Sie die Möglichkeit, Singen und Hinhören zu üben und in verschiedenen spielerischen Übungen den natürlichen Zusammenhang von Körper, Atem und Stimme zu erfahren. Bitte bequeme Kleidung mitbringen.

Volkshochschule Guardinistraße 90; Wochenende 7./8.5.2000; 10-16 Uhr; DM 35,-

C Rhythmus und Gesang

Haben Sie schon einmal versucht, neben Ihrer Stimme auch Ihren Körper als Musikinstrument einzusetzen? Im Mittelpunkt dieses Wochenendes stehen Singen, Bewegung und das Erlernen von verschiedenen Rhythmen mithilfe des Körpers (Klatschen, Stampfen, ...). Sie lernen einfache rhythmische Begleitmodelle kennen, die Sie auch auf andere Lieder übertragen können. Musikalische Vorkenntnisse nicht erforderlich.

Volkshochschule Maistr.3; Wochenende 14./ 15. Mai 2000; 10:00-16:00 Uhr; DM 40,-

> Werden Sie bei dieser Aufgabe nicht zum „Erbsenzähler". Sie haben nicht genug Zeit, alle Texte genau zu lesen. Das ist auch nicht nötig. Durchsuchen Sie die Texte nur nach den gefragten Informationen.

D Con Brio-Chor

Haben Sie Lust und Spaß am gemeinsamen Singen? Und haben Sie schon Erfahrungen im Chorsingen? Unser Repertoire reicht von alter Musik über Spirituals, Gospels und Swing-Songs bis hin zu neuer Musik. Notenkenntnisse sind vorteilhaft. Voraussetzung ist die Teilnahme am Stimmbildungs - Einführungskurs. Anmeldung nur nach vorheriger Rücksprache mit dem Dozenten.

Anton-Fingerle-BZ, Schlierseestraße 47; 8 x mittwochs 18.30-21.00 Uhr; 10.3.-13.5.2000; DM 75,-

3. Welcher Kurs passt nun tatsächlich zu welcher der Personen 1 - 4 aus Aufgabe 1? Ergänzen Sie.

Person 1   A

Person 2   ....

Person 3   ....

Person 4   ....

Training: Einen schnellen Lösungsweg finden

4. Mit nachfolgenden Einzelschritten können Sie schnell zur Lösung kommen. Ordnen Sie die folgenden Einzelschritte zu einem sinnvollen, schnellen Lösungsweg. Ergänzen Sie, wenn nötig, weitere Zwischenschritte.

A)
Ich lese die Personenbeschreibungen und unterstreiche die Wünsche und wichtigen Merkmale der Personen.

B)
Wenn ich mich entschieden habe, notiere ich neben der Personenbeschreibung den Buchstaben des passenden Textes.

C)
Ich orientiere mich an den Unterstreichungen (Wünsche und Merkmale der Person) in der Personenbeschreibung und suche dann nach allen möglicherweise passenden Kursangeboten. Ich überfliege die Kursbeschreibungen. Dabei unterstreiche ich wichtige Stellen.

D)
Ich habe die Lösung nicht gefunden, weil ich mich nicht entscheiden kann. Dann lese ich die Angebote und Personenbeschreibungen noch einmal genauer.

G)
Ich kontrolliere, ob ich ein wichtiges Detail übersehen haben: Altersangaben, spezielle Interessen, Voraussetzungen, Vorerfahrungen, spezielle Wünsche, was die Zeit betrifft.

E)
Neben der Personenbeschreibung notiere ich die Buchstaben der eventuell dazu passenden Texte.

F)
Ich bearbeite zuerst die Personenbeschreibungen, zu denen ich möglicherweise am schnellsten eine Lösung finde.

1. A   5.

2.   6.

3.   7.

4.   8.

Sind Sie ein typischer „Huschelhugo", der Lösungen zu schnell ankreuzt und dabei häufig Wichtiges übersieht?
Dann kontrollieren Sie am Ende dieses Trainingsteils, ob Sie auch wirklich auf alle Details (besondere Merkmale der Personen oder spezielle Wünsche) geachtet haben.

5. Gibt es für Sie einen idealen Lösungsweg? Tauschen Sie sich aus. Vergleichen Sie auch mit dem vorgeschlagenen Lösungsweg auf S.115.

Anwendung: Testaufgabe

6. **Welches der acht Bücher ist für wen interessant? Wählen Sie für die Personen (03 - 07) passende Bücher (A - H) aus Bücherkatalogen aus. Falls keins der Bücher passt, schreiben Sie „negativ". Übertragen Sie anschließend Ihre Lösungen auf den (kopierten) Antwortbogen von S. 143.**

15 min

BEISPIELE:
Sie suchen ein Buch für
(01) eine Ärztin, die ihr Geld Gewinn bringend investieren will.   Lösung: **H**
(02) einen Freund, der nicht kochen kann.   Lösung: **negativ**

AUFGABEN:
Sie suchen ein Buch für

(03) eine Germanistik-Studentin, die sich für eine Seminararbeit mit Goethes Farbenlehre
befassen muss.   ···········

(04) einen 12-jährigen Jungen, der davon träumt, Banker zu werden.   ···········

(05) eine 30-jährige Freundin, die gern Dinge hinterfragt und für jede neue Weisheit offen ist.   ···········

(06) Ihre gesundheitsbewusste Schwester, die wegen einer Allergie auf die eigene Ernährung
achten muss.   ···········

(07) einen leidenschaftlichen Koch und Feinschmecker, den Sie mit einem ungewöhnlichen Koch-   ···········
buch überraschen wollen.

 A

Hans-Ulrich Grimm: Die Suppe lügt. Die schöne neue Welt des Essens

Unsere Nahrung wird mit einem Cocktail verschiedenster Chemikalien behandelt - nicht immer zum Nutzen der Verbraucher. Was ist eigentlich drin in unseren Lebensmitteln? Ein ungemein informatives Buch über den ganz normalen Wahnsinn der Lebensmittelchemie.

Knaur TB 77402, DM 16,90
© Taschenbuch Gesamtverzeichnis Knaur bis April 1999, S. 66

 B

Zu Gast bei Goethe

Selten ist Deutschlands Dichterfürst so liebevoll als bekennender Genießer vorgestellt worden wie von Joachim Nagel, der glücklicherweise alle gängigen Allgemeinplätze zum Thema Goethe meidet. In 40 Variationen wird das Thema Essen bei Goethe durchgespielt. Viele Lieblingsgerichte des Dichters werden zelebriert - und praktischerweise auf heutige Küchentechniken übertragen. Anregend für jeden literarisch interessierten Kulinariker.

Joachim Nagel, Verlag Heyne, 215 S., 68 Mark.
© Abendzeitung 28./29. 11 1998, S. 36

 C

Das große Ravensburger Lexikon von A-Z

Die Fakten sprechen Bände: Über 6.000 Suchbegriffe, über 3.500 Farbabbildungen. Durch die vielen Querverweise erhalten Wissbegierige tausend und eine Anregung zum Weiterlesen. Ganz aktuell, da jüngst erschienen! Die unerschöpfliche und aktuelle Wissensquelle für die ganze Familie mit hervorragenden Abbildungen und detailreichen Illustrationen.

Ravensburger, 639 S., DM 68,-
© Hugendubel Broschüre Kinder- und Jugendbuch

 D

Nikolaus Piper: Felix und das liebe Geld. Roman vom Reichwerden und anderen wichtigen Dingen

Wie ist das eigentlich – reich werden? Felix' Vater ist Wirtschaftsjournalist und weiß es offenbar trotzdem nicht. Also versuchen Felix, Peter und Gianna es selbst. Der Zufall kommt ihnen zu Hilfe und sie lernen einen Musikalienhändler kennen, der von Wirtschaft genauso viel versteht wie von Musik. Sie kommen zu Geld, machen Aktiengewinne und fallen prompt auf einen dubiosen Anlageberater herein.

Beltz & Gelberg, 360 S. DM 29,80
© Beltz Verlag, Weinheim und Basel 1998

Kurztexte auswählen

E Illustrierte Geschichte der deutschen Literatur

Sich zu artikulieren, zu sprechen und Gesprochenes schriftlich festzuhalten, ist ein Grund-bedürfnis des Menschen. Die Geschichte der deutschen Literatur in 6 Bänden geht diesem Urbedürfnis des Menschen nach: Von der Buchstabenschrift der Germanen, den Runen, bis zu den sprachlichen und literarischen Zeugnissen der Gegenwart ist sie ein zuverlässiger, umfassender und kenntnisreicher Führer durch das Geistesleben der deutschsprachigen Länder und Völker.

*6 Bände im Schuber, zusammen über 2600 S.,
zahlreiche s/w-Abbildungen, DM 29,95*
© Komet Verlagsgesellschaft

F Walter Krämer, Götz Trenkler: Lexikon der populären Irrtümer. 500 kapitale Missverständnisse, Vorurteile und Denkfehler von Abendrot bis Zeppelin

Die Autoren rücken unser verschobenes Weltbild auf höchst amüsante Weise zurecht: So erfahren wir unter anderem, daß heißes Wasser einen Brand schneller löscht als kaltes und Raucher die Gesundheitskasse nicht mehr, sondern weniger belasten, weil sie früher sterben. „Der Laie staunt, und der Leser wundert sich, wie viele Irrtümer, Denkfehler und moderne Mythen Krämer und Trenkler in unserem porösen Alltagswissen aufspüren."

Serie Piper 2446. DM 16,90 © Peter Köhler, DIE WOCHE 14/96

G Margaret Visser: Mahlzeit! Von den Erfindungen und Mythen, Verlockungen und Obsessionen, Geheimnissen und Tabus, die mit einem ganz gewöhnlichen Abendessen auf unseren Tisch kommen

Neun Zutaten, neun Kapitel. Jedesmal wird die Geschichte eines Lebensmittels untersucht, die Traditionen, Sitten und Tabus, die sich mit ihm verbinden. Auf diese Weise entsteht eine atemberaubend kenntnisreiche und höchst amüsante Enzyklopädie des Essens. Margaret Vissers Buch überrascht uns gerade deshalb, weil es von unseren Alltagserfahrungen ausgeht. Es zeigt, dass mit der schlichtesten Mahlzeit, die wir zu uns nehmen, ein abenteuerliches Stück Menschheitsgeschichte auf den Tisch kommt.

Die Andere Bibliothek 166. Aus dem Amerikanischen von Matthias Fienbork. Illustriert. Ca. 320 Seiten. DM 58,-
© Eichborn Verlag AG, Frankfurt a.M., Broschüre Oktober 1998 bis März 1999

H Bodo Schäfer: Der Weg zur finanziellen Freiheit. In sieben Jahren die erste Million

Dieses Buch wurde in kürzester Zeit zum absoluten Bestseller. Bodo Schäfer zeigt, wie man seine Einstellung zum Geld positiv verändert, Schulden rasch abbaut, das persönliche Einkommen steigert und schließlich von den Zinsen des eigenen Kapitals leben kann.

Campus, 7. Auflage, 1999 © Hugendubel-Broschüre „Cash", März 1999

Unterwegs

- Üben Sie diese Prüfungsform der selektiven Informationsentnahme, indem Sie sich deutschsprachige Texte besorgen (z. B. Broschüren von Volkshochschulen oder Fitness-Studios, von Verlagen und Reiseveranstaltern sowie aus Zeitungen Ankündigungen von Fernseh- und Kinofilmen und kulturellen Veranstaltungen). Und dann überlegen Sie sich, wer von Ihren Freundinnen bzw. Freunden oder Verwandten Interesse an einer der Broschüren hätte und welches Angebot für diese spezielle Person in dieser Broschüre interessant wäre.

- Sie können das auch zu zweit üben: Einer von Ihnen beiden beschreibt eine reale oder fiktive Person mit ihren Interessen und Wünschen, der andere wählt für diese Person z. B. aus einem Fernsehprogramm eine interessante Sendung aus.

- Verbessern Sie Ihren „selektiven Blick", indem Sie sich z. B. den Wirtschaftsteil einer deutschen Zeitung vornehmen und darin – ohne die einzelnen Artikel genau zu lesen – die Wörter „Finanzen" und „Gewinne" suchen, auch Wörter aus der gleichen Familie („finanziell") oder Komposita („gewinnorientiert").

Diagnose

Vor der Arbeit mit diesem Trainingsteil sollten Sie zunächst den Test „Leseverstehen 2" auf S. 16 gemacht und dann die Lösungen auf S.112 mit Ihren eigenen verglichen haben.

Tauschen Sie sich anschließend über Ihre Erfahrungen aus und notieren Sie Ideen, wie man am besten bei der Lösung der Aufgabe vorgehen kann.

Hatten Sie Schwierigkeiten,		Wir empfehlen Ihnen vor allem:
das Zeitlimit einzuhalten?	➡	Aufgaben 1, 2, 3
das richtige Wort für die Lücke zu finden?	➡	Aufgaben 1, 2, 3, 5
die richtige Wortform zu finden?	➡	Aufgaben 1, 4, 5

Information

35 min

10 Punkte

In Aufgabe 2 zum „Leseverstehen" erhalten Sie einen Text (z.B. Bericht oder Reportage) und eine Zusammenfassung dieses Textes mit zehn Lücken. In dem Originaltext müssen Sie die Informationen suchen, mit denen Sie die Lücken füllen können. Die Zusammenfassung müssen Sie also genau lesen, den Text dagegen nur nach der benötigten Information durchsuchen.

➤ Selektives Leseverstehen 1, S. 27

Planen Sie Zeit ein, um Ihre Lösungen am Ende der Anwendungsaufgabe auf den (kopierten) Antwortbogen auf S.142 zu übertragen. Überprüfen Sie Ihre Notizen dabei auf inhaltliche, sprachliche und Rechtschreibfehler. Bei schweren Fehlern werden Punkte abgezogen.
In der Prüfung zu diesem Bereich kann auch eine andere seltenere Variante dieser Aufgabenstellung vorkommen. Das Training zu dieser Variante 2b) finden Sie auf S. 37ff.

Training: Wie können die Lösungen aussehen?

1. **Sie sollen später in der Zusammenfassung dieses Zeitungsartikels auf der nächsten Seite oben die fehlenden Wörter ergänzen. Überfliegen Sie dazu jetzt den Originalzeitungstext, lesen Sie ihn aber nicht genau.**

  # Lachen als Therapie

Dass Lachen gesund ist, sagt nicht nur der Volksmund. Auch die moderne Wissenschaft scheint den therapeutischen Effekt des Lachens zu bestätigen. Erstmals haben sogenannte „Lachforscher" die biochemischen Vorgänge
5 untersucht, die beim Lachen im menschlichen Körper ablaufen. Das Ergebnis: Stresshormone wie Cortisol und Adrenalin werden gebremst, das Immunsystem wird stimuliert und produziert vermehrt Antikörper, T-Helfer und natürliche Killerzellen. Auch die Ausschüttung des Glücks-
10 hormons Endorphin läuft auf Hochtouren. Außerdem nehmen Lacher mehr Sauerstoff auf, was dem Gastaustausch in den Lungen zugute kommt. In den USA wollen Mediziner jetzt vom therapeutischen Nutzen des Lachens häufiger Gebrauch machen. In einigen Kliniken gibt es
15 bereits Humorräume, die der Aufheiterung der Patienten dienen. Sogar ein „humororientiertes Krankenhaus" soll bald entstehen. In Deutschland führen die „CLOWN DOKTOREN" schon seit Oktober 1993 Visiten an den Betten kranker Kinder durch. Der gemeinnützige Verein
20 betreut vor allem die Universitätskliniken in Frankfurt und Mainz sowie die städtischen Kliniken in Offenbach. Für Interessenten führt er eine intensive, halbjährige Ausbildung durch. Die Arbeit der CLOWN DOKTOREN hat Vorbildcharakter, wie Anfragen aus der ganzen
25 Republik beweisen. (...)

Das Naturkostmagazin, Februar 1999

Hauptaussagen und Details entnehmen: Lückentext Training

2. Lesen Sie nun die folgende Zusammenfassung und ergänzen Sie mithilfe des Originaltextes auf S. 32 unten in den Lücken a) - j) die fehlenden Wörter wie in den ersten beiden Beispielen.

Lachen ist eine gute **(a)**, um gesund zu werden. Das haben Wissenschaftler, sogenannte „Lachforscher", in einer **(b)** herausgefunden. Sie haben festgestellt, dass beim Lachen biochemische Vorgänge **(c)**, die Stress reduzieren und das Immunsystem **(d)**. Deshalb gibt es in einigen US-amerikanischen Krankenhäusern **(e)**, und es ist sogar die Einrichtung eines humororientierten Krankenhauses **(f)**. In Deutschland kümmert sich seit **(g)** ein gemeinnütziger Verein namens **(h)** in verschiedenen Kliniken um **(i)**. Der Verein hat ein sechsmonatiges Programm entwickelt, um Inter-essenten zum „Clown Doktor" **(j)**.

(a) _Therapie_

(b) _Untersuchung_

(c) _____

(d) _____

(e) _____

(f) _____

(g) _____

(h) _____

(i) _____

(j) _____

3. Vergleichen Sie Ihr Ergebnis mit den Lösungen auf S. 115. Dann vergleichen Sie diese mit den Passagen im Originaltext, in denen die gesuchte Information steht.

BEISPIEL:

Originaltext   *Lösung im Lückentext*
den **therapeutischen** Effekt des <u>Lachens</u>   a) <u>Lachen</u> ist eine gute _Therapie_, um gesund zu werden.

4. Entscheiden Sie aufgrund Ihrer bisherigen Erfahrung mit dieser Prüfungsaufgabe, ob und wie oft die folgenden Aussagen zutreffen. Markieren Sie dementsprechend jeweils eines der drei Wörter: „immer", „manchmal", „nie".

a) Die Lücken entsprechen in der Reihenfolge dem Originaltext.	immer	manchmal	nie
b) Man findet die passende Textstelle im Originaltext, wenn man nach Wörtern aus der Umgebung der Lücke sucht.	immer	manchmal	nie
c) Das Lösungswort steht im Originaltext.			
d) Die Lösung ist eine Zahl oder ein Eigenname.	immer	manchmal	nie
e) Dasselbe Lösungswort passt in zwei verschiedene Lücken.	immer	manchmal	nie
f) Man muss das Wort aus dem Originaltext verändern, z.B. ein Substantiv zu einem Verb machen.	immer	manchmal	nie
g) Man muss für die Lösung eine eigene Formulierung finden.	immer	manchmal	nie

Was ist Ihnen außerdem aufgefallen? _____

_____

Training: Wie komme ich auf das richtige Wort?

5. Lösen Sie die folgenden Aufgaben a) und b). Überfliegen Sie dazu zuerst den folgenden Text.

Neue Studie über die Körpersprache

Gestik stört die Konzentration

VON ANGELA HACHMEISTER

London - Wer beim Sprechen gestikuliert, liefert seinem Gegenüber damit eine Menge zusätzlicher Informationen. Zugleich vermindert er jedoch seine eigene Konzentrationsfähigkeit. Das haben britische und amerikanische Psychologen jetzt in einer Studie belegt.

5

„Uns fiel auf, dass jeder beim Sprechen gestikuliert, selbst am Telefon oder beim Gespräch mit einem Blinden. Gesten scheinen von entscheidender Wichtigkeit für die Kommunikation zu sein", sagt Professor Geoffrey Beattle von der Universität Manchester, der die Untersuchung leitete. (...)

10

Sprecher, die viel gestikulieren, vermindern dadurch jedoch ihre eigene Konzentration. In Momenten, wo uns ein Wort „auf der Zunge liegt", finden wir es eher, wenn wir nicht gestikulieren, sondern die Arme gefaltet haben, fanden die Forscher heraus.

15

Sie gaben 60 Leuten Aufgaben wie „Wie heißt das Ding, mit dem wir Ecken messen?" Abgefragt wurden 25 selten benutzte Begriffe, wie beispielsweise Pagode, Neanderthal, Glockenspiel oder Akkordeon. Die Ergebnisse, veröffentlicht im „British Journal of Psychology" zeigten: Die Probanden, die beim Überlegen gestikulierten, fanden in 67 Prozent der Fälle das richtige Wort. Hielten die Probanden dagegen die Arme vor dem Körper verschränkt, fiel ihnen zu 73 Prozent der Fragen die richtige Antwort ein.

20

25

Trotzdem appelliert Professor Beattle für lebhaftes Gestikulieren. Denn es hat außerdem noch eine zwischenmenschliche Seite: „Wer gestikuliert, wirkt engagierter und gibt seinem Gegenüber das Gefühl, er will ihm wirklich etwas mitteilen."

30

Welt am Sonntag, 14.2.1999 (gekürzt)

a) Füllen Sie die folgenden Lücken mithilfe der Informationen im oben stehenden Text. Achten Sie dabei genau auf die Wortart und beachten Sie bei einem Verb im Infinitiv, ob Sie ein „zu" ergänzen sollten.

> **Hinweis:** Nicht immer können Sie ein Wort aus dem Text unverändert in den Lückentext übernehmen. In manchen Fällen müssen Sie die Form verändern, in anderen Fällen sogar ein ganz neues Wort finden.

> BEISPIEL: Eine Studie stellt fest, dass wir auch durch
> unseren Körper _____*sprechen*_____

1) Eine Studie britischer und amerikanischer Psychologen zeigt, dass das Gestikulieren zur _____ _____ der Konzentration führt.

2) Man gestikuliert beim Sprechen immer, sogar wenn man _____ oder mit einem Blinden _____ .

3) Professor Beattle, der _____ der Untersuchung, hält Gesten für sehr _____ für die Kommunikation.

4) Wenn man beim Sprechen viel gestikuliert, ist es schwieriger sich _____ .

5) Mit _____ Armen fällt einem die Konzentration leichter.

6) Die Forscher fragten nach Begriffen, die man selten ....

7) Das „British Journal of Psychology" .... die Resultate der Untersuchung.

8) Nur 67 Prozent der „Gestikulierer" waren in der Lage, das richtige Wort ....

b) Füllen Sie die Lücken der folgenden Sätze. Hier müssen Sie für eine Situation oder einen Sachverhalt, die im Text beschrieben sind, ein neues Wort finden und einsetzen.

1) Professor B. fiel bei seiner Untersuchung auf, dass wir beim Sprechen sogar dann

gestikulieren, wenn uns der Kommunikationspartner nicht ....

2) Psychologen haben in einer Studie untersucht, wie sich das Gestikulieren auf die

Konzentrationsfähigkeit der Sprecher ....

3) Die Forscher gaben den Probanden .... von 25 seltenen Begriffen.

4) Die Versuchspersonen sollten sich an seltene Wörter ....

5) Versuchspersonen, die gestikulierten, erzielten ein .... Ergebnis als

die Versuchspersonen, die ihre Arme ruhig hielten.

Anwendung: Testaufgabe

6. Überfliegen Sie den folgenden Text und ergänzen Sie dann die fehlenden Wörter in der Zusammenfassung auf der nächsten Seite. Übertragen Sie anschließend Ihre Lösungen auf den (kopierten) Antwortbogen von S. 142.

(35 min)

Im Auge des Voyeurs

Alle zwei Minuten ein Bild:
Eine junge Amerikanerin lebt unter
ständiger Beobachtung im Internet

Von Katrin Hummel

Wenn Jenni im Bett liegt, ist sie nie allein. Wenn sie am Schreibtisch sitzt, auch nicht. Und wenn sie mit nas-
5 sen Haaren vom Bad ins Schlafzimmer huscht, ebenso wenig. Jenni ist 22 Jahre alt und lebt in Washington D.C. Jeder Schritt, den sie in ihrer Wohnung tut, wird von Tausenden
10 Menschen verfolgt.

Jenni stört das nicht. Sie hat es so gewollt, auch wenn sie am Anfang, vor drei Jahren, nicht ahnen konnte, was für Folgen ihr Experiment haben würde. Damals studierte sie noch Betriebswirt-
15 schaft (…). Sie saß mit einigen Freunden beim Abendessen. „Wir redeten über das Internet und die gesellschaftlichen Veränderungen, die es mit sich bringen würde", erinnert sie sich. Und über Internet-Kameras, mit deren Hilfe alle paar Minu-
20 ten Bilder von Fischen in einem Aquarium oder von einer Kaffeemaschine ins Internet übermittelt wurden. Da kam Jenni auf die Idee, sich selbst zum
25 Motiv einer solchen Kamera zu machen - und die Gesellschaft zu beeinflussen, indem sie ihr Leben im Internet zur Schau stellen würde.

Also beschloss sie, mithilfe der Internet-Kamera,
30 die sie ohnehin schon besaß, um ihre Homepage mit aktuellen Fotos von sich selbst anzureichern, alle zwei Minuten ein neues Bild von sich ins Internet zu laden. (…) Am Anfang sei sie etwas verkrampft gewesen, wenn sie sich vor der Kame-
35 ra bewegt habe, sagt Jennifer Ringley. Doch inzwischen denke sie gar nicht mehr an ihre Zuschauer.

Zunächst besuchten nur einige Freunde die „Jennicam", wie sie ihre Homepage fortan nannte.
40

Doch bald schon sprach sich die Neuigkeit vom ersten Menschen herum, der sein Leben im Internet zeigt. (…) Bald besuchten ihre Homepage mehr Menschen am Tag, als sich für die Internet-
45 Seiten der Zeitschrift „National Geographic" in einer Woche interessierten. (…)

„Die Leute denken immer, sie habe als Kind nicht genug Aufmerksamkeit bekommen", sagt Jennifers Mutter auf die Frage, warum ihre Tochter
50 sich zu einem Leben vor der Kamera entschlossen hat. „Aber das stimmt nicht." Vielmehr probiere Jennifer wie alle jungen Menschen zur Zeit viel aus. Jennifer selbst formuliert es so: „Ich will den Leuten zeigen, daß das, was sie im Fernsehen
55 sehen, nicht die Realität ist. Ich bin die Realität." (…)

Die besten Gründe allerdings kommen immer noch von Jennis Anhängern selbst. So bedankt sich eine übergewichtige junge Frau dafür, daß Jenni ihren nicht besonders perfekten Körper so 60 ungeniert im Internet zur Schau stellt. Das mache ihr Mut. Und ein junger Mann schreibt: „Ich fühlte mich wie ein Verlierer, weil ich freitags abends nichts Besseres zu tun hatte, als meine Wäsche zu bügeln. Bis ich gemerkt habe, daß du das auch 65 tust." Ein achtundzwanzig Jahre alter Software-Spezialist schließlich sagt: „Ich finde es einfach gut, an einem anderen Leben teilzuhaben und zu sehen, daß es nicht besser oder schlechter als mein eigenes ist." (…)

Frankfurter Allgemeine Zeitung, 16.12.1998 (gekürzt)

<u>Zusammenfassung:</u>

Jennifer Ringley ist selbst in ihrer **(0)** nie unbeobachtet, denn man kann die **(a)** US-Amerikanerin bei allem, was sie zu Hause tut, im Internet sehen. Die Idee zu diesem **(b)** kam ihr vor drei Jahren bei einem **(c)** mit Freunden. Jenni beschloss damals, ihr Leben im Internet zu **(d)** , und damit die Gesellschaft zu beeinflussen. Seitdem lässt sie sich von einer Internet-Kamera in ihrer Wohnung filmen. Inzwischen fällt es ihr nicht mehr schwer, sich vor der Kamera **(e)** . Daran hat sie sich ebenso gewöhnt wie an ihre ständigen **(f)** . Die Zahl der Besucher ihrer Homepage namens **(g)** ist schnell größer geworden und übersteigt um ein Vielfaches die Zahl der Besucher anderer Internet-Seiten.

Für Jennis Mutter ist es bei Menschen in Jennis **(h)** normal, dass sie Neues ausprobieren wollen. Jenni selbst ist es wichtig, ihren Zuschauern eine Welt zu zeigen, die **(i)** ist als die Fernsehwelt.

Ihre Fans **(j)** ihre Sympathie damit, dass Jenni ihnen hilft, sich selbst und ihren Alltag zu akzeptieren.

(0) ...... <u>Wohnung</u> ......

(a) ....

(b) ....

(c) ....

(d) ....

(e) ....

(f) ....

(g) ....

(h) ....

(i) ....

(j) ....

Hauptaussagen und Details entnehmen: Notizen machen

Training

Information

Diese Variante von Aufgabe 2 zum „Leseverstehen" kommt eher selten vor. Es wird von Ihnen verlangt, dass Sie auf der Grundlage von Informationen aus einem Text zu zehn Stichpunkten Notizen machen. Gesucht sind zentrale Aussagen des Textes und wichtige Details, die Sie als Notizen festhalten müssen.

➤ vgl. auch S.32

Planen Sie Zeit ein, um Ihre Notizen auf den (kopierten) Antwortbogen (S. 143) zu übertragen. Überprüfen Sie dabei Ihre Notizen auf inhaltliche, sprachliche und Rechtschreibfehler. Bei schwerwiegenderen Fehlern werden Punkte abgezogen.

35 min

10 Punkte

Training: Wie findet man im Text die gefragten Informationen?

1. Überfliegen Sie den folgenden Textanfang.

a) **Welche Stichpunkte gehören zu welchen markierten Stellen im Text? Nummerieren Sie die Stichpunkte entsprechend.**

ICH RECHNE ALSO BIN ICH

Japanische Forscher entwickeln eine neue Robotergeneration.

Die Automaten ahmen das natürliche Verhalten
von Mensch und Tier nach und zeigen Gefühle

VON RUTH HENKE

Neugierig dreht Tama ihren Kopf in Richtung der nahenden Schritte. Als sie Toshihiro Tashima sieht, gerät ihr ganzer Körper in freudige Be-
5 wegung. Liebevoll nimmt Tashima sie in den Arm. Ihn stört es nicht, dass Tamas Nase zu spitz geraten ist und die Beine ein wenig plump wirken. Immerhin ist sie seine eigene
10 Schöpfung: Unter Tamas schwarzgrauem Tigerfell steckt ein Miniroboter, gefüllt mit Programmchips und gespickt mit Sensoren.

„Es soll lebensähnlich wirken und Gefühle hervorrufen", beschreibt der 15 Forscher der Omron Corporation in Kyoto sein digitales Schmusetier. Je nach Situation zeigt der Plüschroboter Ärger, Furcht oder Überraschung. Er miaut, wenn er auf den Arm will, 20 zärtliches Streicheln ruft ein zufriedenes Schnurren hervor. Über sein Langzeitgedächtnis erkennt das Robotier seinen Besitzer und Situationen wieder. 25

Tashimas berufliche Tätigkeit ◯

Tamas besondere Eigenschaften ③

Wer / Was ist „Tama"? ◯

b) **Unterstreichen Sie in den mit ② und ③ markierten Textstellen alle Wörter, die anstelle der Namen Toshihiro Tashima und Tama stehen.**

In Texten finden sich oft verschiedene Bezeichnungen von Personen oder Sachen. Sie müssen nicht alle genau verstehen. Wichtig ist aber, dass Sie erkennen, wer oder was damit gemeint ist.

Training Hauptaussagen und Details entnehmen: Notizen machen

2. Lesen Sie unten den restlichen Zeitungsartikel.

a) Markieren Sie dann die Stellen, die Informationen zu den Stichpunkten 4) - 9) liefern, und schreiben Sie die jeweilige Nummer des Stichpunkts daneben.

④ Bedeutung der Robotikforschung in Japan
⑤ Charakteristika der neuen Robotergeneration
⑥ Mögliche Gründe für den Kauf eines Unterhaltungsroboters
⑦ Pläne des Labors in Tokio
⑧ Voraussichtliche Dauer des MITI-Forschungsprojekts
⑨ Ziel von Rodney Brooks

> **Selektives Lesen:**
> Sie suchen im Text nur Informationen zu einzelnen Stichpunkten. Diese Stichpunkte folgen in ihrer Reihenfolge immer dem Text. Lesen Sie also nicht detaillierter als nötig!
>
> ➤ *Unterwegs*, Kursbuch, Ratgeber Lernen, S.175

(...) Tama ist das jüngste Modell einer neuen Robotergeneration, die nicht nur in Japan Aufsehen erregte. In keinem anderen Land forschen zur Zeit so viele Wissenschaftler gleichzeitig an Maschinen, die entwe-
30 der menschenähnlich aussehen oder mit Menschen fast lebensecht kommunizieren können. (...)

Sony entwickelt in seinem neuen D21-Labor in Tokio vierbeinige Unterhaltungsroboter. (...) Die hundeähnlichen Automaten seien ideal für Menschen, „die
35 allergisch gegen Tiere sind oder einfach wünschen, dass jemand zu Hause auf sie wartet", preist Sony-Forscher Hiroaki Kitano den auf Gefühl getrimmten Hundeersatz. Der wird traurig, wenn er zu wenig Aufmerksamkeit erfährt, gibt Pfötchen, kann laufen, hören und
40 sehen.

Überwältigt von der lebensnahen Wirkung, versuchte ein Kind sogar, den künstlichen Hund mit einem Keks zu füttern. Noch sind die digitalen Haustiere allerdings kein Spiel-, sondern ein Forschungs-

objekt. „Unser Ziel ist eine künstliche Intelligenz mit 45 Augen, Ohren, Gefühl und allen anderen menschlichen Sinnesorganen", erläutert Hiroaki Kitano. (...)

Mit dem „Humanoid Robot System" hat das japanische Handelsministerium (MITI) in diesem Jahr ein neues, üppig ausgestattetes Forschungsprojekt ge- 50 startet. „In fünf Jahren", so Noriaki Ozawa, Direktor der Industriemaschinen-Abteilung des MITI, „wollen wir den Prototypen eines Humanoiden für den Alltag entwickeln."

Bis dahin will auch Rodney Brooks vom Labor für 55 Künstliche Intelligenz am MIT in Cambridge, USA, seinem Humanoiden Cog Intelligenz und Fähigkeiten „eines Kleinkinds" vermittelt haben. Die Frage, ab wann Cog als bewusstes Wesen einzustufen ist, beschied der US-Robotiker jüngst mit der lakonischen 60 Antwort: „Wenn etwas aussieht wie eine Ente und quakt wie eine Ente, dann ist es eine Ente."

Focus 49/1998 (gekürzt)

b) Besprechen Sie Ihre Ergebnisse und vergleichen Sie mit dem Lösungsschlüssel.

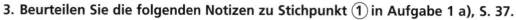

Training: Notizen machen: kürzen oder umformulieren

3. Beurteilen Sie die folgenden Notizen zu Stichpunkt ① in Aufgabe 1 a), S. 37.
a) Welche Version halten Sie für die beste? Was finden Sie bei den übrigen nicht gut?
b) Vergleichen Sie Ihre Beurteilung mit den Kommentaren im Lösungsschlüssel auf S. 116.

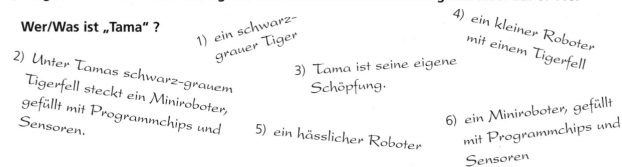

Wer/Was ist „Tama"?

1) ein schwarz-grauer Tiger

2) Unter Tamas schwarz-grauem Tigerfell steckt ein Miniroboter, gefüllt mit Programmchips und Sensoren.

3) Tama ist seine eigene Schöpfung.

4) ein kleiner Roboter mit einem Tigerfell

5) ein hässlicher Roboter

6) ein Miniroboter, gefüllt mit Programmchips und Sensoren

Hauptaussagen und Details entnehmen: Notizen machen   Training

4. Lesen Sie zu den Stichpunkten 4-9 (vgl. die Aufgaben 2a) und 2b) auf S. 38 noch einmal Ihre markierten Textstellen.

a) Überlegen Sie dann, was Sie auf der Grundlage der Textstellen zu den Stuchpunkten notieren könnten und entscheiden Sie bei jedem :

Ⓐ Können Sie die Notizen sofort schreiben, weil Sie Zahlen oder ein bzw. zwei Wörter aus dem Text (fast) unverändert übernehmen können ?

Ⓑ Finden Sie im Text zwar die Informationen, müssen sich aber für die Formulierung der Notizen ein bisschen Zeit nehmen?

Notieren Sie dementsprechend hinter jedem Stichpunkt auf S.38 Ⓐ oder Ⓑ .

b) Schreiben Sie die Notizen zu allen Stichpunkten, bei denen Sie sich für Ⓐ entschieden haben.

Achten Sie darauf, dass Sie nur die gesuchte Information notieren. Lassen Sie alles Unwichtige weg.

Hinweis: Eine Notiz enthält nur die wichtigsten Informationen. Selten besteht sie aus einem kompletten Satz.

<u>Beispiel:</u>

<u>Textstelle:</u>	<u>Stichpunkt:</u>	<u>Ihre Notiz:</u>
(…) beschreibt der Forscher der Omron Corporation in Kyoto (…).	Tashimas berufliche Tätigkeit?	Forscher

5. Schreiben Sie mithilfe der Informationen in den unterstrichenen Textstellen die passenden Notizen in die rechte Spalte.

a) Überlegen Sie dabei, wie Sie die beschreibenden Textstellen zusammenfassen können.

Beispiel:

<u>Textstelle:</u>	<u>Stichpunkt:</u>	<u>Notiz:</u>
Sie <u>miaut, wenn sie</u> auf den Arm <u>will</u>.	⓪.Tamas besondereEigenschaften?	äußert (die eigenen) Bedürfnisse
<u>In keinem anderen Land</u> forschen zur Zeit <u>so viele Wissenschaftler gleichzeitig</u> an Maschinen, die (…)	①.Bedeutung der Robotikforschung in Japan?	
Die hundeähnlichen Automaten sind ideal für Menschen, „die allergisch gegen Tiere sind oder einfach <u>wünschen, dass jemand zu Hause auf sie wartet</u>".	②.Mögliche Gründe für den Kauf eines Unterhaltungsroboters?	
Überwältigt von der lebensnahen Wirkung des Roboters, <u>versuchte</u> ein Kind sogar, <u>den künstlichen Hund mit einem Keks zu füttern</u>.	③.Irrtum des Kindes?	

Es genügt, wenn Sie **eine** Information aus dem Text notieren, auch wenn der Stichpunkt im Plural formuliert ist (z.B. in ②).

b) Schreiben Sie nun alle restlichen Notizen für die Stichpunkte in Aufgabe 2a) auf S. 38.

c) Tauschen Sie Ihre Notizen aus. Korrigieren Sie sich gegenseitig und vergleichen Sie mit dem Lösungsschlüssel auf S.116.

6. Überlegen Sie abschließend, worauf Sie bei diesem Aufgabentyp in der Prüfung besonders achten müssen. Notieren Sie gute Tipps.

Lesen Sie dazu auch die Empfehlungen in den Lösungen auf S. 116.

Anwendung: Testaufgabe

7. Ergänzen Sie in folgendem Rahmen die fehlenden Informationen.
Lesen Sie dazu den unten stehenden Artikel. Schreiben Sie Ihre Lösungen zunächst auf dieses Blatt und übertragen Sie diese dann auf den (kopierten) Antwortbogen von S. 142.

(35 min)

BEISPIEL: Thomas Fuchs' Funktion bei RIFU .... *Chef*

1. Sitz des RIFU

2. Zukünftiges Arbeitsgebiet der RIFU-Studenten ....

3. Charakteristika der Aufgaben für RIFU-Kandidaten ....

4. Anteil der erfolgreichen Bewerbungen ....

5. Dauer der Ausbildung am RIFU ....

6. Beispiele für Studieninhalte ....

7. Finanzierung des Instituts ....

8. Wichtigste Eigenschaft von RIFU-Absolventen ....

9. Vorteile für Mitgliedsfirmen ....

10. Erfolg der ersten Absolventengruppe ....

Ihre Socken, bitte!

„Entschuldigung. Möchten Sie mit mir die Socken tauschen?" Kein Spinner, kein Lockvogel für die versteckte Kamera - der junge Mann, der in der Frankfurter Fußgängerzone scheinbar wahllos Passanten 5 anspricht, ist Manager in spe. „Hier zeigt sich, wer kreativ, phantasievoll und clever ist", findet Thomas Fuchs, Chef des Frankfurter Personalinstituts RIFU. Seit drei Jahren trimmt Fuchs junge Talente für 10 Führungspositionen in der Wirtschaft.

Die RIFU-Kandidaten müssen fremde Menschen zu einem Sprung in den Brunnen am Opernplatz animieren oder Deutsche-Bank-Chef Rolf Breuer ein Autogramm entlocken. Und wer es 15 schafft, in einer Stunde einen Kredit über 10.000 Mark zu erhalten, ohne Sicherheiten vorzulegen, sam-

> **Mit ungewöhnlichen Methoden trimmt ein Personalinstitut junge Talente zum Manager**

melt ebenfalls Punkte. Nur jeder sechste Kandidat wird angenommen. „Fachidioten haben keine Chance", meint Fuchs. Und Schwächen würden gnadenlos aufgedeckt. Friederike von Waldhausen, die wissen- 20 schaftliche Projektleiterin bei RIFU: „Geschwindelt wird bei uns nicht."

Zwei Jahre lang durchlaufen die insgesamt 230 Studenten sechs verschiedene Seminare und pauken dabei 25 Rhetorik, Verkaufsstrategien und gutes Benehmen.„Denn im Managerleben", erkannte Fuchs, „kommt es auch auf den richtigen Umgang mit Messer und Gabel an." Daneben stehen Praktika und Kurzzeitjobs 30 bei namhaften Auslandsfirmen sowie intensive Einzelgespräche auf dem Programm.

Hauptaussagen und Details entnehmen: Notizen machen

Den Unternehmen ist RIFU lieb und teuer. Als Mitglieder zahlen sie jährlich 80.000 Mark. Zusätzliche
35 Projekte werden extra abgerechnet. 115 Mark im Monat müssen die Studenten - Juristen und BWLer*, aber auch Sozialwissenschaftler, Forstwirte und Sprachstudenten - selbst hinlegen.

Selbständigkeit als Ziel. Die angehenden Wirtschafts-
40 strategen sollen vor allem lernen, sich außerhalb ihrer gewohnten Umgebung zu behaupten.

Deshalb fliegt RIFU die Kandidaten schon mal ungeplant nach Hongkong, um sie dort Firmen als Mitarbeiter anzudienen. „Phantastische Kontakte" hat Poli-
45 tikstudentin Angelika Kapol, 25, bei diesen Aktionen knüpfen können und „weiß nun vor Vertragsangeboten noch gar nicht, was ich machen soll".

Zufrieden sind auch die zwanzig Mitgliedsfirmen - darunter Cathay Pacific, Hochtief und Lufthansa. Gert Stürzebecher, Chef der Managemententwicklung bei 50 Bertelsmann, lobt die „außergewöhnliche Kreativleistung bei der Auswahl".

Jedes Jahr erhalten die Sponsoren einen dicken Wälzer mit den Profilen aller RIFU-Studenten und können neue Mitarbeiter wie aus einem Katalog aussuchen. 55 Zur Wahl stehen Manager in spe, die so exotische Kombinationen wie Betriebswirtschaft und Philosophie oder Portugiesisch und Volkswirtschaft zu bieten haben.

Wer im Katalog aufgelistet ist, hat es fast schon ge- 60 schafft. „Alle 30 Mitglieder des Pilotjahrgangs", freut sich Thomas Fuchs, „haben einen Job."

DETLEF SIEVERDINGBECK in: Focus 49/1998

*Studenten der Betriebswirtschaftslehre

Unterwegs

- Um die nominalisierten Formulierungen der Stichpunkte in den Prüfungsaufgaben besser verstehen zu können, suchen Sie in einem Text Verben, die Ihr Partner/Ihre Partnerin in ein Nomen umformt, und Substantive, die er/sie in Verben umwandelt. Wechseln Sie sich mit dieser Aufgabe ab.

- Aufgaben zu Nominalisierungen finden Sie auch in *Unterwegs, Kursbuch*, S. 169-171 und in *Deutsch üben 6. Sag's besser! T.2*, München, Verlag für Deutsch, S. 109-118.

- Aufgaben, mit denen Sie das Notizen-Machen üben können, finden Sie in *Unterwegs, Kursbuch*, S. 54 (Aufgabe 2) und S. 61 (Aufgabe 4).

- Suchen Sie in deutschsprachigen Zeitungen und Zeitschriften nach kurzen Meldungen oder Berichten. Schreiben Sie dazu Stichpunkte auf, zu denen Ihr Partner/Ihre Partnerin auf der Grundlage des Textes Notizen macht. Wechseln Sie sich ab.

- Sie können dafür auch Texte in diesem Buch verwenden, z. B. „Lachen als Therapie", S. 32 oder „Im Auge des Voyeurs", S. 35.

Diagnose

Vor der Arbeit mit diesem Trainingsteil sollten Sie zunächst den Test „Leseverstehen 3" auf S.19 gemacht und dann die Lösungen auf S. 112 mit Ihren eigenen verglichen haben.

Tauschen Sie sich anschließend über Ihre Erfahrungen aus und notieren Sie gute Ideen für das Vorgehen bei der Lösung der Aufgabe.

Hatten Sie Schwierigkeiten   Wir empfehlen Ihnen vor allem:

- das Zeitlimit einzuhalten?   ➡   Aufgaben 1, 2, 3
- die Fragen zu verstehen?   ➡   Aufgabe 6
- die wichtigen Textstellen zu finden?   ➡   Aufgabe 2
- die Meinung des Autors zu erkennen?   ➡   Aufgaben 3, 4, 5.

Information

(20 min)

(5 Punkte)

Für diesen Teil der Prüfung erhalten Sie einen argumentativen oder kommentierenden Text und fünf Fragen, in denen nach der Meinung des Autors bzw. der Autorin gefragt wird. In Hinsicht auf diese fünf Fragen sollen Sie entscheiden, ob die dazu angesprochenen Sachverhalte im Text positiv (A) oder negativ/skeptisch (B) beurteilt werden. Die Urteile und Meinungen werden in dem Text manchmal ganz offen, manchmal aber auch indirekt geäußert. Es wird also detailliertes und manchmal auch interpretierendes Lesen der Fragen und der entsprechenden Textpassagen verlangt, nicht aber genaues Lesen des gesamten Textes. Planen Sie Zeit ein, um nach der Anwendungsaufgabe die Lösungen in den (kopierten) Antwortbogen von S. 142 zu übertragen.

Hinweis: Alles, was nicht vollkommen positiv ist, gilt bei dieser Prüfungsaufgabe als „negativ/skeptisch".

Training: Vorwissen nutzen

1. Um den Standpunkt des Autors zu erkennen, helfen Ihnen Ihre Kenntnisse zu einem Thema oder Ihre Vermutungen. Probieren Sie selbst aus: Lesen Sie nur den Titel des Textes auf S. 43 und das vorangehende Beispiel.

BEISPIEL:

Wie beurteilt der Autor
die Möglichkeit, das Klimaproblem mit bisherigen
Erfahrungen zu vergleichen ?   Lösung: B (negativ/skeptisch)*

Bevor Sie den Text lesen, können Sie sich bereits eine Meinung zu dem Standpunkt des Autors bilden. Dazu brauchen Sie nur auf die Überschrift zu achten und dann das Beispiel mit Frage und Lösung zu lesen. Zusätzlich helfen Ihnen in diesem Prüfungsteil Ihre eigenen Kenntnisse zu dem Thema.

* Das heißt, er ist nicht davon überzeugt, dass man beides vergleichen kann: Z. 2: „übersteigt in zweifacher Hinsicht ..."

a) Was meinen Sie: Wie beurteilt der Autor die Zukunft der Klimadiskussion? Positiv? Oder negativ/skeptisch?

b) Jetzt haben Sie einen ersten Eindruck von der Position des Autors. Stellen Sie auf dieser Grundlage Vermutungen über seine Meinung zu den folgenden Fragen 1 - 5 an. Den Text lesen Sie bitte noch nicht.

Was meinen Sie? Wie beurteilt der Autor	(A) positiv	(B) negativ/skeptisch
1. die Fähigkeit der Staaten, globale Probleme gemeinsam zu lösen?	---------------	---------------
2. die Möglichkeiten, die Erwärmung der Erde zu stoppen?	---------------	---------------
3. eine sofortige Verringerung der Emissionen?	---------------	---------------
4. die Konzentration auf Maßnahmen, Energie effizienter zu nutzen?	---------------	---------------
5. die Entwicklung alternativer Technologien?	---------------	---------------

Training: Wichtige Textstellen finden

2. Überfliegen Sie den folgenden Zeitungstext und suchen Sie nach Wörtern, die auch in den Fragen in Aufgabe 1 b) auftauchen.

Markieren Sie im Text das gefundene Wort und schreiben Sie an den Rand des Textes die Nummer der Frage.

BEISPIEL:

(0) Wie beurteilt Klaus Hasselmann die Möglichkeit, das Klimaproblem mit bisherigen Erfahrungen zu vergleichen?

Lösung: B (negativ/skeptisch)

Die gesuchten Textstellen mit der Meinung des Autors finden Sie immer entsprechend der Reihenfolge der Fragen. Diese Textstellen müssen Sie dann genau lesen.

Die Klima-Zeitbombe können wir entschärfen

Abkehr von fossiler Energie ist ohne Wirtschaftsschock möglich

von Klaus Hasselmann

Die Herausforderung durch das Klimaproblem übersteigt in zweifacher Hinsicht die geschichtlichen Erfahrungen der Menschheit: Es ist global und lässt sich nur durch gemeinsame Anstrengungen aller Menschen bewältigen. Und es umspannt Zeiträume, die weit über die üblichen Planungshorizonte von Wirtschaft und Politik hinausgehen. Dass die Staatengemeinschaft trotz divergierender Interessen in der Lage ist, globale Probleme zu lösen, beweisen die erfolgreichen Verhandlungen zum Schutz der Ozonschicht, die zum weitgehenden Verbot der Herstellung und Nutzung ozonzerstörender Gase (FCKW) führten.

Im Gegensatz zum Ozonproblem (...) trifft die globale Erwärmung den Lebensnerv der Industriegesellschaft - die Energieerzeugung. Diese beruht zu etwa 80% auf fossilen Energieträgern und heizt die Erde auf, indem sie das Treibhausgas Kohlendioxid (CO_2) freisetzt. Dennoch ist auch dieses Problem lösbar, wenn eine schlüssige Langfriststrategie verfolgt wird. (...)

Das Klima hat ein langes Gedächtnis. Treibhausgase bleiben lange in der Atmosphäre, das wichtigste, das (CO_2), im Mittel mehrere hundert Jahre. Auf ihre erhöhte Konzentration reagiert wiederum das Klima mit einer Verzögerung von einigen Jahrzehnten.

Für den Klimaschutz bedeutet dies, dass die Summe aller Emissionen über Zeiträume von mehreren Jahrzehnten bis zu über einem Jahrhundert möglichst klein zu halten sind. (...) Der Verlauf der Reduktionen ist dabei weniger entscheidend als das Summenergebnis. Wichtig ist also, dass nach dem ersten Schritt weitere Schritte folgen müssen (...). Weil die Klimaänderung nur allmählich einsetzt, kann die Abkehr von fossilen Energieträgern sanft, ohne wirtschaftliche Schocks, erfolgen. (...)

Der Schwerpunkt der Klimaschutzdebatte galt bisher der Erhöhung der Energieeffizienz. Dieses Ziel ist sicherlich sinnvoll und ohne große Kosten oder gar mit Gewinn zu erreichen.

Aber langfristig muss der steigende Energiebedarf durch alternative Technologien, insbesondere die Solartechnologie, befriedigt werden. Heute ist diese gegen billigere Energie aus Öl oder Gas noch nicht konkurrenzfähig. (...) Gewinner eines historischen Umbruchs sind aber immer diejenigen, die unvermeidliche Veränderungen gestalten und fördern. Vorreiter, ob Nationen oder Konzerne, handeln ebenso verantwortlich wie klug. Werden eine langfristig ausgerichtete Klimapolitik klar verkündet und die nötigen Maßnahmen graduell und unumkehrbar eingeleitet, ist eine Entschärfung der Klima-Zeitbombe durchaus möglich.

Focus 44/1998 (gekürzt u. vereinfacht)

Training: Das Urteil des Autors erkennen

3. **Lesen Sie genau die Textpassagen nach und vor den Wörtern, die Sie gerade markiert haben.**

Markieren Sie dort die Ausdrücke, die Ihnen die positive oder negative/skeptische Meinung des Autors zeigen, und überprüfen Sie Ihre Prognosen in Aufgabe 1 auf S. 42.

Vergleichen Sie dann Ihre Ergebnisse untereinander und mit den Lösungen auf S. 117.

> Nur wenn Sie in der Textpassage <u>nach</u> dem Wort aus der Frage nichts finden, lohnt sich die Suche nach der Meinung des Autors auch in der Passage <u>vor</u> diesem Wort.

4. **Entscheiden Sie: Welche Meinung bringen die *schräg* gedruckten Ausdrücke in den Textpassagen rechts zum Ausdruck? Ist die Einstellung des Autors zu den Fragen links positiv (A) oder negativ/skeptisch (B)? Tragen Sie den richtigen Buchstaben ein.**

Wie beurteilt der Autor	Lösung	Textausschnitt
a) Maßnahmen, den Verbrauch fossiler Brennstoffe schrittweise zu reduzieren?	A	Die Abkehr von fossilen Energieträgern *kann sanft,* ohne Schocks, *erfolgen.*
b) die Wirksamkeit bisher getroffener Maßnahmen zum Schutz des Klimas?	....	Ich *bezweifle, dass* die bisher getroffenen Maßnahmen zum Schutz des Klimas ausreichen.
c) die Ergebnisse der Verhandlungen?	....	Die Ergebnisse der Verhandlungen zum Schutz der Ozonschicht *sind zu begrüßen.*
d) die Bedeutung einer langfristigen Strategie?	....	Es kommt darauf an, dass eine schlüssige, langfristige Strategie verfolgt wird.
e) die Bedeutung alternativer Technologien für die Zukunft?	....	In Zukunft *sollte man* den Energiebedarf vor allem durch die Solartechnologie decken.
f) die Möglichkeiten, mit Solartechnologie kurzfristig Gewinne zu erzielen?	....	*Es ist zu befürchten, dass* die Gewinne der Unternehmen durch den Einsatz alternativer Technologien kurzfristig sinken.

5. **Entscheiden Sie, welche der beiden Versionen I und II rechts eine positive (A) und welche eine skeptisch/negative Meinung (B) zu den Fragen links enthält. Markieren Sie die Wörter, die den Unterschied ausmachen.**

Wie beurteilt der Autor		
a) Versuche, Energie effizienter zu nutzen?	A B	I. Das Ziel, die Energieeffizienz zu erhöhen, ist sinnvoll. II. Das Ziel, die Energieeffizienz zu erhöhen, ist sicherlich sinnvoll. Langfristig aber …
b) die Wirksamkeit des Verbots, Gase zu produzieren, die die Ozonschicht zerstören?	....	I. Das Verbot der Herstellung ozonzerstörender Gase ist zwar ein erster Schritt zum Klimaschutz. Jedoch kann … II. Das Verbot der Herstellung ozonzerstörender Gase ist ein erster Schritt zum Klimaschutz.
c) den Nutzen der bisherigen Maßnahmen, um die Emissionen zu verringern?	....	I. Nicht einmal 70 % der Emissionen können durch die bisherigen Maßnahmen vermieden werden. II. 70 % der Emissionen können durch die bisherigen Maßnahmen vermieden werden.

Meinungen und Standpunkte erkennen

d) die Wirksamkeit der bisherigen Maßnahmen gegen die Erwärmung der Erde? ....

....

I. Die bislang getroffenen Maßnahmen waren ein guter Anfang.

II. Die bislang getroffenen Maßnahmen waren lediglich ein guter Anfang.

e) das Ziel der Konferenz? ....

....

I. Das Ziel der Konferenz beeindruckt.

II. Wenn das Ziel der Konferenz auch zunächst beeindruckt, ist doch ....

f) die Bedeutung der Geschwindigkeit, mit der die Emissionen reduziert werden? ....

....

I. Die Schnelligkeit der Emissions-Reduktionen ist entscheidend.

II. Die Schnelligkeit der Emissions-Reduktionen ist weniger entscheidend.

g) die effizientere Nutzung fossiler Energieträger? ....

I. Maßnahmen zur effizienteren Nutzung der fossilen Energieträgern sind höchstens kurzfristig eine Lösung.

II. Maßnahmen zur effizienteren Nutzung der fossilen Energieträgern sind kurzfristig eine Lösung.

h) die Möglichkeiten, mit Solartechnologie bereits jetzt Gewinne zu erzielen? ....

....

I. Solartechnik kann zur Zeit kaum Gewinn bringend eingesetzt werden.

II. Solartechnik kann zur Zeit Gewinn bringend eingesetzt werden.

Sachverhalte kontrastieren ➤ *Unterwegs*, Materialienbuch, S. 136

6. Suchen Sie in diesem Abschnitt „Leseverstehen 3 " in den Fragen nach dem Urteil des Autors Wörter wie „Maßnahmen", „Wirkung", „Wirksamkeit" etc. und schreiben Sie alle, die Ihnen nicht geläufig sind, in eine Liste. Sie sollten sie in der Prüfung verstehen können.

Anwendung: Testaufgabe

20 min

7. Stellen Sie fest, wie der Autor des Textes „Ausländer erwünscht" auf S.46 die folgenden Fragen beurteilt: (A) positiv oder (B) negativ bzw. skeptisch ?
Erproben Sie dabei die Vorschläge zum Vorgehen aus den Aufgaben 1 - 3 auf S. 42 - 45.
Übertragen Sie anschließend Ihre Lösungen in den (kopierten) Antwortbogen auf S. 143.

BEISPIEL:

(0) Wie beurteilt Nikolaus Piper die Vorstellung von einer konstanten Menge von Arbeit auf dem Arbeitsmarkt? Lösung: B

Wie beurteilt Nikolaus Piper	A	B
1. die wirtschaftlichen Folgen der Immigrationswelle in den 60er Jahren?	....	....
2. die Vergleichbarkeit der Situation in den 60er Jahren mit der heutigen Situation?	....	....
3. den Einsatz von ausländischen Arbeitern für Saisonarbeiten (z.B. Obsternte)?	....	....
4. die langfristigen Folgen der Immigration für die Situation auf dem Arbeitsmarkt?	....	....
5. eine Beschränkung der Einwanderung nach Deutschland?	....	....

Ausländer erwünscht

Langfristig hat Deutschland Einwanderer bitter nötig, auch wenn sie kurzfristig auf dem Arbeitsmarkt Probleme bereiten können

Nikolaus Piper

Nehmen die Ausländer uns die Arbeit weg?

Die Zahlen sind verführerisch: In Deutschland fehlen einerseits mindestens 6 Millionen Arbeitsplätze. Andererseits gibt es 7,2 Millionen Ausländer, drei Viertel davon aus Ländern außerhalb der EU. (...) Ein Zusammenhang erscheint plausibel, weil der Arbeitsmarkt gemeinhin so betrachtet wird, als herrsche dort ein Nullsummenspiel: als gäbe es nur eine bestimmte Menge Arbeit, die verteilt werden kann und „auszugehen" droht, wenn neue Nachfrager dazukommen - Frauen, Aussiedler, Ausländer. (...)

Dass dies nicht so ganz stimmen kann, erwies sich schon in den sechziger Jahren: Die erste Welle von Immigranten - damals Gastarbeiter genannt - brachte die Wirtschaft richtig auf Touren. Zuerst strömten die Kollegen aus dem Süden in Jobs, für die sich keine Deutschen mehr fanden, dann stärkten sie die Sozialkassen und bereicherten das Dienstleistungsangebot. Ohne Italiener, Griechen und Spanier wäre die deutsche Gastronomie wohl noch immer eine Ödnis. Insgesamt verdankten die Deutschen den Gastarbeitern damals eine ansehnliche Portion ihres Wohlstands und viele neue Arbeitsplätze.

Unbestreitbar bleibt indes, dass die Lage wegen der Massenarbeitslosigkeit heute ganz anders ist. Die meisten Immigranten haben eine geringe oder ungeeignete Qualifikation. Sie stoßen auf einen schrumpfenden Arbeitsmarkt, auf dem auch immer mehr gering qualifizierte Deutsche keine Arbeit mehr finden. Zwar füllen sie dabei gelegentlich noch Leerstellen aus: Trotz Massenarbeitslosigkeit sind die Obsternte am Bodensee und die Weinlese in der Pfalz ohne Saisonarbeiter aus Polen nicht vorstellbar. Das ändert jedoch nichts an dem Befund, dass ungelernte Einwanderer mit ungelernten Einheimischen um immer weniger Jobs konkurrieren. (...) Hier wächst der Nährboden für eine soziale Eruption.

Das ist die kurzfristige Sicht der Dinge. Langfristig sieht das Bild ganz anders aus: Da ist der Arbeitsmarkt eben kein Nullsummenspiel, sondern eine dynamische Veranstaltung, bei der Arbeitseifer, Aufstiegswille und Innovationsbereitschaft neuer Arbeitskräfte für alle positiv zu Buche schlagen. Sie beanspruchen zunächst Arbeitsplätze, schaffen danach aber selber welche. (...)

Das Ganze ist eine Frage der Zeit: Immigration schafft kurzfristig Probleme, die jedoch durch deren langfristig positiven Effekt mehr als wettgemacht werden. Die Lösung des Dilemmas liegt in einer Doppelstrategie: Begrenzung der Einwanderung bei gleichzeitiger Schaffung verlässlicher Rechtsgrundlagen für die Einwanderer.

Deutschland braucht ausländische Investoren und ausländische Fachkräfte, die aber nur kommen, wenn sie sich hier auch willkommen fühlen.

Die Zeit, 17.1.1997 (gekürzt)

Unterwegs

- Suchen Sie in Zeitschriften oder Zeitungen Kommentare zu aktuellen Ereignissen, Trends etc. Auch Umfragen und Leserbriefe enthalten Kommentare zu einem Thema. Notieren Sie die sprachlichen Mittel, mit denen die Verfasser/Verfasserinnen ihre Meinungen ausdrücken. - Trennen Sie dabei: positive und negative/skeptische Meinungen. (Geeignete Texte sind auch in: *Unterwegs*, Materialienbuch, S.17, 20, 21, 49, 63, 70, 79, 116, 121).

- Formulieren Sie zu einem dieser Texte Fragen wie in Aufgabe 1 und geben Sie Text und Fragen Ihrem Lernpartner. Bitten Sie ihn, zu einem anderen Text Fragen für Sie zu schreiben.

- Lesen Sie (noch einmal) die Tipps zum Verstehen schwieriger Texte in *Unterwegs*, Kursbuch, S.155.

Leseverstehen 4

Diagnose

Vor der Arbeit mit diesem Trainingsteil sollten Sie zunächst den Test „Leseverstehen 4", auf S. 20 gemacht haben.

1. **Vergleichen Sie Ihre Ergebnisse mit den Lösungen zum Test auf S. 112. Welche Punktzahl haben Sie erreicht? Sind Sie mit Ihrem Ergebnis zufrieden?**

2. **Welche Aufgaben fielen Ihnen leicht ☺, bei welchen mussten Sie länger überlegen ☺, bei welchen hatten Sie Probleme ☹? Tragen Sie die zutreffenden Aufgabennummern (21-30) ein:**

☺ ....   ☺ ....   ☹ ....

a) ☹ **Überlegen Sie, warum Sie hier die falsche Lösung angekreuzt haben.**

wichtiges Wort übersehen
Artikel nicht beachtet

b) ☺ **Wie sind Sie vorgegangen? Welche Erfahrungen haben Sie mit diesem Aufgabentyp gemacht? Woran sollte man denken?**

den Text überfliegen
nur die Sätze mit Lücken intensiv lesen

Information

Diese Prüfungsaufgabe verlangt von Ihnen, einen kurzen Zeitungstext lexikalisch und grammatisch korrekt zu ergänzen. Zu jeder Lücke sind vier Lösungsmöglichkeiten vorgegeben. Nur eine der vier ist richtig. Damit wird Ihre Sicherheit in der richtigen Anwendung von grammatischen Strukturen und Wortschatz im allgemeinsprachlichen Bereich geprüft.

Kreuzen Sie in jedem Fall eine Lösung an; bei falschen Antworten werden keine Punkte abgezogen. Nutzen Sie Ihre Chance von 25 %, um die richtige Lösung anzukreuzen.

Training: Welche Wörter helfen, die richtige Lösung zu finden?

Hinweis: Die Entscheidung, welche der vier Auswahlmöglichkeiten die richtige ist, hängt oft von bestimmten Wörtern oder Ausdrücken ab, auf die sich die angebotenen vier Lösungswörter beziehen. Es kann hilfreich sein, diese zu markieren. Anschließend sollten Sie herausfinden, welches der vier Wörter (A, B, C oder D) dazu inhaltlich bzw. grammatisch korrekt passt.

Beispiel aus dem Test S. 20:

Die E-Mail,   ...(22)... sie die ganze Zeit gewartet hat, ist nun endlich eingetroffen.

22   A) worauf   B) woran   C) auf die   D) an die

Lösung: Die Wahl des richtigen Wortes hängt von den Wörtern _Die E-Mail_ und _gewartet_ ab, deshalb ist C richtig. Falsch ist A, weil man in einem Relativsatz nur dann _worauf_ benützt, wenn sich der Relativsatz auf einen ganzen Satz oder auf Indefinitpronomen wie _etwas_ oder _nichts_ bezieht. Falsch ist B und D: das Verb _warten_ braucht die Präposition _auf_.

1. Nachfolgend finden Sie einzelne Sätze aus dem Test S. 20.

a) Kreuzen Sie das passende Wort (A, B, C oder D) an. Markieren Sie die Wörter bzw. die Satzteile, die Ihnen bei der Lösungsfindung geholfen haben.

1. Auf alle Fragen bekam sie übers Internet eine schnelle Antwort, ▭ ihre Begeisterung für die Nutzungs- möglichkeiten des Datennetzes erklärt.

A) dass
B) das
C) was
D) die

2. Dass dabei hin und wieder Texte aus Bequemlichkeit eins zu eins übernommen werden, ▭ schon vorkom- men, meint sie, sei aber eher die Ausnahme.

A) dürfe
B) muss
C) sollte
D) könne

3. Nach ihrer Meinung erleichtere das Internet zwar den Schulalltag, zum Schummeln sei es ▭ weniger ge- eignet.

A) dadurch
B) aber
C) noch
D) nämlich

4. David Lindner und Oliver Polterauer, die „Reflex" vor zwei Jahren ins Leben ▭ , verraten das Geheimnis ihres Erfolges.

A) holten
B) riefen
C) kamen
D) brachten

5. Wir ▭ uns alles selbst, das heißt, es gibt keine Sponsoren und keine wohltätigen Geldgeber.

A) verkaufen
B) unterstützen
C) bearbeiten
D) finanzieren

6. Jene Mitarbeiter, die mit der Schule fertig sind und keine Zeit mehr haben, können ▭ durch neue Kandidaten „ersetzt" werden.

A) sofort
B) denn
C) zuvor
D) vorerst

7. Im Schnitt stoßen nämlich täglich zwischen 50 und 60 neue „User" ▭ , meist im Altersbereich von 14 bis 22.

A) herein
B) dahin
C) heran
D) hinzu

b) Besprechen Sie mit Ihrer Lernpartnerin/Ihrem Lernpartner, welche Überlegungen Ihnen bei der Lösungsfindung geholfen haben.

c) Machen Sie sich eine Liste mit den Problemen oder Lücken in der Grammatik, bei denen Sie noch weiterlernen müssen.
(Hinweise auf Material zum Weiterlernen finden Sie auf S. 9.)

2. Nachfolgend finden Sie eine Liste mit Hinweisen, die Ihnen in diesem Prüfungsteil bei der Lösungsfindung helfen können. Suchen Sie zu jedem Hinweis den passenden Satz aus Aufgabe 1a auf S. 48 und dem Testbeispiel auf S. 47, in dem das angesprochene grammatische Phänomen eine Rolle spielt. Notieren Sie rechts den Buchstaben des jeweils passenden Satzes.

> Haben Sie noch Probleme mit bestimmten Grammatikphänomenen? Im Lösungsschlüssel finden Sie Hinweise, unter welchem Begriff Sie in einer Grammatik nachschauen können.

A) Bei manchen satzverbindenden Wörtern (z. B. *worauf, worüber, auf den*) müssen Sie sich überlegen, welche Präposition das Verb im Satz nach sich zieht.

7.

B) Fehlt in der Lücke ein Verb, dann denken Sie u.a. auch daran, welche Ergänzungen das Verb braucht: ein Reflexivpronomen oder eine Präposition, eine Akkusativ- oder Dativergänzung?

C) Die Position der Lücke im Satz kann Ihnen bei der Entscheidung helfen, welches Wort passt: ein Adverb (z.B. *nämlich*) oder eine Konjunktion mit Hauptsatz (z.B. *denn, deshalb*) oder mit Nebensatz (z.B. *weil*).

D) Für das gesuchte Wort gibt es im Text einen festen Partner: z. B. *nicht / kein … sondern; weder … noch; zwar … aber; um … zu.*

E) Klären Sie, welchen Artikel das Nomen / Substantiv hat.

F) Nur ein bestimmtes Verb bzw. Substantiv passt in die Lücke, wenn es sich um feste Verbindungen (z. B. *Verständnis zeigen*) bzw. idiomatische Redewendungen (z. B. *etwas auf die lange Bank schieben*) handelt.

3. Lesen Sie den folgenden Text.

a) Kreuzen Sie in den Aufgaben 1-10 das passende Wort (A, B, C oder D) an. Es gibt jeweils nur eine richtige Lösung. Vielleicht hilft Ihnen dabei auch die Liste der Hinweise in Aufgabe 2.

Verliebter Italiener: Liebe statt Entführung

Eine internationale „Liebe (0) den ersten Blick" hat eine bundesweite Fahndung (1) einer vermeintlichen Entführung ausgelöst.
Nach einer Kollision mit einem tschechischen Reisebus
5 in der Nähe der oberpfälzischen Grenzstation Waidhaus (2) ein italienischer Autofahrer seine beiden Mitfahrer und den beschädigten Wagen an der bayerisch-tschechischen Grenze einfach zurück – und das nur, weil er in dem Bus seine Traumfrau (3) hatte.
10 Prompt wollte der frisch Verliebte mit ihr gleich in Richtung England weiterfahren – (4) dachte er nicht

AUFGABEN:

BEISPIEL: (0)
A) in
X) auf
C) nach
D) bei

1	A) mit	3	A) erkannt
	B) durch		B) festgestellt
	C) wegen		C) gemerkt
	D) zu		D) entdeckt

2	A) ließ	4	A) jedoch
	B) fuhr		B) schließlich
	C) blieb		C) aber
	D) kam		D) zwar

daran, seine Freunde in dem verbeulten Auto davon in Kenntnis zu (5) .

15 Die zwei nichts ahnenden italienischen Freunde glaubten (6) an eine Entführung. Sie (7) die Polizei, die sofort eine Fahndungsaktion startete.

Ziemlich überrascht waren die zwei Freunde, (8) sie dann erfuhren, dass ihr Fahrer mittlerweile in Richtung England unterwegs war. Eigentlich hatte er nur kurz in 20 den Bus steigen (9) , um die Schadensregulierung mit dem Busfahrer zu besprechen. Dass sich der feurige Italiener (10) aber Hals über Kopf in eine tschechische Businsassin „verknallt" und kurzerhand beschlossen hatte, mit ihr zusammen auf die britische Insel zu fah-25 ren, hätte niemand vermutet.

Im Raum Stuttgart entdeckte die Polizei schließlich den Reisebus – und den liebestollen Italiener.

© nach: Abendzeitung 8.1.1999 (gekürzt)

5	A) bringen	8	A) als
	B) nehmen		B) während
	C) setzen		C) seit
	D) sein		D) bis

6	A) vorher	9	A) wollen
	B) früher		B) dürfen
	C) zunächst		C) möchten
	D) dazwischen		D) brauchen

7	A) verständigten	10	A) daher
	B) berichteten		B) damit
	C) telefonierten		C) dabei
	D) erklärten		D) dort

b) Tauschen Sie sich mit Ihrer Lernpartnerin/Ihrem Lernpartner aus. Vergleichen Sie Ihre Lösungen mit dem Lösungsschlüssel und den Kommentaren auf S. 118. Machen Sie sich eine Liste, welche Grammatikphänomene Sie sich noch einmal ansehen und welchen Wortschatz Sie noch wiederholen sollten.

15 min

Anwendung: Testaufgabe

4. Lesen Sie bitte den folgenden Text und wählen Sie in den Aufgaben 1-10 den passenden Ausdruck (A, B, C oder D). Es gibt jeweils nur eine richtige Lösung. Übertragen Sie anschließend Ihre Lösungen in den kopierten Antwortbogen auf S. 142.

Die unheimliche Serie

Die Optikerbranche leidet (0) einer Einbruchserie: Der Gesamtschaden durch Brillendiebe ist bereits auf mehrere Millionen Franken gestiegen.

Die (1) des Brillenladens in Thalwil hatten am letzten Samstag plötzlich nichts mehr zu verkaufen. (2) sie am Morgen zur Arbeit kamen, waren die Regale leer. Einbrecher waren in der Nacht durch ein Gitter auf der Hinterseite des Gebäudes 5 eingestiegen und hatten Brillen, Fassungen und Gläser abtransportiert. Gesamtschaden: 200.000 Franken.

Für die Branche war der Fall nichts Neues mehr. (3) am 19. März raubten Brillenklauer ein Optikergeschäft in Bad Ragaz aus und erbeuteten Brillen im Wert von 400.000 Franken. 10 Drei Tage später brachen Brillendiebe in ein Optikergeschäft in Horgen ein. Schaden: 350.000 Franken.

Am 1. April glaubten die Angestellten eines Optikergeschäfts in Romanshorn (4) an einen üblen Aprilscherz. Der Laden

AUFGABEN:

BEISPIEL: (0)
A) in
B) auf
☒ C) unter
D) bei

1	A) Beamten	3	A) Gerade
	B) Händler		B) Fast
	C) Arbeiter		C) Noch
	D) Angestellten		D) Bereits

2	A) Sobald	4	A) vorher
	B) Wenn		B) zuerst
	C) Als		C) vorab
	D) Trotzdem		D) danach

war (5) . Fast der gesamte Brillenbestand im Wert von 200.000
15 Franken war weg.
Begonnen hat die Einbruchserie im letzten Herbst. Der Schaden
ist inzwischen (6) mehrere Millionen Franken angewachsen.
Und die Täter gehen immer dreister vor. An der Tramstrasse in
Zürich-Örlikon verluden sie die Beute in einen Bus, den sie
20 direkt vor dem Eingang eines Optikergeschäftes parkiert hatten.
Der Coup ging im belebten Quartier (7) unbemerkt über die
Bühne.
„Die Täter sind Profis", sagt Hans Leuenberger, Pressesprecher
der Kantonspolizei Zürich. (8) deutet nicht nur die perfekte
25 Ausführung der Einbrüche hin. Die Brillendiebe kennen sich
offensichtlich auch bestens aus: Sie haben es in erster Linie auf
teure Marken wie Ray Ban, Joop und Armani abgesehen.
Billige Massenware, (9) ein paar weniger wertvolle Sonnen-
brillen, ließen sie schnöde liegen.
30 Der entscheidende Schlag gegen die Brillenhehler ist der
Schweizer Polizei noch nicht (10) . Erste Erfolge gab es aber.
Ein Pole wurde mit 1.500 Brillengestellen an der Grenze verhaf-
tet. Ein anderes Mal wurde ein Lastwagenfahrer aus dem frü-
heren Jugoslawien mit einer ganzen Brillenladung erwischt.
35 In Optikerkreisen wächst die Nervosität. Deshalb ruft die Ver-
bandszeitung in ihrer jüngsten Ausgabe ihre Mitglieder zu
besonderer Wachsamkeit auf.

© FACTS 24.5.1999 gekürzt

5	A) ausgeräumt	10	A) gewonnen
	B) aufgeräumt		B) erfolgt
	C) geräumt		C) gelungen
	D) verräumt		D) erreicht

6 A) an
   B) bis
   C) auf
   D) zu

7 A) viel
   B) sehr
   C) völlig
   D) mehr

8 A) Darauf
   B) Dahin
   C) Danach
   D) Daran

9 A) weil
   B) zwar
   C) nämlich
   D) als

Denken Sie daran: In der Prüfung müssen die Lösungen aller vier Teile zum Leseverstehen in den Antwortbogen übertragen sein, und zwar innerhalb der vorgegebenen 90 Minuten.

Unterwegs

- Zur Wiederholung des Grundstufenwortschatzes ist hilfreich: *MEMO, Wortschatz- und Fertigkeitstraining
  für das Zertifikat DaF,* Langenscheidt Verlag, München. Weitere Hinweise hier im Trainingsbuch auf S. 9.

- Der Grammatikanhang des Materialienbuches zu *Unterwegs* (ab S. 129) bietet Ihnen eine Referenz-
  grammatik der gesamten Mittelstufe. Übungen dazu sind im Kursbuch und im Lehrerhandbuch
  zu finden. Vielleicht können Sie Ihre Lehrerin um Kopien zu Übungen aus dem Lehrerhandbuch bitten.
  Weitere Hinweise zu Grammatiken auf S. 9 hier im Trainingsbuch.

- Benutzen Sie auch Selbstlernprogramme zu Grammatik und Wortschatz auf CD-Rom:
  Library Disks, Deutsche Serie: Konjunktiv/Adjektive/Passiv, Materialien des Goethe-Instituts, Postfach
  190508, 80604 München.
  Eindrücke - Einblicke, Computerübungen, zu beziehen bei Dr. Christopher Hall c/o University of Leicester
  University Road GB - Leicester LE17RH hch@le.ac.uk

Diagnose

1. Vor der Arbeit mit diesem Trainingsteil sollten Sie die Testaufgabe „Hörverstehen 1" auf S. 21 bearbeitet, Ihre Ergebnisse mit den Lösungen auf S.112 verglichen und Ihre Erfahrungen mit dieser Testaufgabe notiert haben.

2. Lesen Sie unten links, was fünf Kandidaten über ihre Schwierigkeiten mit der Prüfungsaufgabe „Hörverstehen 1" gesagt haben. Kreuzen Sie rechts daneben die Hinweise und Tipps an, die auch Ihnen nützen können.

„Am Anfang habe ich erst mal nicht verstanden, worum es eigentlich geht."	❏ Nutzen Sie alle Möglichkeiten, sich auf den Inhalt und den Verlauf des Gesprächs vorzubereiten. ⟶ Vorwissen aktivieren: Aufgabe 1, S. 53
„Ich war verunsichert, weil ich nicht alles verstehen konnte."	❏ Behalten Sie in erster Linie die Punkte im Auge, die auf dem Aufgabenblatt vorgegeben sind. Nur dazu müssen Sie die Informationen im Text verstehen. ⟶ Selektives Hören: Gezielt Informationen entnehmen: Aufgaben 2 - 4, S. 54
„Ich habe zu spät gemerkt, dass die gesuchte Information im Hörtext gegeben wird."	❏ Beim Hören kündigen Ihnen bestimmte Wörter und Formulierungen die gesuchte Information an. ⟶ Gezielt Informationen entnehmen: Aufgaben 2 - 4, S. 54
„Bis ich alles notiert hatte, hatte ich die nächste Information verpasst."	❏ Notieren Sie die Informationen möglichst schnell und deshalb am besten in Stichworten. Um formale Korrektheit können Sie sich kümmern, wenn Sie Ihre Notizen auf den Antwortbogen übertragen. ⟶ Bewertungskriterien kennen lernen: Aufgabe 5, S. 55
„Ich habe das Lösungswort nicht richtig verstanden."	❏ Notieren Sie als Gedächtnisstütze einen Begriff oder den Teil des Wortes, den Sie verstanden haben. Konzentrieren Sie sich gleich auf den nächsten Punkt der Aufgabe. Nachdem Sie das gesamte Gespräch gehört haben, können Sie die Notiz (z.B. aus dem Kontext) ergänzen. ⟶ Aufgabe 6, S. 55.

3. Tauschen Sie weitere gute Tipps für diese Prüfungsaufgabe aus.

Information

ca.6 min

15 Punkte

In diesem Teil der Prüfung wird Ihre Fähigkeit geprüft, einem circa fünfminütigen Gespräch gezielt Informationen zu entnehmen, also selektiv zu hören. In dem Gespräch erbittet eine Privatperson z.B. bei einer Agentur oder in einem Geschäft Auskünfte, die für sie von Interesse sind. Worum es geht, erfahren Sie vor dem Gespräch in der Ansage, d.h. in der Einführung in den Hörtext, und in der Aufgabe. Zu zehn Punkten auf dem Aufgabenblatt müssen Sie die Informationen notieren, die in dem Gespräch gegeben werden. Das Gespräch hören Sie nur **einmal**, Sie müssen die Information also sofort heraushören und schnell notieren. Am Ende des gesamten Prüfungsteils „Hörverstehen" übertragen Sie Ihre Notizen auf den (kopierten) Antwortbogen (S.143). Dazu haben Sie insgesamt fünf Minuten Zeit.

Selektives Hören:
Wenn Sie z.B. ein Gartenfest planen, hören Sie am Vorabend aufmerksam den Wetterbericht. Es interessiert Sie allerdings nur die Vorhersage des Wetters in Ihrer Region; die wollen Sie daher unter keinen Umständen verpassen. In ähnlicher Weise sollten in der Prüfung die Punkte auf dem Aufgabenblatt Ihr Hörinteresse bestimmen.

➤ *Unterwegs*, Kursbuch S. 176

Einem Gespräch gezielt Informationen entnehmen

Training: Vorwissen aktivieren

1. Abschnitt 1 von Hörtext 4 ist typisch für die Ansage, die Sie in der Prüfung vor einem Hörtext hören.

Hörtext 4
Abschnitt 1

Index 11

a) Hören Sie diese Ansage und notieren Sie:

1) Um was für ein Gespräch handelt es sich?
2) Warum wird dieses Gespräch geführt?
3) Wer wird die gewünschten Informationen geben?

b) Lesen Sie in der folgenden Beispielaufgabe zu Hörtext 4, zu welchen Punkten Sie Informationen notieren sollen.

Hinweis: In der Prüfung haben Sie nach der *Ansage* 60 Sekunden Zeit, um die Punkte auf dem Aufgabenblatt zu überfliegen.

BEISPIELAUFGABE:

Notizen

(01) Grund des Anrufs: _____ *Zeitungsbericht*

(02) Karten für Mozarts: _____ *Zauberflöte*

(1) Kartenbestellung **beim**: _____

(2) Telefonnummer des Festspielbüros: _____ 0043 – 662 –

(3) Lage der Hotels: _____

(4) Zweite Mahlzeit **in**: _____

(5) Zusätzliche Leistungen: _____

(6) Mit Salzburg-Plus-Card kostenlos: _____

(7) Ermäßigt: _____

(8) Zahlung der Leistungen: _____

(9) Preis für 24-Stunden-Plus-Card: _____

(10) Halber Preis für Kinder **bis**: _____

Je besser vorbereitet Sie zuhören, desto besser erfassen Sie die gesuchte Information.
Mit den Informationen in der Ansage und den Stichpunkten auf dem Notizenblatt können Sie an dem Gespräch teilhaben, als wären *Sie* die Person, die Auskunft sucht. Dabei hilft Ihnen, dass Sie wissen, welche Gesichtspunkte in solchen Auskunftsgesprächen gewöhnlich zur Sprache kommen.

c) Sammeln Sie auf Grundlage der Informationen aus a) und b) Ideen, wie dieses Gespräch verlaufen könnte.
Wozu erbittet Frau Schubert Auskunft und wozu erhält sie die entsprechenden Informationen?

Training: Gezielt Informationen entnehmen

2. **Lesen Sie in Beispielaufgabe 1 b) auf S. 53 noch einmal die Beispiele (01) und (02) und anschließend die folgende schriftliche Aufzeichnung (Transkription) des Gesprächsbeginns.**
   a) **Unterstreichen Sie dort die Wörter, die Ihnen beim Hören anzeigen, dass die gesuchte Information kommt.**

　Salzburg-Information:
Salzburg-Information, Bader. Grüß Gott.

　Frau Schubert: Ja, genau. Und ich hätte
10　nun gerne einige Informationen über die
Salzburger Festspiele …

Frau Schubert: Grüß Gott, Schubert. Ich
habe von Ihrem Büro neulich in der Zeitung
5　gelesen, und deshalb …

Salzburg-Information: Und womit könnten
wir Ihnen helfen, Frau Schubert ?

Salzburg-Information: Sie meinen den
Bericht in der Süddeutschen Zeitung ?

Frau Schubert: Ja, also, zum Beispiel hätten
wir gerne Karten für die Zauberflöte von
15　Mozart. Und …

Hörtext 4
Abschnitt 2

Index 12

b) **Lesen Sie in Beispielaufgabe 1 b) die Punkte (01) bis (3). Hören Sie dann den ersten Teil des Gesprächs (Hörtext 4, Abschnitt 2), und notieren Sie dabei auf S. 53 die gesuchten Informationen dazu.**

Hinweis: Die Auskünfte werden in derselben Reihenfolge gegeben, in der die Punkte auf dem Aufgabenblatt stehen. Sobald Sie die Information zu einem Punkt gehört haben, können Sie mit den Informationen zum nächsten Punkt rechnen.

c) **Vergleichen Sie nun Ihre Notizen mit den Lösungen auf S.118. Lesen Sie auch die Erläuterungen dazu.**

3. a) **Erinnern Sie sich, mit welchen Worten die Anruferin das Thema „Hotel" einleitete? Hören Sie das Ende von Abschnitt 2 gegebenenfalls noch einmal. Notieren Sie die Formulierungen.**

Oft wird die nächste gesuchte Information durch typische Formulierungen angekündigt, die zu einem neuen Thema oder einer Zusatzinformation überleiten.

b) **Rufen Sie sich Formulierungen ins Gedächtnis, die in Gesprächen neue Themen oder zusätzliche Informationen einleiten:**

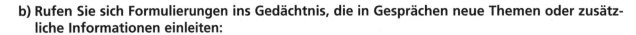

- mit einer Frage: *Haben Sie auch …? / Wissen Sie, ob …? /Können Sie mir weiterhelfen mit …? / Gibt es da …? / Und wie sieht es mit … aus? / …*

- innerhalb einer Auskunft: *Dazu kommt noch … / … ebenfalls … / Außerdem … / …*

Hörtext 4
Abschnitt 3

Index 13

c) **Lesen Sie in Beispielaufgabe 1 b) auf S. 53 noch einmal die Punkte (4) bis (10). Markieren Sie, wo im Gespräch offensichtlich zu einem neuen Thema gewechselt wird.**

d) **Hören Sie dann den zweiten Teil des Gesprächs (Hörtext 4, Abschnitt 3) und notieren Sie die Informationen zu den Punkten (4) bis (6).**

4. a) **Besprechen Sie die folgende Aussage anhand der Punkte (1) bis (6) in Aufgabe 1 b), S. 53.**
   „Wenn man die Punkte auf dem Aufgabenblatt liest, kann man sich oft schon vorstellen, was für eine Art von Information zu notieren ist."

**4. b) Was für eine Art von Information könnten zu den folgenden Punkten (7) bis (10) zu hören
sein? Sie finden dazu in der rechten Spalte einige Angaben. Schreiben Sie hinter jeden Punkt
in der linken Spalte den oder die passenden Buchstaben.**

(7) Ermäßigt: ....

(8) Zahlung der Leistungen: ....

(9) Preis für die Salzburg-Plus-Card: ....

(10) Halber Preis für Kinder **bis**: ....

A. eine Altersangabe
B. Personengruppen, z.B. Rentner,
   Studenten etc.
C. Beschreibung der Zahlungsweise
D. ein Geldbetrag
E. ein Eigenname
F. eine Ortsangabe (wo?)
G. eine Zeitangabe (wann?)

**c) Hören Sie den dritten Teil des Gesprächs (Hörtext 4, Abschnitt 4) und notieren Sie die
gesuchten Informationen zu den Punkten (7) bis (10).**

Hörtext 4
Abschnitt 4

Index 14

**d) Vergleichen Sie Ihre Notizen mit den Lösungen auf S. 119. Lesen Sie auch die Erläuterungen
dazu.**

Training: Bewertungskriterien kennen lernen

**5. Lesen Sie die folgenden Notizen von Prüfungskandidaten zu einigen Punkten aus der Beispiel-
aufgabe auf S. 53. Sie sind sprachlich fehlerhaft. Die Fehler werden in der Prüfung unterschied-
lich bewertet. Bei schwereren Fehlern werden Punkte abgezogen. Markieren und korrigieren
Sie die Fehler und ordnen Sie jeder Notiz die passende Bewertung zu. Für eine Notiz gibt es
maximal 1,5 Punkte.**

(Sie können die Lösungen auch mithilfe der Transkription des Gesprächs auf S.134 überprüfen.)

	Notizen:	Bewertung:	
(3) Lage der Hotels:	im Stadtinnen		A leichter Orthographie-Fehler ➞1,5 Punkte (0 Punkte Abzug)
(4) Zweite Mahlzeit **in**:	können Sie zwischen Restaurant wählen		B ganzer Satz, keine Notiz ➞1,5 Punkte (0 Punkte Abzug)
(5) Zusätzliche Leistungen:	Stattrundfahrt	A	C Das Wort unvollständig notiert: ➞1 Punkt (0,5 Punkte Abzug)
(6) Mit Salzburg-Plus-Card kostenlos:	sens würdich		D Die Notiz ist unverständlich. ➞0 Punkte (1,5 Punkte Abzug)
(7) Ermäßigt:	Leiwagen		
(8) Zahlung der Leistungen:	vor Weck		

**6. Überlegen Sie zum Abschluss dieses Trainingsabschnitts: Welche der folgenden Aussagen
über die Anforderungen an Ihre Notizen sind richtig? Welche sind falsch?**

	richtig	falsch
a) Es wird auch nach Namen und Titeln gefragt.	....	....
b) Man muss komplette Sätze schreiben.	....	....
c) Die Notizen müssen orthographisch korrekt sein.	....	....
d) Der zweite Teil eines zusammengesetzten Wortes genügt als Notiz.	....	....
e) Eine Information pro Stichpunkt genügt.	....	....
f) Man soll nur die Wörter aus dem Hörtext notieren.	....	....
g) Zahlen muss man ganz genau notieren.	....	....

Was Ihnen außerdem aufgefallen ist: ....

Training   **Einem Gespräch gezielt Informationen entnehmen**

Anwendung: Testaufgabe

Hörtext 5

Index 15+16

7. Hören Sie Hörtext 5 einmal und machen Sie dabei zu den folgenden zehn Punkten Notizen. Lösen Sie die Aufgabe nur danach, was Sie hören, und nicht nach Ihrem eigenen Wissen.

Hinweis für Kassettenbenutzer:
Stoppen Sie nach der Ansage Ihre Tonkassette (bei der CD nicht nötig!) und nehmen Sie sich 1 Minute Zeit für das Lesen der Notizen. Hören Sie dann das ganze Telefonat.

Notizen

(01) Name der Firma: _____ *Call – a – Bike* _____

(02) Erprobungsphase in: _____ *München* _____

(1) Anlaufphase in Zürich **in**: _____

(2) Standort der Fahrräder: _____

(3) Zahl der verfügbaren Fahrräder: _____

(4) Fahrräder ausgestattet **mit**: _____

(5) Fahrradbenutzung nur möglich: _____

(6) Abrechung **pro**: _____

(7) 1 EURO zusätzlich **als**: _____

(8) Aussehen der Fahrräder: _____

(9) Statt Kaution: _____

(10) Fahrräder nur **für**: _____

8. Übertragen Sie Ihre Lösungen auf die Kopie des Anwortbogens (S.143). Sie haben dafür drei Minuten Zeit.

Unterwegs

- Überlegen Sie mit Ihrem Lernpartner/Ihrer Lernpartnerin, wo Sie anrufen und Informationen erfragen können. Wenn Sie in einem deutschsprachigen Land leben, finden Sie in fast jeder Tageszeitung geeignete Anzeigen (Vermietungen, Verkaufsanzeigen, Fitnessstudios, Sprachschulen etc.). Im Ausland können Sie bei deutschsprachigen Institutionen (Kulturinstituten, diplomatischen Vertretungen) oder Firmen (Fluggesellschaften, Reisebüros) Auskünfte einholen. Schreiben Sie zehn Punkte auf, zu denen Sie Informationen möchten. Tauschen Sie die Listen aus und notieren Sie dann während Ihres Telefongesprächs mit der jeweiligen Institution die gewünschten Auskünfte.
- Trainieren Sie mit den Hörtexten in Ihrem Lehrwerk, beim Hören Informationen zu notieren. Wählen Sie einen Hörtext, der verschiedene Informationen gibt, in *Unterwegs* z.B. einen der Hörtexte in Kapitel 2.3., 3.2., 4.3., 13.1. oder 16.3. Hören Sie zunächst den Text an (oder lassen Sie sich das Transkript geben) und notieren Sie Stichpunkte zu den im Hörtext enthaltenen Informationen. Ihr Lernpartner/Ihre Lernpartnerin hört nun den Text und notiert die gesuchten Informationen. Bitten Sie ihn/sie, zu einem anderen Hörtext für Sie eine Liste mit Stichpunkten zu schreiben, und dann hören und schreiben Sie *Sie* mit.

| Hauptaussagen und Details entnehmen: Multiple-Choice | Training |

Diagnose

1. Vor der Arbeit mit diesem Trainingsteil sollten Sie den Test „Hörverstehen 2" auf S. 22 gemacht und anschließend die Lösungen auf S. 112 mit Ihren eigenen verglichen haben.

2. Welche Schwierigkeiten hatten Sie mit dem Prüfungsteil „Hörverstehen 2"? Vielleicht finden Sie Ihre Schwierigkeiten zum Teil in den Äußerungen unten links wieder. Rechts daneben sind Tipps und außerdem Hinweise auf Übungen, die Ihnen zur Überwindung Ihrer Schwierigkeiten helfen können.

„Am Anfang wurde ich sehr nervös, weil ich nicht verstand, worum es ging."	Schon der Titel der Sendung und die Ansage geben Ihnen Hilfen zum möglichen Inhalt und Verlauf der Sendung. ➡ Vorwissen aktivieren: Aufgabe 1 - 3 auf Seite 58 Nach der Ansage haben Sie eine Minute Zeit, die Aufgaben zu lesen und dort die zentralen Aussagen zu markieren. ➡ Vorwissen aktivieren: Aufgabe 4 auf S. 58
„Ich habe auch in den folgenden Hörabschnitten nicht viel verstanden."	Notieren Sie eventuell beim ersten Hören die Sprachfetzen, die Sie verstanden haben und fügen Sie dann hinterher die Puzzlestücke zusammen. ➡ Verstehensinseln bilden: Aufgabe 5 auf S. 59 Beim zweiten Hören sollten Sie immer die Aufgaben mitlesen. Deren Reihenfolge entspricht dem Ablauf im Hörtext. ➡ die für die Aufgaben wichtigen Stellen im Hörtext heraushören und die richtige Antwort heraushören: Aufgabe 6 auf S. 59
„Ich konnte bei einzelnen Aufgaben unter den drei Antworten nicht die richtige finden."	Vielleicht haben Sie den genauen Sinn einer akustischen oder schriftlichen Aussage nicht mitbekommen. Da hilft nur, genaues Lesen und Hören zu üben. ➡ Detailliertes Lesen und Hören üben: Aufgabe 7-10 ab S. 60.

3. Tauschen Sie weitere Probleme und Tipps zu diesem Prüfungsteil aus.

Information

In diesem Prüfungsteil müssen Sie zeigen, dass Sie eine circa achtminütige Radiosendung im Wesentlichen verstehen, das heißt, dass Sie die Hauptaussagen des Hörtextes entnehmen können. Sie hören dazu den Text – ein Interview, ein Feature oder eine Diskussionsrunde – zweimal: einmal ganz und einmal in vier Abschnitten mit Pausen dazwischen.
Es kommt bei dieser Höraufgabe nicht darauf an, jedes einzelne Wort zu verstehen oder gezielt Informationen aufzuspüren, es geht um ein globales Verstehen der Sendung. Nur gelegentlich verlangen die Aufgaben von Ihnen, dass Sie auch gewisse Details heraushören sollen, also detailliertes Hörverstehen.

Zu diesem Prüfungsteil gibt es zwei mögliche Aufgabenstellungen:
Variante A (oft): Es gibt zehn Multiple-Choice-Aufgaben mit jeweils einer Frage und drei Antworten, aber nur eine der Antworten gibt den Inhalt des Hörtextes angemessen wieder. Die Reihenfolge der Fragen entspricht der Abfolge im Hörtext.
Variante B (selten): Sie lesen zehn verschiedene Aussagen, die vier Personen in einer Gesprächsrunde machen: Beim Hören entscheiden Sie, welche Aussage von welcher Person stammt.
Die Reihenfolge der Aussagen entspricht **nicht** dem Gesprächsverlauf.
➤ Training zu Variante B S. 63

Hinweis: Globales und detailliertes Hören
Stellen Sie sich vor, Sie stehen gerade in der Küche, da läuft im Radio eine Sendung über Zeitmanagement, die sie brennend interessiert, weil sie kurz vor einer Prüfung stehen. Ihre Familie stellt Ihnen zwischendurch immer wieder Fragen. Sie verfolgen die Sendung also nur grob und können nicht auf jedes einzelne Wort und Detail achten. Nur an den Stellen, die Ihnen wichtig erscheinen, hören Sie genauer hin. Zu Ihrer Überraschung genügt das aber, um wichtige Aussagen der Sendung mitzubekommen. Sie wissen ja auch bereits einiges zu diesem Thema und darüber, wie so eine Sendung abläuft.
➤ *Unterwegs* Kursbuch S. 39, 51, 176

Training: Vorwissen aktivieren

1. **In diesem Prüfungsteil werden Interviews und Features angeboten.**
   Überlegen Sie:

   a) Was ist typisch 1. für ein Interview? 2. für ein Feature?
   ----

   b) Wer spricht? ---

   c) Welche Funktion hat der Moderator? -------------------------

   d) Wie beginnt und wie endet 1. ein Interview? -------------

       2. ein Feature? --

> Das Verstehen des Hörtextes fällt Ihnen leichter, wenn Sie das Thema der Sendung kennen, sich dazu Ihre Vorkenntnisse ins Gedächtnis rufen und klarmachen, nach welchen Regeln die Radiosendung ablaufen wird.

Hörtext 6
Abschnitt 1-3

Hören Sie zur Beantwortung der Fragen gegebenenfalls die Radiosendung in Hörtext 6, Abschnitt 1 bis 3 einmal ganz an.

Index 17-19

2. **Hören Sie jetzt noch einmal die einleitenden Worte in der Ansage in Abschnitt 1 von Hörtext 6 (Index 17). Was erfahren Sie dabei?**

   Thema/Inhalt?_____

   Sprecher? _____

3. **In der Radiosendung tauchen die Begriffe „Nichtstun", „Muße" und „Faulheit" auf.**

   a) **Was bedeuten diese Begriffe?**
   Was haben sie gemeinsam und worin unterscheiden sie sich? Schauen Sie dazu auch in ein Wörterbuch.

   b) **Thema der Sendung ist „Die Kunst des Nichtstuns". Was fällt Ihnen dazu ein?**
   Sammeln Sie Ihre Assoziationen. Erstellen Sie dazu ein Assoziogramm oder eine Mind-Map. Besprechen Sie gemeinsam, welche Begriffe in der Sendung möglicherweise angesprochen werden könnten.

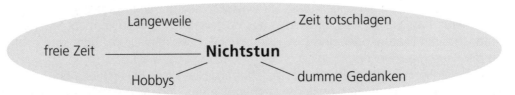

4. **Lesen Sie die folgenden Fragen aus den Multiple-Choice-Aufgaben zum Hörtext „Die Kunst des Nichtstuns".**
   - Welche Vorstellungen verbindet man mit dem Begriff „Muße"?
   - Wer verfügte früher über Muße?
   - Warum leben wir immer noch in einer Arbeitsgesellschaft?
   - Warum können wir unsere Freizeit nicht richtig genießen?
   - Wie lässt sich Freizeit außer als Konsumzeit gestalten?
   - Welcher Trend zeichnet sich in Europa auf dem Arbeitsmarkt ab?
   - Wie hat sich die Arbeitszeit in den USA entwickelt?

   a) **Markieren Sie die Schlüsselbegriffe in den Fragen.**
   b) **Welche Punkte tauchten auch in Ihrer Mind-Map auf?**
   c) **Zu welchen Punkten können Sie aufgrund Ihrer bisherigen Kenntnisse zu diesem Thema etwas sagen? Welchen Zusammenhang können Sie zwischen diesen Begriffen herstellen?**

> Es geht darum, dass Sie sich vor dem Hören Ihre eigenen Kenntnisse und Meinungen zu dem Thema ins Bewusstsein rufen. Diese „Vorstrukturierung" hilft Ihnen dann beim späteren Hören und Verstehen: Sie sind besser vorbereitet und offener für die Informationen und Stellungnahmen im Hörtext. Zu Beginn der Prüfung haben Sie eine Minute Zeit, um sich Gedanken zu den Fragen zu machen.

Hauptaussagen und Details entnehmen: Multiple-Choice Training

Training: Beim Hören Verstehensinseln bilden

Hinweis: **Wenn Sie einen Text zum ersten Mal hören, können Sie verschieden reagieren:**
- Sie können einfach konzentriert zuhören.
- Sie können alles notieren, was Ihnen auffällt oder wichtig erscheint.
- Sie können Stichworte aus den Aufgaben heraussuchen, auf die Sie besonders achten wollen, und dazu Notizen machen (= Verstehensinseln bilden).
- Sie können zu ausgewählten Stichworten Notizen machen und diese gleich in einem für Sie sinnvollen System aufzeichnen (= Verstehensinseln bilden und strukturieren).

5. Hören Sie noch einmal Abschnitt 2 in Hörtext 6.

Hörtext 6
Abschnitt 2

Index 18

a) Schreiben Sie vorher die markierten Schlüsselwörter aus den Fragen in Aufgabe 4 mit viel Zwischenraum auf ein Blatt Papier. Notieren Sie beim Hören dazu wichtige Begriffe aus dem Hörtext.

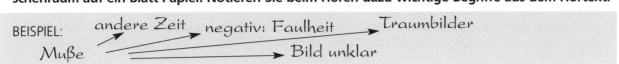

BEISPIEL: andere Zeit → negativ: Faulheit → Traumbilder
Muße → Bild unklar

b) Trainieren Sie Ihre Fähigkeit, die Notizen zu strukturieren.
1. Verwenden Sie unterschiedliche Schriftgrößen, eventuell auch Farben.
2. Erfinden Sie Ihre eigene Zeichensprache, um die Zusammenhänge abzubilden, die im Text dargestellt werden.

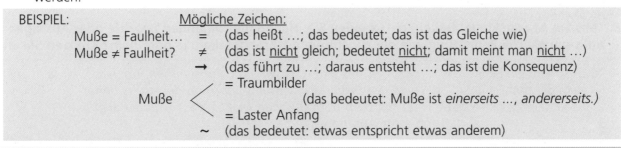

BEISPIEL: Mögliche Zeichen:

Muße = Faulheit…   =   (das heißt …; das bedeutet; das ist das Gleiche wie)
Muße ≠ Faulheit?   ≠   (das ist <u>nicht</u> gleich; bedeutet <u>nicht</u>; damit meint man <u>nicht</u> …)
                    →   (das führt zu …; daraus entsteht …; das ist die Konsequenz)
                         = Traumbilder
Muße <   (das bedeutet: Muße ist *einerseits* …, *andererseits*.)
                         = Laster Anfang
                    ~   (das bedeutet: etwas entspricht etwas anderem)

Training: Die richtige Antwort auswählen

6. Lesen Sie zuerst folgende Multiple-Choice-Aufgaben.
a) Markieren Sie zunächst die Schlüsselbegriffe in den drei Fragen (vgl. Aufgabe 4).
b) Worin unterscheiden sich jeweils die drei Antworten zu den Fragen? Unterstreichen Sie dazu die entscheidenden Ausdrücke.

BEISPIELAUFGABE:
1. Welche Vorstellungen verbindet man mit dem Begriff „Muße"?
a) Es ist ein negativ besetztes Wort.
b) Es scheint ein Begriff zu sein, der positive und negative Aspekte vereint.
c) „Muße" bedeutet „Faulheit".
2. Wer verfügte früher über Muße?
a) Arbeiter, die von anderen Menschen, ihren Chefs, abhängig waren.
b) Arme Leute, die keine Arbeit hatten.
c) Leute mit reicher Herkunft und Künstler.
3. Warum leben wir immer noch in einer Arbeitsgesellschaft?
a) Die Menschen können oft ihre Freizeit nicht richtig genießen.
b) Arbeitgeber befürworten die Arbeitsgesellschaft.
c) Ohne Geld lässt sich Freizeit nicht genießen.

Um die richtige Lösung für die jeweilige Frage zu finden, ist es wichtig, schon vor dem Hören des Textes die drei Antworten genau und kontrastiv, d.h. im Vergleich zueinander zu lesen.

Training

Hauptaussagen und Details entnehmen: Multiple-Choice

Hörtext 6
Abschnitt 2

Index 18

7. Hören Sie jetzt noch einmal Abschnitt 2 von Hörtext 6.

a) **Kreuzen Sie in Aufgabe 6 jeweils die Antwort an, die mit den Aussagen im Text überein-stimmt. Beantworten Sie die Fragen nur nach dem gehörten Text, nicht nach Ihrem eigenen Wissen.**

b) **Was fällt Ihnen auf, wenn Sie Ihre Markierungen in den Fragen der drei Multiple-Choice-Auf-gaben auf S. 59 mit dem Gehörten vergleichen? Was kann Ihnen dabei für Ihr Prüfungstrai-ning helfen?**

c) **Vergleichen Sie Ihre Lösungen mit dem Lösungsschlüssel auf S. 119.**
Markieren Sie dann die Aufgaben, die Sie falsch gelöst haben oder bei denen Sie länger überlegen mussten.

d) **Hören Sie den Hörtext noch ein letztes Mal. Überlegen Sie, was die Gründe für Ihre falsche Entscheidung waren, und kreuzen Sie dementsprechend an.**

❏ A) Sie haben die Umschreibungen oder Synonyme von Wörtern bzw. Ausdrücken, die die Aufgaben in Bezug auf die zugehörigen Textstellen enthalten, nicht als solche erkannt.

❏ B) Sie haben etwas überhört.

❏ C) Sie haben zu schnell eine Antwort angekreuzt, bloß weil Sie ein Wort aus dieser Antwort beim Hören identifiziert haben.

❏ D) Sie haben fast gar nichts verstanden.

8. Falls Sie A) angekreuzt haben, entscheiden Sie: Haben die folgenden Begriffe oder Aussagen links die gleiche Bedeutung wie die zugehörigen Hörtextstellen: ja oder nein? Kreuzen Sie an.

a) Es scheint ein Begriff zu sein, der positive und negative Aspekte vereint.	*Noch ist das Bild, das wir von Muße haben, unklar, einerseits verklärt in Traumbildern, andererseits behaf-tet mit dem puritanischen Makel, dass Faulheit aller Laster Anfang sei.*	ja	nein
b) Leute mit reicher Herkunft	*Neben den Menschen, die reich geboren waren …*	ja	nein
c) Arme Leute	*… nahmen sich diese Freiheit Künstler, die ein Leben in Armut ertrugen.*	ja	nein
d) Arbeiter, die abhängig waren	*Muße war bislang immer erkauft mit der Arbeit anderer …*	ja	nein
e) Die Menschen können oft ihre Freizeit nicht richtig genießen.	*Die Fähigkeit, Freizeit zu genießen, ist verkümmert.*	ja	nein

9. Haben Sie Tipps, um die Fehler C und D zu vermeiden, die in Aufgabe 7 d) beschrieben wurden? Mögliche Hilfen finden Sie auch im Lösungsschlüssel auf S. 120.

10. Vergleichen Sie abschließend Ihre Lösungen und den Inhalt des Hörtextes mit Ihren Überlegun-gen zu Aufgabe 2, 3 und 4 auf S. 58. Besprechen Sie sich: Inwieweit hat Ihnen Ihr Vorwissen geholfen, den Hörtext zu verstehen und die richtige Antwort zu finden?

Hauptaussagen und Details entnehmen: Multiple-Choice

11. Lesen Sie jetzt die folgenden Multiple-Choice-Aufgaben 4 und 5.

a) Worin unterscheiden sich die drei Antworten in den zwei Aufgaben? Markieren Sie die entsprechenden Wörter.

4. Wie hat sich die Arbeitszeit in den USA entwickelt?

a) Seit Jahrzehnten bleibt die Arbeitszeit unverändert.

b) Seit 40 Jahren muss ein Teil der Amerikaner wieder länger arbeiten.

c) Sie hat sich verkürzt und die Urlaubszeit ist länger geworden.

5. Welcher Trend zeichnet sich in Europa auf dem Arbeitsmarkt ab?

a) Immer mehr Menschen können mit gesicherten Arbeitsverhältnissen rechnen.

b) Arbeitsfreie und arbeitsreiche Zeiten werden sich abwechseln.

c) Einige Beschäftigte lassen sich frühzeitig pensionieren.

b) Hören Sie jetzt dazu Abschnitt 3 von Hörtext 6. Entscheiden Sie beim Hören: Welche Antwort in Aufgabe 4 und 5 ist richtig: a), b) oder c)? Lösen Sie die Fragen nur nach dem gehörten Text, nicht nach Ihrem eigenen Wissen.

Hörtext 6
Abschnitt 3

Index 19

c) Vergleichen Sie Ihre Lösungen mit dem Lösungsschlüssel auf S. 121. Markieren Sie die richtige Lösung in den Aufgaben 4 und 5 oben. Hören Sie dann, um die Lösung zu kontrollieren und Ihre Fehler zu finden, den Abschnitt 3 ein weiteres Mal.

d) Hören sie den Abschnitt mehrmals an, falls Sie Probleme haben, die für die Fragen 4 oder 5 wichtigen Stellen herauszuhören. Als letzte Möglichkeit kann Ihnen auch noch die Transkription des Hörtextes auf S. 136 helfen, um Ihre Fehler zu erkennen.

> Lernen Sie aus Ihren Fehlern: Überlegen Sie beim Hören, was Sie überhört oder falsch verstanden haben. Vielleicht war es ein Synonym oder das kleine Wörtchen „nicht".

Anwendung: Testaufgabe

12. Hören Sie nun den zweiten Teil der Radiosendung „Die Kunst des Nichtstuns" zuerst einmal ganz, dann in vier Abschnitten. Kreuzen Sie die richtige Antwort a), b) oder c) an. Lösen Sie die Aufgaben nur nach dem gehörten Text, nicht nach Ihrem eigenen Wissen. Am Ende haben Sie zwei Minuten Zeit, die Lösungen in den kopierten Antwortbogen auf S. 143 zu übertragen.

Hörtext 7

Index 20

Sie kennen den Prüfungsablauf bereits aus dem Test auf S. 22.
Bedenken Sie, dass Sie auf der **Tonkassette** (nicht auf den CDs) den Hörtext nur **einmal** zur Verfügung haben. Hören Sie ihn daher **zweimal in folgender Reihenfolge:**

Erstes Hören – einmal ganz

- Hörtext 7, Abschnitt 1: Ansage

- 1 Minute Pause (für das Lesen der Aufgaben auf S. 62, Notizen machen etc.)

- Ansage:Hören Sie die Sendung zuerst einmal ganz – ohne Pause. Dann hören Sie die Sendung noch einmal in Abschnitten mit Pausen.

- Hörtext 7, Abschnitt 2 - 4 (ohne Pausen)

- Ende Abschnitt 4

Zweites Hören jetzt in drei Abschnitten mit Pausen

Abschnitt 2

Abschnitt 3

Abschnitt 4

- Sehen Sie sich zuerst die Aufgaben 1-3 an.
  Dazu haben Sie 40 Sekunden Pause.

Abschnitt 2

1. Was wäre für die Freizeitindustrie katastrophal?

a) Wenn weniger Leute Rad fahren würden.
b) Wenn die Leute sparsamer werden.
c) Wenn die Leute ihre Freiheit mit mehr Muße und Ausruhen verbringen würden.

2. Wie lässt sich Freizeit außer als Konsum-zeit gestalten?

a) Man könnte zum Bio-Bauern werden.
b) Man könnte das Haus aufräumen.
c) Man könnte anderen Menschen helfen.

3. Was bedeutet eine „Brasilianisierung der Gesellschaft"?

a) Die Zahl der Arbeitslosen steigt.
b) Dass man mehr als einen Job zum Über-leben braucht.
c) Dass Leute ständig für ihre Firma unter-wegs sind.

- *Hören Sie nun den zugehörigen Text von Abschnitt 2.*

- *Dann haben Sie 40 Sekunden Pause.*

- *Sehen Sie sich jetzt die Aufgaben 4 - 5 an.*

Abschnitt 3

4. Was versteht Ulrich Beck unter „Bürgerarbeit"?

a) Arbeit in sozialen Bereichen geleistet von Bürgern.
b) Unbezahlte Tätigkeiten.
c) Arbeitslosen- oder Sozialhilfe.

5. Wie sollte laut Walter Sauer Bürgerarbeit entlohnt werden?

a) Die Helfer werden für ihre Tätigkeiten bezahlt.
b) Helfer bekommen freie Kost und Logis.
c) Helfern könnte Zeit gutgeschrieben werden.

- *Hören Sie nun den zugehörigen Text von Abschnitt 3.*

- *Dann haben Sie 40 Sekunden Pause.*

- *Sehen Sie sich jetzt die Aufgaben 6 - 8 an.*

Abschnitt 4

6. Warum können wir unsere Freizeit nicht richtig genießen?

a) Weil es noch zu wenig Leute gibt, die aus-reichend Freizeit haben.
b) Weil Faulheit jahrhundertelang abgelehnt wurde.
c) Weil Freizeit nicht geschätzt wird.

7. Wie könnte der Umgang mit Muße erleichtert werden?

a) Man muss Nichtstun lernen.
b) Wenn man die Zusammenhänge studiert.
c) Wenn „Müßiggang" als Schulfach einge-führt wird.

8. Wie kann die heutige Gesellschaft der Langeweile am besten begegnen?

a) Indem ihr ein abwechslungsreiches Freizeitprogramm geboten wird.
b) Indem sie eine Kultur der Muße ausbildet.
c) Indem sie ihre Freizeit mit Tätigkeiten ver-plant.

- *Hören Sie nun den zugehörigen Text von Abschnitt 4.*

- *Dann haben Sie 20 Sekunden Pause.*

Hauptaussagen und Details entnehmen: Zuordnungsaufgabe

Training

Information

In der eher selten vorkommenden Variante B des Prüfungsteils „Hörverstehen 2" hören Sie eine Gesprächsrunde im Radio. Darin befragt ein Moderator seine Gäste nach ihren Erfahrungen und Meinungen zu einem aktuellen Thema.
In der Prüfung finden Sie auf dem Aufgabenblatt zehn Sätze, die Aussagen wiedergeben, die Sie in der Radiosendung hören. Beim Anhören der Gesprächsrunde entscheiden Sie bei jedem Satz, ob er einer Aussage des Moderators oder der Aussage eines Studiogasts entspricht. Sie hören die Sendung zweimal. Weitere Informationen zu Prüfungsziel, -ablauf und -inhalt finden Sie in dem Abschnitt „Information" auf Seite 57.

Training: Vorwissen aktivieren

1. Hören Sie die Ansage zu Hörtext 8, Abschnitt 1. Was erfahren Sie dabei? Machen Sie Notizen.

Thema? _____

Gesprächsverlauf? _____

Hörtext 8
Abschnitt 1

Index 21

2. Lesen Sie in der Beispielaufgabe auf Seite 65 die zehn Sätze, die zehn Stellungnahmen in der Radiosendung „Brauchen wir eine neue Erziehung, neue Erziehungsstile?" entsprechen. Tauschen Sie sich aus und vermuten Sie: Welche Aspekte könnten im Hörtext angesprochen werden?

Hinweis: In der Prüfung haben Sie nach der *Ansage* eine Minute Zeit, um die zehn Sätze zu überfliegen und sich so Ihre eigenen Kenntnisse und Ihre Meinung zu dem Themenbereich ins Gedächtnis zu rufen.

3. In dieser Prüfungsvariante mit der Zuordnungsaufgabe hören Sie eine Gesprächsrunde. Wie verläuft typischerweise so eine Gesprächsrunde im Radio? Hören Sie dazu die Radiosendung, den Hörtext 8, Abschnitt 2 bis 4, einmal ganz an und machen Sie Notizen:

Wie beginnt die Radiosendung? _____

Wer spricht? Wann? Wie oft? Was? _____

Welche Funktion hat der Moderator? _____

Hörtext 8
Abschnitt 2-4

Index 22-24

Training: Gleichzeitig Hören und Lesen

Hinweis: In der Prüfung kommt normalerweise erst der Moderator (Person A) zu Wort und dann hintereinander seine Gäste (erst Person B, dann C, dann D). Sie wissen also immer, wer gerade spricht. Ganz selten könnte es aber auch vorkommen, dass am Ende der Sendung alle vier Personen durcheinander reden. In diesem Fall achten Sie vor allem auf die Namen und die Stimmen – männlich/weiblich, hoch/tief etc. –, um die Personen zu identifizieren.

4. Auf der nächsten Seite finden Sie Sätze, die Aussagen von Frau Zeltner (Person B) wiedergeben; sie stehen aber nicht in der richtigen Reihenfolge.
a) Hören Sie Abschnitt 2 von Hörtext 8 noch einmal und entscheiden Sie: Welchen Satz hören Sie zuerst, welchen an zweiter Stelle etc.?

Hörtext 8
Abschnitt 2

Index 22

Hauptaussagen und Details entnehmen: Zuordnungsaufgabe

Nummerieren Sie die Sätze.

○ a) Den Eltern sollte man keine Schuld zuweisen.

○ b) Eltern ohne Orientierung bieten auch ihren Kindern keine Hilfe und Orientierung.

○ c) Mit ihrer Wankelpädagogik verunsichern die Eltern ihre Kinder.

○ d) Veränderte Zeiten bringen Unruhe, aber auch Chancen für eine Neuorientierung.

○ e) Verunsicherte Eltern wissen nicht mehr, wie sie mit ihren Kindern umgehen sollen.

○ f) Verunsicherte Kinder können zunehmend aggressiv reagieren.

b) Überlegen Sie: Welche Strategien haben Sie angewandt, um die Aufgabe zu lösen? Was machen Sie vor und was während des Hörens?

Hörtext 8
Abschnitt 3+4

Index
23+24

5. Hören Sie die Abschnitte 3 und 4 von Hörtext 8. Herr Rothaus und Frau Kruse haben unterschiedliche Positionen zum Thema „Erziehungsunsicherheit".

a) Notieren Sie während des Hörens Stichpunkte, die die beiden Stellungnahmen charakterisieren.

b) Nachfolgend finden Sie Sätze, die Aussagen von Herrn Rothaus oder Frau Kruse wiedergeben – allerdings nicht in der richtigen Reihenfolge. Vergleichen Sie mit Ihren Notizen und kreuzen Sie die Sätze entsprechend an, die Sie bereits jetzt einer der beiden Personen zuordnen können.

c) Hören Sie die Abschnitte 3 und 4 von Hörtext 8 noch einmal und entscheiden Sie bei jedem Satz: Welche der beiden Personen macht eine entsprechende Aussage? Markieren Sie.

Wer vertritt welche Meinung?	Herr Rothaus	Frau Kruse
1. Früher wussten allein die Eltern, was die Kinder zu tun hatten.	❏	❏
2. Erwachsene üben oft, ohne groß nachzudenken, Druck auf das Kind aus.	❏	❏
3. Erziehung bedeutet, ein Kind mit Liebe zu formen.	❏	❏
4. Vor 30 Jahren gab es noch nicht diese Erziehungsunsicherheit.	❏	❏
5. Heute verleugnen viele Erwachsene den Unterschied zwischen sich und ihren Kindern.	❏	❏
6. Manche Eltern fragen sich, ob Verbote Kindern nicht eher schaden.	❏	❏
7. Eltern resignieren, weil ihre Kinder ihnen nicht mehr gehorchen.	❏	❏
8. Seit 30 Jahren gibt es viele unterschiedliche Möglichkeiten der Erziehung.	❏	❏

Hörtext 8
Abschnitt 2-4

Index
22-24

6. Bearbeiten Sie jetzt die Beispielaufgabe auf der nächsten Seite.

a) Lesen Sie zuerst alle zehn Sätze durch. Schauen Sie sich auch die Namen der vier Personen A - D an. Hören Sie dann noch einmal Hörtext 8, Abschnitt 2 bis 4 und lösen Sie die Aufgabe. Sie können sich dafür nach jedem Abschnitt eine Pause von 40 Sekunden nehmen.

In der Prüfung wäre es besser, wenn Sie beim ersten Hören Ihr Kreuz noch nicht ins Kästchen setzen, sondern zuerst daneben. So verlieren Sie nicht die Übersicht, wenn Sie sich nachträglich korrigieren müssen. Sie können auch den Buchstaben der Person vor den Satz schreiben. Erst beim zweiten Hören, wenn Sie sich endgültig entscheiden, sollten Sie im Kästchen das Kreuz machen.

Hauptaussagen und Details entnehmen: Zuordnungsaufgabe

Training: Die richtige Antwort auswählen

BEISPIELAUFGABE: Wer sagt was? Markieren Sie die Lösungen in den Kästchen. Die Reihenfolge der Aufgaben 1 bis 10 entspricht nicht dem Gesprächsverlauf im Text. Lösen Sie die Aufgaben nur nach dem gehörten Text, nicht nach Ihrem eigenen Wissen.

AUFGABEN: Wer sagt das?	A Moderator	B Frau Zeltner	C Herr Rothaus	D Frau Kruse
BEISPIEL: Immer wieder resignieren Eltern, weil sie keinen Erfolg bei der Erziehung ihrer Kinder sehen.	☐	☐	☒	☐
1. Die Erwachsenen haben nicht das Recht, nur wegen ihrer körperlichen Überlegenheit, den Kindern alles zu verbieten.	☐	☐	☐	☐
2. Heutzutage gibt es Erwachsene, die auf der gleichen Stufe wie ihre Kinder stehen wollen.	☐	☐	☐	☐
3. Die Verkaufszahlen von Büchern zum Thema „Kindererziehung" steigen stetig an.	☐	☐	☐	☐
4. Eltern können unter zu vielen Erziehungsalternativen wählen, daher kommt die Unsicherheit.	☐	☐	☐	☐
5. Früher waren die Erwachsenen überzeugt zu wissen, was richtig und was falsch ist.	☐	☐	☐	☐
6. Viele Eltern verunsichern ihre Kinder, weil sie selbst keine Orientierung haben.	☐	☐	☐	☐
7. Besonders in Zeiten des Umbruchs, wenn alte Werte verloren gehen, wird die Kindererziehung schwierig.	☐	☐	☐	☐
8. Der Erziehungsnotstand zeigt sich u.a. auch darin, dass Eltern Probleme mit der Führungsrolle haben.	☐	☐	☐	☐
9. Eltern und Kinder hatten in der traditionellen Erziehung ihre festen Rollen.	☐	☐	☐	☐
10. Die Eltern sollten zu ihrem Kind eine liebevolle Beziehung haben.	☐	☐	☐	☐

Hinweis: Kreuzen Sie in der Prüfung am Schluss auf jeden Fall bei allen Sätzen eine Person an, denn auf falsche Kreuze gibt es keine Minuspunkte.

b) Vergleichen Sie Ihre Lösungen mit dem Lösungsschlüssel auf Seite 122. Wenn Sie Fehler gemacht haben, hören Sie Hörtext 8 noch einmal ganz. Beim Hören versuchen Sie zu klären, was Sie überhört oder falsch verstanden haben. Hören Sie die einzelnen Abschnitte so oft, bis Sie alle Aussagen der richtigen Person zuordnen können. Vergleichen Sie, nur wenn nötig, mit der Transkription auf Seite 138.

Hörtext 8
Abschnitt 2-4

Index
22-24

c) In der Prüfung hören Sie die Radiosendung so, wie es in der folgenden Übersicht dargestellt ist: einmal ganz und einmal mit Pausen. Überlegen Sie gemeinsam: Was sollte man beim ersten und was beim zweiten Hören tun? Wie kann man die Pausen beim zweiten Hören sinvoll nutzen?

Zuerst ganz hören	Dann in Abschnitten hören
Abschnitt 1 / Ansage	Abschnitt 2
Pause 1 Minute	Pause 40 Sekunden
Radiosendung einmal ganz ohne Pause	Abschnitt 3
	Pause 40 Sekunden
	Abschnitt 4
	Pause 20 Sekunden

Hörtext 9

Index
25-28

Anwendung: Testaufgabe

7. **Hören Sie Hörtext 9, Abschnitt 1 bis 4. Hören Sie den Text**
   - zuerst ganz
   - dann in Abschnitten mit Pausen.

> Achtung:**Kassetten**benutzer bitte Hörtext 9 abspielen wie auf S. 65 unten beschrieben.

Welche Person sagt was? Markieren Sie die Lösungen in den Kästchen. Die Reihenfolge der Sätze entspricht nicht dem Gesprächsablauf im Hörtext.

AUFGABEN: Wer sagt das? BEISPIEL:	A Mode- rator	B Frau Wolf	C Herr Knies	D Herr Weiß
0. Die Industrie streicht Stellen und schaut nur aufs Geld	☐	☐	☒	☐
1. Schlechte Erfahrungen als Kunde habe ich nicht gemacht.	☐	☐	☐	☐
2. Typisch für Deutschland scheint die Unfreundlichkeit im Dienst-leistungsbereich zu sein.	☐	☐	☐	☐
3. Die Ausbildung der Verkäufer ist schlechter geworden.	☐	☐	☐	☐
4. Es wurde erst lange diskutiert, bis die Ladenschlusszeiten gelockert wurden.	☐	☐	☐	☐
5. Der Kunde leidet letztendlich unter den Einsparungen.	☐	☐	☐	☐
6. Kunden werden eher als lästig empfunden: sie halten einen von der Arbeit ab.	☐	☐	☐	☐
7. Wie kann man freundlich sein, wenn man Angst vor dem Kunden hat?	☐	☐	☐	☐
8. Bei Personalabbau häuft sich die Arbeit beim Rest des Personals, das dadurch zunehmend in Stress gerät.	☐	☐	☐	☐
9. Ist der Kunde unfreundlich, braucht er sich über unfreund-lichen Service nicht zu wundern.	☐	☐	☐	☐
10.Der Bedienstete ist mit Verwaltungsaufgaben und Kundendienst überfordert.	☐	☐	☐	☐

Nach Abschnitt 4 und den anschließenden 20 Sekunden haben Sie weitere zwei Minuten, um die Lösungen in den kopierten Antwortbogen auf S. 143 zu übertragen.

Unterwegs

- Weitere Hörtexte zum Üben finden Sie in *Unterwegs* Kursbuch S. 34, S. 67 und S. 92.
  Arbeiten Sie zu zweit: Eine/Einer notiert Sätze aus dem Hörtext und verändert die Reihenfolge. Die Lernpartnerin/Der Lernpartner versucht dann beim Hören, die Sätze den einzelnen Personen im Hörtext wieder zuzuordnen. Wenn möglich, lassen Sie sich von Ihren Kursleitern zu den einzelnen Hörtexten eine Kopie der Transkription im Lehrerhandbuch geben.

Information

Im Prüfungsteil „Schriftlicher Ausdruck" müssen Sie innerhalb der vorgegebenen Zeit zwei Aufgaben bearbeiten. Aufgabe 1 verlangt von Ihnen, einen Brief oder ein Kurzreferat von ca. 200 Wörtern zu verfassen, wobei Sie sich inhaltlich an fünf vorgegebene „Leitpunkte" zu halten haben. In Aufgabe 2 wird geprüft, inwieweit Sie zehn Lücken in einem formellen Brief mit Informationen aus einem vorliegenden persönlichen Brief füllen können.

Zu Beginn der Prüfung erhalten Sie ein Aufgabenblatt, das Ihnen für Aufgabe 1 drei Textsorten mit jeweils unterschiedlichen Themen zur Wahl anbietet. Mögliche Textsorten sind dabei *persönlicher Brief, formeller Brief, Leserbrief* oder *Kurzreferat*. Sie können sich also bei Ihrer Wahl von der Textsorte, die Sie schreiben wollen, oder vom jeweiligen Thema leiten lassen. Für Aufgabe 2 gibt es keine Auswahlmöglichkeit. Für beide Aufgaben zusammen haben Sie 90 Minuten Zeit. Welche Aufgabe Sie zuerst bearbeiten, bleibt Ihnen überlassen. Jedoch sollten Sie für Aufgabe 1 nicht viel mehr als 70 Minuten brauchen: in dieser Zeit müssen Sie sich schnell entscheiden, die Aufgabe genau lesen, den Text verfassen und die Wörter zählen. Für den Lückentext bleiben Ihnen so weitere 20 Minuten.

➤ Informationen zu Aufgabe 2 erhalten Sie ab S. 92

> Der schriftliche Teil von Prüfungen ist der Teil, auf den man sich am gezieltesten vorbereiten kann. Nutzen Sie diese Chance, dann fühlen Sie sich sicher, sind vor Überraschungen weitgehend geschützt und können in diesem Prüfungsteil viele Punkte einheimsen.

Training: Die richtige Auswahl in der Aufgabe treffen

1. Überfliegen Sie folgendes Aufgabenblatt für Aufgabe 1 zum „Schriftlichen Ausdruck".
   a) Für welche der drei Möglichkeiten zu Aufgabe 1 würden Sie sich entscheiden?

Zentrale Mittelstufenprüfung
– Schriftlicher Ausdruck –

GOETHE INSTITUT

> **Wählen Sie für Aufgabe 1 aus den folgenden drei Themen eins aus.**
> **Für Ihre Wahl haben Sie fünf Minuten Zeit.**
> **Danach erhalten Sie die Aufgabenblätter für Aufgabe 1 und 2.**

1 A: Leserbrief
Thema: Korrekte Kleidung am Arbeitsplatz
Ihre Aufgabe ist es, als Reaktion auf eine kurze Zeitungsmeldung einen Leserbrief zu schreiben. Sie sollen Ihre Meinung dazu sagen, ob z.B. kurze Hosen für Männer eine korrekte Kleidung am Arbeitsplatz sind.

1 B: Persönlicher Brief
Thema: Erziehungsurlaub für Väter
Ihre Aufgabe ist es, in einem Brief an einen deutschen Freund / eine deutsche Freundin Ihre Meinung dazu zu sagen, daß ein Mann für die Betreuung seines kleinen Kindes vorübergehend seine Berufstätigkeit aufgibt.

1 C: Schriftliche Ausarbeitung eines Referats
Thema: Freizeitverhalten in Ihrem Land
Ihre Aufgabe ist es zu berichten, wofür die Menschen in Ihrem Heimatland in der Freizeit Geld ausgeben, und dies mit dem Verhalten der Deutschen zu vergleichen. Dazu erhalten Sie Informationen in Form einer Graphik.

1 b) Wie sind Sie zu Ihrer Entscheidung gekommen? Wie lange haben Sie gebraucht?

Training

2. Zu welchen der Textsorten *Leserbrief, persönlicher Brief, formeller Brief* oder *Kurzreferat* passen die formalen Merkmale in der folgenden Übersicht? Notieren Sie die entsprechende Textsorte an den linken Rand und unterstreichen Sie die Merkmale, die Ihnen neu oder unklar sind.

> Es erleichtert Ihnen die Wahl, wenn Sie sich über die Besonderheiten der vier möglichen Textsorten informieren und eine Vorauswahl treffen.

	Formale Merkmale	Beispiele
a)	Datum	Berlin, (den) 16.12.2001
	Anrede	Sehr geehrte(r) Frau/Herr (+ Nachname)
		Sehr geehrte Damen und Herren,
	Betreff (Grund des Schreibens)	Unterbringung im Hotel
	Anredeform	Sie/Ihnen/Ihr, -
	Register: höflich, formell	Würden Sie bitte...,
	Grußformel	Mit freundlichen Grüßen; Mit besten Grüßen; Beste Grüße
	Unterschrift: Vor- und Nachname	Angelika Ende
b)	Datum	(München,) (den) 12. Oktober 01
	Anrede	Liebe(r) (+ Vorname)
	Anredeform	du (Du*)
	Register: informell	z.B. Modalpartikel wie doch, mal, schon, vielleicht, eben, halt (z.B.: Versuch doch mal …, vielleicht hast du ja nächstes Mal mehr Glück)
	Grußformel	Herzliche Grüße; Viele liebe Grüße; Alles Liebe; Bis bald,
	Unterschrift = Vorname	dein/e (Dein/e*) (+ Vorname)
c)	Anrede <u>nicht unbedingt nötig!</u>	Sehr geehrte Damen und Herren,
	Anredeform	Liebe Kolleginnen und Kollegen,
	Register: sachlich, eher formell	Liebe Mitschüler und Mitschülerinnen,
	Schlusssatz <u>nicht unbedingt nötig!</u>	Plural Sie oder ihr (Ihr*)
		Vielen Dank für Ihre/eure (Eure*) Aufmerksamkeit
d)	Datum	Zürich, (den) 16.12.2001
	Anrede	Sehr geehrte Damen und Herren,
	Betreff (Grund des Schreibens)	Ihr Artikel / Ihre Meldung / Ihre Umfrage vom ...
	Anredeform	Sie
	Register: je nach Ihrer Schreibabsicht	
	Grußformel	Mit freundlichen Grüßen; Mit besten Grüßen; Beste Grüße, Ihr(e)
	Unterschrift: Vor- und Nachname	Angelika Ende

* alte Rechtschreibung

Training: Sich über die Bewertungskriterien informieren

3. Lesen Sie im Folgenden Bewertungskriterien für die Prüfungsaufgabe 1 im „Schriftlichen Ausdruck". Wo liegen Ihrer Erfahrung nach Ihre Stärken, wo Ihre Schwächen? Benutzen Sie zu Ihrer Selbsteinschätzung auch die Lösungen zum Test auf S. 123.

Kriterium	Inhaltliche Vollständigkeit	Textaufbau	Ausdruck	Korrektheit in Morphologie, Syntax, Orthographie und Interpunktion
volle Punktzahl (= 5 Punkte):	Alle Inhaltspunkte sind schlüssig und angemessen dargestellt.	Text ist klar und übersichtlich; Inhaltspunkte bzw. Sätze sind gut miteinander verknüpft.	Abwechslungsreicher, durchgehend angemessener Wortschatz.	Nur sehr vereinzelt Regelverstöße.

4. Lesen Sie anschließend Notizen, die sich Studenten bei der Prüfungsvorbereitung gemacht haben. Welche drei Punkte sollten Sie selbst vor allem beachten? Kreuzen Sie an.

❏ *Grammatische Fehler fallen verhältnismäßig wenig ins Gewicht. Ich brauche also nicht allzu große Angst vor der Grammatik zu haben.*

❏ *Ich bekomme nur dann die volle Punktzahl für den Inhalt, wenn ich auch alle fünf angegebenen Leitpunkte bearbeite!*
Ich darf also nicht in Zeitnot geraten und keinen Punkt vergessen!

❏ *Der Brief muss alle Merkmale enthalten, die er in deutschsprachigen Ländern üblicherweise hat (Datum, Anrede etc.). Sonst bekomme ich beim Kriterium „Aufbau" Punkte abgezogen.*

❏ *Ich muss darauf achten, dass der Text logisch und klar aufgebaut ist und dass die Sätze auch logisch aneinander anschließen (mit Konnektoren wie z.B. „sowie – als auch", „deshalb", „trotzdem", „weder – noch", „sonst, aber", …). Nur so bekomme ich beim Kriterium „Aufbau" die volle Punktzahl.*

❏ *Ich darf beim formellen Brief und beim Kurzreferat nicht umgangssprachlich schreiben, wie ich es gewohnt bin. Generell muss ich darauf achten, dass ich auch feste Verbindungen (z.B. „den Urlaub verbringen") und idiomatische Redewendungen (z.B. „das ist ein teurer Spaß") verwende, wenn ich beim Kriterium „Ausdruck" auf eine hohe Punktzahl kommen möchte.*

5. Setzen Sie je nach der Ihnen zur Verfügung stehenden Zeit und Ihrer Selbsteinschätzung Akzente für Ihre Prüfungsvorbereitung. Was möchten Sie besonders üben?

> Bereiten Sie sich entweder nur auf bestimmte Textsorten vor oder konzentrieren Sie sich auf einzelne Prüfungskriterien. Aufgaben zu „Passende Formulierungen" und die „Jagd nach typischen Fehlern" finden Sie in jeder der folgenden Einheiten.

Textsorte	Kriterium	
1a persönlicher Brief	Kriterium „Inhalt"	➡ S. 70 ff.
1b Leserbrief	Kriterium „Aufbau" (Textkohärenz)	➡ S. 76 ff.
1c formeller Brief	Kriterium „Ausdruck"	➡ S. 81 ff.
1d Kurzreferat	Kriterium „Aufbau" (Textgliederung)	➡ S. 87 ff.

6. Lesen Sie folgende Tipps für die Prüfungsaufgabe 1. Welche sollten Sie sich merken?

Vor dem Schreiben:
• Entscheiden Sie sich möglichst rasch für einen der drei angebotenen Schreibanlässe. Vorsicht: Wählen Sie nie ein Thema, über das Sie nicht Bescheid wissen oder das Ihnen nicht zusagt.
• Machen Sie sich vor dem Schreiben zu jedem der fünf Leitpunkte Stichpunkte. Schreiben Sie zu jedem Punkt etwa gleich viel. (vgl. dazu S. 71 und 72).
• Lesen Sie die Aufgabenstellung, die fünf Leitpunkte und den dazu gehörenden Text genauestens durch.

Beim Schreiben:
• Schreiben Sie nicht zu viel auf das Konzeptpapier. Sonst genügt Ihnen die Zeit für die Reinschrift nicht mehr.
• Schreiben Sie nicht weniger als 200 Wörter, sonst erreichen Sie nicht die volle Punktzahl für das Kriterium „Inhalt". Schreiben Sie aber auch nicht viel mehr als 250 Wörter. Ein zu langer Text bringt Sie in Zeitnot und bedeutet ein erhöhtes Fehlerrisiko.
• Zählen Sie nicht jedes Wort. Schneller geht es, wenn Sie die Wörter in einer Zeile zählen und diese Zahl mit der Anzahl der Zeilen multiplizieren. Die Anzahl der Wörter muss nicht exakt stimmen!

Nach dem Schreiben:
• Lesen Sie Ihren Text noch einmal gründlich durch, bevor Sie ihn abgeben. Achten Sie dabei auf die für Sie typischen Flüchtigkeitsfehler und überprüfen Sie, ob die richtigen formalen Elemente enthalten sind, z.B. bei Briefen *Datum*, *Anrede*, eventuell *Betreff* und *Adresse*.

Information

70 min

20 Punkte

Wenn Sie sich für den „persönlichen Brief" entscheiden, dann ist es Ihre Aufgabe, auf einen kurzen Brief einer fiktiven Brieffreundin/eines Brieffreundes zu antworten. Welche Aspekte Sie in Ihrem Brief ansprechen sollen, geben Ihnen fünf so genannte „Leitpunkte" vor. Ihr Brief sollte dabei länger und anspruchsvoller formuliert sein als der, auf den Sie antworten.
In dieser Einheit können Sie typische Ausdrücke für die Textsorte „persönlicher Brief" kennen lernen und Ihren Blick dafür schärfen, wie Sie die volle Punktzahl für das Kriterium „Inhalt" erlangen.

Training: Passende Formulierungen kennen lernen

1. Lesen Sie folgende typische Beispielaufgabe:

BEISPIELAUFGABE:
Ihre österreichische Brieffreundin schreibt Ihnen:

> *Wien, den 22.Oktober 2000*
>
> *Liebe/r ...*
>
> *vielen Dank für deinen letzten Brief. Ich habe mich sehr darüber gefreut, vor allem, als ich gelesen habe, dass du deine Prüfung bestanden hast. Gratuliere! Drum hätt' ich heut auch gern einen Rat von dir. Wie du weißt, muss ich im nächsten Frühjahr die TOEFL-Prüfung für Englisch machen und das macht mir irrsinnig Angst! Schon in der Schule waren Prüfungen immer ein Horror für mich! Jetzt stehe ich ganz schön dumm da: Ich weiß, dass es nicht langt, wenn ich mich allein auf die Prüfung vorbereite. Ich habe mir überlegt, dass ich mir einen Computer und ein Sprachlernprogramm kaufe, um daheim zu üben. Was meinst du? Wie hast du dich vorbereitet und was kannst du empfehlen? Schreib mir bitte rasch, denn ich muss mich ganz schnell entscheiden. Wie immer ganz herzliche Grüße von*
>
> *Eva-Maria*

Arbeitsauftrag:
Antworten Sie auf diesen Brief und sagen Sie Ihre Meinung zu dem Plan Ihrer Freundin.

- Bedanken Sie sich für den Brief und schreiben Sie etwas über Ihre momentane Situation. (1)
- Äußern Sie Verständnis für die Situation Ihrer Freundin. (2)
- Schreiben Sie ihr Ihre Meinung zum Sprachenlernen mit Computern. (3)
- Diskutieren Sie andere Möglichkeiten der Vorbereitung auf Prüfungen. (4)
- Teilen Sie ihr mit, was Sie selbst für Ihre Prüfungsvorbereitung getan haben und schließen Sie mit einem Wunsch an die Brieffreundin. (5)

Einen persönlichen Brief schreiben

2. Die Leitpunkte zum persönlichen Brief auf S.70 unten enthalten fast immer die folgenden Aspekte. Manchmal sind auch zwei Aspekte in einem Leitpunkt zusammengefasst. Welche Aspekte gehören zu welchem Leitpunkt? Schreiben Sie die Ziffern von 1 - 5 in die linke Schreibspalte.

.... Vorschlag / Idee der Brieffreundin beurteilen (A)

..1.. sich für den Brief bedanken (B)

.... über eigene Erfahrungen berichten (C)

.... auf die Situation des Brieffreundes/der Brieffreundin eingehen (D)

.... Brief mit einem Wunsch abschließen (E)

.... andere Möglichkeiten diskutieren (F)

.... die momentane Situation schildern. (G)

3. Welche Redemittel kennen Sie für die Aspekte in Aufgabe 2? Vergleichen Sie mit Ihrem Lernpartner/Ihrer Lernpartnerin.

➤ *Unterwegs*, Materialienbuch S. 161, 3.1.1. und 3.1.2., S. 164, 4.2.

4. Welche der folgenden Sätze könnten Sie verwenden, um auf die oben genannten Aspekte einzugehen? Notieren Sie den entsprechenden Buchstaben (A - G) an den linken Rand.

.... *a) Du schreibst, dass du momentan Sorgen mit der bevorstehenden Prüfung hast. Das kann ich gut verstehen.*

.... *b) Schreib mir bitte bald, wie es dir ergangen ist.*

.... *c) Für mich war es vor allem wichtig, dass ich in einer Gruppe lernen konnte.*

.... *d) Entschuldige, dass ich so lange nicht geschrieben habe, aber ich musste ja erst diese Prüfung bestehen!*

.... *e) Jetzt muss ich aber leider Schluss machen, weil ich noch packen muss.*

.... *f) Meiner Meinung nach reicht es nicht aus, sich mit einem Buch oder einem Computer vorzubereiten.*

.... *g) Ich wünsche dir für deine Prüfung viel Erfolg und umarme dich ganz herzlich, deine...*

.... *h) Wichtig ist auch, dass man sich sorgfältig auf die mündliche Prüfung vorbereitet, denn dann kann man unbesorgt und beruhigt in das Prüfungsgespräch gehen.*

.... *i) Aber jetzt zu dir: deine Sorgen kann ich sehr gut verstehen.*

..A.. *j) Ich freue mich immer sehr, einen Brief von dir zu bekommen.*

.... *k) Es wäre schön, wenn wir uns bald mal wieder sehen könnten.*

.... *l) Von der Arbeit mit Computern halte ich, ehrlich gesagt, nicht viel.*

.... *m) Momentan geht es mir wirklich sehr gut.*

.... *n) Du solltest auf jeden Fall versuchen, dich mit anderen Studenten zusammenzuschließen.*

.... *o) Ich persönlich habe am meisten davon profitiert, dass ich meine Texte mit Muttersprachlern durchgesprochen habe.*

.... *p) Viel besser finde ich das Lernen in einer Gruppe.*

.... *q) Gibt es bei dir in Wien nicht noch andere Studenten, mit denen du dich zusammentun könntest?*

.... *r) Ich weiß genau, wie du dich fühlst. Prüfungsangst ist etwas Schreckliches!*

.... *s) Vielleicht gibt es ja auch in der Nähe ein Institut, das einen Prüfungsvorbereitungskurs anbietet.*

.... *t) Ich denke, die Arbeit mit einem Computer kann eine große Hilfe sein, wenn man ein gutes Programm hat.*

5. **Schreiben Sie nun einen Antwortbrief, wie ihn die Prüfung verlangt, und verwenden Sie dabei Formulierungen aus Aufgabe 4 auf S. 71. Ergänzen Sie die Textbausteine inhaltlich, sodass Sie auf etwa 200 Wörter kommen, und vergleichen Sie anschließend Ihre Entwürfe untereinander.**

> Übertragen Sie die Formulierungen, die Ihnen gefallen, in Ihr persönliches Notizbuch. Lernen Sie einen Anfangs- und einen Schlusssatz für den persönlichen Brief (ebenso auch für die anderen Briefformen) auswendig; das gibt Ihnen Sicherheit.

6. **Streichen Sie in den Sätzen a) - t) der Aufgabe 4 alle Wörter aus, die nur für diesen speziellen Brief passen. Der Resttext bietet Ihnen ein Repertoire von Redemitteln für diese Prüfungsaufgabe.**

Training: Kriterium: „Inhaltliche Vollständigkeit"

7. **Lesen Sie die sprachlich korrigierten Antwortbriefe von zwei Kandidaten zur Aufgabe 1 auf S. 70 und achten Sie auf die inhaltliche Vollständigkeit:**

- Sind alle Inhaltspunkte behandelt?
- Wie viele Punkte für das Kriterium „Inhaltliche Vollständigkeit" (fünf bis null Punkte) würden Sie vergeben?
- Vergleichen Sie Ihre Bewertungen untereinander.

> Halten Sie sich in der Prüfung an die vorgegebene Reihenfolge der Leitpunkte; dann können Sie sicher sein, nichts vergessen zu haben. Achten Sie auch darauf, dass Sie die einzelnen Punkte nicht nur streifen. „Voll erfüllt" ist die Aufgabe inhaltlich erst dann, wenn Sie pro Punkt mindestens zwei Sätze bzw. Gedanken formulieren, die den gefragten Aspekt direkt betreffen.

KANDIDATENBEISPIEL 1:

Heidelberg, den 13.11.00

Liebe Eva-Maria,

vielen Dank für den Brief, den du mir geschrieben hast. Da ich vergangene Woche in Ferien war, geht es mir wieder sehr gut. Ich fühle mich entspannt und erholt. Nach der Prüfung hatte ich auch ein bisschen Erholung nötig.

Du schreibst, dass du dir Sorgen machst wegen der Englischprüfung. Das kann ich gar nicht glauben, du warst immer eine so gute Studentin! Außerdem hast du doch in der ersten Prüfung eine gute Note bekommen.

Jedenfalls glaube ich, dass es viele verschiedene Möglichkeiten gibt, sich auf eine Prüfung vorzubereiten. Der Computer ist nur eine davon. Du kannst auch einen Prüfungsvorbereitungskurs besuchen. Ich weiß, dass das meist sehr teuer ist. Ein anderer Vorschlag wäre, an deinem Sprachinstitut einen Zettel aufzuhängen und nach anderen Studenten zu suchen, die sich auf dieselbe Prüfung vorbereiten möchten. Ihr könntet dann eine Lerngruppe bilden, was den Vorteil hat, dass man Schwierigkeiten miteinander besprechen, sich gegenseitig verbessern, abfragen und vielleicht auch Tipps geben kann. Schließlich ist es viel lustiger, zusammen zu lernen als alleine zu Hause am Schreibtisch zu sitzen.

Meiner Meinung nach wäre es allerdings das Beste, wenn du dir einen englisch sprechenden Freund suchen würdest, der mit dir alle Fragen der Prüfung durchgehen und deine schriftlichen Aufgaben korrigieren kann. Mach dir also nicht so viele Sorgen und geh abends lieber ab und zu aus. Vielleicht lernst du ja jemanden kennen?

Schreib mir bitte bald, wie es dir gegangen ist und was du unternommen hast!

Herzliche Grüße,

deine Anne

Einen persönlichen Brief schreiben   **Training**

KANDIDATENBEISPIEL 2:

Berlin, 8. Dez. 2000

Liebe Eva-Maria,

vielen Dank für deinen Brief. Ich freue mich immer sehr, wenn ich Post von dir bekomme. Momentan geht es mir wirklich sehr gut, die Prüfungen habe ich hinter mir und vor mir liegen zwei Wochen Urlaub mit meinem Liebsten. Wir fahren nämlich morgen früh an die Nordsee! Aber jetzt zu dir: Deine Sorgen wegen der Prüfung kann ich sehr gut verstehen und ich weiß genau, wie du dich fühlst. Prüfungsangst ist etwas Schreckliches. Da ist es nur verständlich, dass du dich bestens vorbereiten möchtest. Aber ehrlich gesagt, halte ich von der Arbeit mit einem Computer nicht viel. Ja, sicher, er kann eine Hilfe sein, wenn man ein gutes Programm hat; aber woher willst du denn wissen, was in der Prüfung wirklich drankommt, und wie bereitest du dich am Computer auf die mündliche Prüfung vor? Und immer so alleine zu Hause – das hält man doch nicht durch!
Viel besser finde ich das Lernen in einer Gruppe. Gibt es bei dir in Wien nicht noch andere Studenten, mit denen du dich zusammentun könntest? Miteinander macht es doch viel mehr Spaß; außerdem könntet ihr euch gegenseitig korrigieren und unterstützen! Vielleicht gibt es ja sogar bei dir in der Nähe ein Institut, das einen Prüfungsvorbereitungskurs anbietet!
Für mich war es ganz wichtig, mit anderen zusammen zu lernen. Wir haben uns zweimal pro Woche privat getroffen und unsere Aufgaben miteinander verglichen. Am meisten habe ich allerdings davon profitiert, dass ich meine schriftlichen Arbeiten mit einer deutschen Bekannten durchgesprochen habe. Sie hat mich auf viele Fehler aufmerksam gemacht. Denk doch mal nach: Hast du nicht auch jemanden, der dir helfen könnte?
So, jetzt muss ich leider Schluss machen, weil ich noch packen muss. Ich wünsche dir für deine Prüfung viel Erfolg und schreib mir bitte, wie es dir ergangen ist.

Herzliche Grüße,

Johanna

Training: Auf der Jagd nach typischen Fehlern

8. Vergleichen Sie im Folgenden fehlerhafte und die entsprechenden korrigierten Sätze. Markieren Sie in der linken Spalte die Fehler und schreiben Sie in die Mitte, unter welchen Begriffen man zu diesen Fehlern in einer Grammatik Hilfe findet.

> Wenn Sie mehr über diese typischen Fehlerquellen wissen möchten, dann schlagen Sie in einer Grammatik oder in der Grammatikübersicht des Materialienbuchs von *Unterwegs* nach.

Substantivdeklination, Wortstellung im Haupt- und Nebensatz, Verben mit zwei Ergänzungen, Stellung der Negation, Konjunktiv II der Vergangenheit, Genitiv, Vergleichssätze, Verben mit Präpositionen

Augenblicklich habe ich ein bisschen Stress wegen meine Prüfungstermine.	a) _Genitiv_	Augenblicklich habe ich ein bisschen Stress wegen mein**er** Prüfungstermine.
..., weil ich weiß, wie das Studium an der Uni wichtig für dich ist.	b)	..., weil ich weiß, wie wichtig das Studium an der Uni für dich ist.
Ich werde einen Brief an dich wieder schreiben.	c)	Ich werde dir wieder einen Brief schreiben.

Warum kannst du nicht die Situation in Deutschland verstehen?	d)	Warum kannst du die Situation in Deutschland nicht verstehen?
… sonst hat er das nicht machen gekonnt.	e)	… sonst hätte er das nicht machen können.
Hier in Deutschland ist die Situation nicht so als ich gedacht habe.	f)	Hier in Deutschland ist die Situation ganz anders, als ich gedacht habe.
Wenn alle Berufstätige so wären, …	g)	Wenn alle Berufstätigen so wären, …
Ich habe mich sehr gefreut auf deinen netten Brief.	h)	Ich habe mich sehr gefreut über deinen netten Brief.

9. **Korrigieren Sie folgende typische Fehler aus Kandidatenbriefen.**

   a) Zuerst möchte ich mich bei dir bedanken, weil du immer nett und hilfsbereit *mit* mir warst.
   b) Ich kann *mich* gut vorstellen, wie frustriert du bist.
   c) Trotz meiner Prüfungen habe ich Zeit gefunden, um *dich* zu antworten.
   d) In Italien kann man sich in *irgendwelcher* Universität einschreiben.
   e) Aber leider war ich zu beschäftigt, als dass ich früher einen Brief schreiben können *hätte*.
   f) In Spanien, *die Leute, die studieren wollen, müssen sie* auch erst einmal …
   g) Als ich *dir* das letzte Mal gesehen habe, warst du …

10. **Vielleicht finden Sie auch ohne Markierung die versteckten Fehler in folgenden Beispielsätzen? Achtung: Korrigieren Sie auch fehlende Kommata und Ausdrucksfehler.**

    a) Du schreibst das du Sorgen mit deinem Studium hast.
    b) Meiner Meinung nach ist dass du mit diesen Dingen vorsichtig sein musst.
    c) Bei uns ist alles gut.
    d) Es ist keine Lösung nur Obst und Gemüse essen.
    e) Das ist immer toll einen Brief von dir bekommen.
    f) Vor langem habe ich keine Nachricht mehr von dir erhalten.
    g) Ich kann nicht mir vorstellen, wie du jetzt aussiehst.
    h) Mach dir keine Sorge!
    i) Denk daran, dass du eine Freundin hast, darauf du dich immer verlassen kannst!

> Sehen Sie noch einmal Ihre bisherigen korrigierten Arbeiten aus dem Kurs an oder lassen Sie sich einen Brief zu Aufgabe 5 korrigieren. Vielleicht kristallisieren sich einzelne Grammatikbereiche heraus, in denen Sie noch Probleme haben? Wenn ja, sehen Sie zu Ihren typischen Fehlern die entsprechenden Abschnitte oder Kapitel in einer Grammatik nach und suchen Sie sich einige Phänomene heraus, die Sie in Zukunft vermeiden können.

Einen persönlichen Brief schreiben

11. Anwendung: Testaufgabe

(70 min)

Eine gute Bekannte aus der Schweiz schreibt Ihnen:

Solothurn, den 15. August 2001

Liebe/Lieber ...

Ihre Karte aus den Ferien hat mich sehr gefreut, erst recht, als ich gelesen habe, dass es Ihnen gesundheitlich wieder besser geht.

Bei mir war leider vor lauter Arbeit an Ferien nicht zu denken. Ich muss erst noch das Projekt beenden, an dem ich sitze, bevor ich mal so richtig ausspannen kann. Dass ich wirklich reif für Ferien wäre, zeigt mir mein Rücken: Vom vielen Sitzen habe ich entsetzliche Rückenprobleme und nachts kann ich vor Schmerzen kaum noch schlafen.

Der Arzt verschrieb mir ein paar Massagen und außerdem riet er mir zum Kauf einer Gesundheitsmatratze. Da habe ich mich daran erinnert, dass auch Sie früher öfter über Schmerzen geklagt haben und momentan offensichtlich gar nichts mehr spüren.

Was haben Sie gegen die Rückenschmerzen getan und was halten Sie von der Anschaffung einer neuen Matratze?

Schreiben Sie mir doch bitte recht bald!

Beste Grüße,
Ihre
    Martina Biehler

Arbeitsauftrag:

- Bedanken Sie sich für den Brief und schreiben Sie etwas über Ihre momentane Situation.
- Äußern Sie Verständnis für die Situation Ihrer Bekannten.
- Teilen Sie mit, welche Erfahrungen Sie mit Rückenproblemen haben.
- Teilen Sie mit, was Sie vom Kauf einer neuen Matratze halten.
- Diskutieren Sie andere Möglichkeiten, mit Rückenproblemen umzugehen, und schließen Sie den Brief mit einem Wunsch.

Unterwegs

- Verfassen Sie zu einer der beiden Aufgaben 1 oder 11 in dieser Einheit einen persönlichen Brief. Geben Sie diesen Brief einem Lernpartner/einer Lernpartnerin, der Kursleitung oder einer Muttersprachlerin mit der Bitte, die Leitpunkte zu erraten, auf die Sie eingegangen sind. Vergleichen Sie anschließend mit den Leitpunkten der Prüfungsaufgabe auf S. 71 und diskutieren Sie die Textstellen, bei denen Unklarheiten entstanden sind.
- Nehmen Sie den Brief Ihrer Lernpartnerin/Ihres Lernpartners und sehen Sie nach, ob Sie Grammatikfehler finden, die in dieser Einheit angesprochen wurden.

Diagnose

Vor der Arbeit mit diesem Trainingsteil sollten Sie den Test „Schriftlicher Ausdruck 1b" auf S. 23 gemacht, nach den Bewertungskriterien auf S. 68 bewertet haben und dann die Beispiele zweier Kandidaten auf S.113 mit Ihrem eigenen Entwurf verglichen haben.Tauschen Sie sich anschließend über Ihre Erfahrungen aus.

Information

Bei dieser Variante ist es Ihre Aufgabe, als Reaktion auf eine kurze Zeitungsmeldung einen Leserbrief zu schreiben und Ihre Meinung zu äußern. Auch hier zeigen Ihnen die fünf Leitpunkte der Aufgabenstellung, auf welche Aspekte Sie eingehen sollen.
In dieser Einheit lernen Sie für die Textsorte „Leserbrief" typische Ausdrücke kennen und Sie trainieren, einen zusammenhängenden, also sprachlich kohärenten Text zu verfassen.

Training: Passende Formulierungen kennen lernen

1. Lesen Sie folgende Beispielaufgabe:

BEISPIELAUFGABE:
Im April stand in einer deutschen Zeitung folgende Meldung:

Studie: „Hallo" am Telefon verpönt

Bonn (AP) - Wer sich in Deutschland am Telefon ohne Namen und nur mit „Hallo" meldet, macht sich bei seinem Gesprächspartner unbeliebt. Dies ergab eine am Donnerstag veröffentlichte repräsentative Emnid-Umfrage für die Loseblatt-Zeitschrift *Stil & Etikette*. Danach empfinden 75,4 Prozent der Deutschen ein knappes „Hallo" oder „Ja" als eher oder sehr unangenehm. In der Altersgruppe von 40 bis 49 Jahren steigert sich dieser Prozentsatz sogar auf 81,3 Prozent. Lediglich die Jüngeren zwischen 14 und 29 Jahren sagen zu 30,6 Prozent, dass ihnen dies angenehm oder sehr angenehm ist. Die Top-Position unter den abgefragten Arten des Telefon-Meldens ist die Kombination des Nachnamens mit dem Tagesgruß.

Süddeutsche Zeitung, 9.4.1999

Arbeitsauftrag:
Schreiben Sie einen Leserbrief an die „Süddeutsche Zeitung". Gehen Sie dabei auf folgende Punkte ein:

- warum Sie schreiben.
- was Sie von einer Telefonbegrüßung ohne Nennung des Namens halten.
- wie man sich in Ihrem Land am Telefon meldet.
- was Sie persönlich als angenehme Art des Telefon-Meldens empfinden.
- Schließen Sie Ihren Leserbrief mit einer Empfehlung, wie man sich am Telefon melden sollte.

Hinweis: Bei der Beurteilung wird nicht nur darauf geachtet, wie korrekt Sie schreiben. Sorgen Sie auch dafür, dass die Abschnitte und Sätze gut aneinander anschließen.

2. **Welche der folgenden Formulierungen zu den einzelnen Leitpunkten gefallen Ihnen gut, welche weniger gut? Markieren Sie die Beispiele mit ☺ = gut und ☹ = weniger gut.**

   Vergleichen Sie Ihre Wahl untereinander oder finden Sie in der Kursgruppe die beliebtesten Wendungen heraus.

   Zu Leitpunkt 1: Warum Sie schreiben.
   a) *Kürzlich habe ich in Ihrer Zeitung eine interessante Meldung gelesen.*
   b) *Mit Interesse habe ich den Artikel … gelesen.*
   c) *In Ihrem Artikel vom … schreiben Sie, dass …*
   d) *Endlich war in einer deutschsprachigen Zeitung zu lesen, was ich mir schon immer gedacht habe: …*
   e) *In seinem Beitrag schreibt … (Name des Schreibers), dass …*

   Zu Leitpunkt 2: Was Sie von der beschriebenen Situation halten.
   a) *Wie Recht hat der Redakteur, wenn er schreibt, dass …!*
   b) *Auch ich finde die beschriebene Situation überhaupt nicht schlimm.*
   c) *Auch ich habe den Eindruck, dass …*
   d) *Ganz meine Meinung!*
   e) *Mir scheint, dass die Darstellung etwas überzogen ist.*

   Zu Leitpunkt 3: Wie sich die Situation in Ihrem Land verhält.
   a) *Ich komme aus …, und da ist es üblich, …*
   b) *Bei uns in … ist es unter den jungen Leuten sehr verbreitet, …*
   c) *Die beschriebene Situation ist ähnlich wie die in meinem Heimatland.*
   d) *Anders als in Deutschland … bei uns*
   e) *Das Ergebnis der Studie könnte /kann /darf /muss man … auf das Land, aus dem ich komme, übertragen.*

   Zu Leitpunkt 4: Was Sie persönlich darüber denken.
   a) *Mir persönlich ist es egal, ob …*
   b) *Für mich macht es keinen Unterschied, ob man sich so oder so … Entscheidend ist, ob/dass …*
   c) *Ich persönlich finde …*
   d) *Meiner Meinung nach ist es sehr wichtig, wenn …*
   e) *Meine persönliche Meinung dazu ist, …*

   Zu Leitpunkt 5: Was Sie vorschlagen.
   a) *Mein Vorschlag wäre, dass …*
   b) *Sollte/n nicht …?*
   c) *Um alle zufrieden zu stellen schlage ich vor, dass …*
   d) *Wie wäre es mit …?*
   e) *Ich könnte mir vorstellen, dass …*

   Zum Briefschluss:
   a) *Hochachtungsvoll,*
   b) *Ihr* (Vorname, Nachname)
   c) *Mit freundlichen Grüßen,* (Vorname, Nachname)
   d) (Vorname, Nachname)
   e) *Mit besten Grüßen,* (Vorname, Nachname)

3. **Erweitern Sie diese Redemittelliste durch die Beispiele im Materialienbuch von** *Unterwegs* **(S. 158 - 164) oder durch Redewendungen aus Leserbriefen in Zeitungen.**

   Lernen Sie Formulierungen auswendig, die Ihnen gefallen, vor allem die für den Beginn und den Schluss des Leserbriefes.

Training: Äußere Merkmale eines Leserbriefs beachten

4. Klären Sie: Was muss in einem Leserbrief immer stehen? Kreuzen Sie an:

○ Ort, Datum   ○ Unterschrift   ○ Betreff   ○ Adresse

○ Anlage   ○ Absender   ○ Anrede

Training: Kriterium „Aufbau": Wie wird mein Text kohärent ?

Hinweis: Bewertet wird beim Kriterium „Aufbau" nicht nur die inhaltliche Struktur des Textes. Ebenso wichtig ist, dass der Text auch sprachlich ein Ganzes bildet, dass er keine Aneinanderreihung einzelner Sätze ist: So wie beim Bau einer Steinmauer müssen bei einem kohärenten Text die einzelnen Sätze und Abschnitte ineinander gefügt sein. Erweitern Sie deshalb Ihr Repertoire an Satzverbindungen, denn wenn Sie lediglich „und" und „aber" verwenden, reicht dies für eine hohe Punktzahl bei diesem Kriterium nicht aus.

5. Vergleichen Sie im Folgenden zwei Versionen des ersten Abschnittes in einem Leserbrief: Wodurch unterscheiden sich die beiden Texte?

Wien, den 16.4.2000

Ihre Meldung vom 9.4.2000:
„Hallo am Telefon verpönt"

Sehr geehrte Damen und Herren,

5 in Ihrer Ausgabe vom 9.4.2000 haben Sie über eine interessante Studie berichtet, **die** die Telefongewohnheiten der Deutschen untersucht. **Diese** Studie habe ich mit Interesse gelesen, **denn** ich empfinde wie 10 die meisten befragten Personen.
Die Gewohnheit, sich am Telefon mit „Hallo" zu melden, stört mich seit langem. Ich empfinde **das** als unhöflich, denn ich möchte schließlich wissen, mit wem ich 15 verbunden bin; **außerdem** möchte ich nicht nachfragen müssen.

Wien, den 16.4.2000

Ihre Meldung vom 9.4.2000:"
„Hallo am Telefon verpönt"

Sehr geehrte Damen und Herren,

5 in Ihrer Ausgabe vom 9.4.2000 haben Sie über eine interessante Studie berichtet.
Die Studie untersucht die Telefongewohnheiten der Deutschen. Die Studie habe ich mit Interesse gelesen. Ich empfinde wie die 10 meisten befragten Personen.
Die Gewohnheit, sich am Telefon mit „Hallo" zu melden, stört mich seit langem. Ich empfinde die Gewohnheit als unhöflich. Ich möchte wissen, mit wem ich verbunden 15 bin. Ich möchte nicht nachfragen müssen.

Einen Leserbrief schreiben

6. Markieren Sie im folgenden Textabschnitt, welche sprachlichen Mittel Kohärenz schaffen:

> Hinweis: Sprachliche Möglichkeiten, Kohärenz zu schaffen, sind die Verwendung von Pronomen, Relativsätzen, Demonstrativpronomen und -artikeln, Adverbien *(„außerdem", „darüber hinaus")*, und Ausdrücken wie *„zum Beispiel", „in Zusammenhang damit"*, etc.

Dieses Verhalten ist ein Zeichen für die schwindende Höflichkeit und zeigt darüber hinaus die steigende Anonymität in unserer Gesellschaft.

Anders in meinem Land: Dort ist es absolut üblich, sich mit Vor- und Nachnamen zu melden, nur der Nachname allein genügt nicht, da es ja in einer Familie beispielsweise mehrere Personen gleichen Namens geben kann. Früher meldete man sich zwar, indem man die Rufnummer sagte, doch das ist heute nicht mehr üblich. Diese Sitte kommt aus einer Zeit, als das Telefon noch eine „neue Erfindung" war und man sich vom Amt vermitteln lassen musste.

---

7. Bilden Sie aus obigem Text so viele unverbundene Einzelsätze wie möglich. Ihr Partner/Ihre Partnerin versucht, aus diesen isolierten Sätzen wieder einen kohärenten, also sprachlich zusammenhängenden Text zu schreiben. Vergleichen Sie anschließend Ihre Versionen.

8. Welche der folgenden sprachlichen Mittel sind Alternativen zu den Konnektoren *„weil"*, *„und"* und *„aber"* ? Ordnen Sie zu und ergänzen Sie:

> darüber hinaus, darum, außerdem, da, jedoch, zumal, dagegen, trotzdem, allerdings, einerseits - andererseits, ferner, daher, deswegen

und	aber	weil
außerdem		

➤ Materialienbuch von *Unterwegs* Gr 3.1.,3.2., 3.3., S. 133ff.

9. Ersetzen Sie in den folgenden drei Sätzen die Konnektoren *„weil"*, *„aber"* und *„und"* durch sprachliche Alternativen. Der Sinn der Sätze darf sich nicht ändern, allerdings müssen Sie eventuell die Satzstellung ändern.

a) Die neue Sitte, sich mit Nachnamen und einem Tagesgruß zu melden, gefällt mir nicht, <u>weil</u> ich dabei immer das Gefühl habe, einer Werbestrategie zum Opfer zu fallen.

b) Es mag freundlich klingen, <u>aber</u> es stört mich, wenn ich den Nachnamen und einen Tagesgruß höre.

c) Die Gewohnheit, sich mit einem knappen „Hallo" zu melden, zeigt die abnehmende Höflichkeit <u>und</u> die steigende Anonymität in unserer Gesellschaft.

Training: Auf der Jagd nach typischen Fehlern

10. Welche Wörter in der rechten Spalte passen, um die Ausdrucksfehler der folgenden Sätze a) - g) zu beseitigen? Wählen Sie aus und formulieren Sie die Sätze um.

a) Viele Telefongespräche mit Deutschen haben mich <u>schlecht</u> überrascht.	unangenehm / negativ / schrecklich
b) In Deutschland finde ich die Situation ganz <u>verschiedene</u>.	unterschiedlich / verschieden / anders

c) Ich <u>beurteile</u> das <u>als</u> schlecht.	*finde / bezeichne / meine*
d) <u>O.k. ich verstehe, dass</u> man sich nicht gegenüber allen Anrufern gleich freundlich verhalten will.	*zugegeben / sicherlich / zwar*
e) Die meisten <u>sind</u> doch immer unter Stress.	*befinden sich / stehen / leiden*
f) Man fühlt sich nicht <u>gut</u>, wenn man nicht weiß, wer am anderen Ende der Leitung spricht.	*angenehm / wohl / sicher*
g) Es <u>geht</u> immer schlimmer.	*wird / ist / entwickelt sich*

Anwendung: Testaufgabe

11. Schreiben Sie nun einen Leserbrief zu folgender Aufgabe: Verwenden Sie dabei möglichst viele der Formulierungen und Satzverknüpfungen, die Sie in dieser Einheit kennen gelernt haben.

Im November stand in einer Schweizer Tageszeitung zu lesen:

Briten können sich online scheiden lassen

Grosse Beliebtheit des „Desktop Lawyer"

London, 8. Nov. (afp) In Grossbritannien erfreut sich ein neuer, schnellerer und kostengünstiger Scheidungsservice wachsender Beliebtheit. Zehn Wochen nach seiner Einrichtung haben sich bereits 1800 Ehen über den Internet-Service *„Desktop Lawyer"* scheiden lassen. Dies entspreche sechs Prozent aller einvernehmlichen Scheidungen, berichtet die Zeitung „The Independent" in ihrer Montagsausgabe. Der Online-Scheidungsdienst bietet die juristisch besiegelte Trennung für 59 Pfund (rund 145 Franken) an. Eine herkömmliche Scheidung vor Gericht mit einem Scheidungsanwalt kostet durchschnittlich 400 Pfund (1000 Franken). Die Nutzer dieses Angebots sind in der Regel zwischen 30 und 40 Jahre alt. Im vergangenen Jahr wurden in England und Wales 147 000 Ehen geschieden, was einem Schnitt von gut 12 000 pro Monat entspricht. Damit halte Grossbritannien den Rekord in Europa, schreibt die Zeitung weiter.

Neue Zürcher Zeitung, 11.11.1999

„ss" für „ß" in der Schweiz

Arbeitsauftrag:
Schreiben Sie einen Leserbrief an die „Neue Zürcher Zeitung".
Gehen Sie dabei auf folgende Punkte ein:

- warum Sie schreiben.
- was Sie von einer Scheidung per Internet halten.
- wie hoch die Scheidungsrate in Ihrem Land ist.
- was Sie persönlich tun würden, wenn Sie sich scheiden lassen wollten.
- Schließen Sie Ihren Leserbrief mit einer Empfehlung an junge Leute, die heiraten wollen.

Unterwegs

- Suchen Sie sich aus deutschsprachigen Zeitungen Leserbriefe, schreiben Sie sie ab und lassen Sie dabei alle Satzverknüpfungen weg. Geben Sie diese Textversion Ihrem Lernpartner/Ihrer Lernpartnerin, der/die sie wieder mit verbindenden Ausdrücken anreichern soll. Vergleichen Sie die beiden Versionen!

Schriftlicher Ausdruck 1c

Einen formellen Brief schreiben

Information

Wenn Sie sich in der Prüfung für den formellen Brief entscheiden, wählen Sie die Aufgabe, an eine Firma, ein Geschäft oder eine Behörde zu schreiben. Zumeist sollen Sie auf eine Anzeige oder einen Prospekt reagieren. Worauf genau Sie eingehen sollen, sagen Ihnen die fünf Leitpunkte im Arbeitsauftrag der Aufgabe. Wichtig bei diesem Brief ist, dass Sie die typischen Textsortenmerkmale wie „Anrede", „Betreff" usw. ebenso beachten wie einen sachlichen, formellen Sprachstil. In der folgenden Einheit können Sie u.a. auch diesen Stil trainieren.

➤ zum formellen Sprachstil auch „Schriftlicher Ausdruck 2" S. 94f.

ca.70 min

20 Punkte

Training: Kriterium „Ausdruck": den richtigen Stil treffen

1. **Entscheiden Sie selbst: Welche der drei Briefauszüge erscheinen Ihnen für einen formellen Brief auf Deutsch angemessen?**

a) *Ihr geschätztes Schreiben vom ... in Händen haltend erlaube ich mir, dazu höflichst zu bemerken, dass ich in einigen Punkten Ihren werten Vorschlägen nicht zuzustimmen vermag.*
Ich wäre Ihnen zu tiefstem Dank verbunden, wenn Sie die Freundlichkeit hätten, mir das Buch bis zum Monatsende zurückzuschicken.

b) Ich danke Ihnen für Ihren Brief vom .... In einigen Punkten kann ich Ihren Vorschlägen leider nicht zustimmen.
Bitte schicken Sie mir das Buch zum Monatsende wieder zurück.

c) Der Brief, den Sie mir geschrieben haben, ist angekommen. Aber was Sie da vorschlagen, kommt absolut nicht in Frage.
Schicken Sie mir das Buch sofort zurück.

In einem Schreiben den richtigen Ton, also den richtigen Stil, zu treffen ist gar nicht so einfach; es ist wie ein Balanceakt zwischen „natürlicher" und übertrieben förmlicher Schreibweise. Am besten kommt man zurecht, wenn man auf umgangssprachliche Wendungen verzichtet und gleichzeitig nicht zu gekünstelt schreibt. Letzteres wirkt auf viele Deutschsprachige altertümlich und manchmal sogar ironisch-aggressiv.

2. Lesen Sie folgende Beispielaufgabe. Welche Mängel könnte die beschriebene Ferienwohnung gehabt haben? Beachten Sie dabei die Leitpunkte. Sammeln Sie und vergleichen Sie mit Ihrem Lernpartner/Ihrer Lernpartnerin.

> Vielleicht liegt es Ihnen persönlich nicht, sich in so einem Fall schriftlich zu beschweren. Dennoch verlangt die Prüfung von Ihnen, in die Rolle eines Briefschreibers zu schlüpfen, der mit Beschwerden keine Probleme hat.

BEISPIELAUFGABE:

Sie haben Ihren Urlaub auf einer Nordseeinsel verbracht und waren sehr enttäuscht von der Ferienwohnung, in der Sie untergebracht waren. Fast alles war ganz anders als im Prospekt des Reiseveranstalters beschrieben.

Kinderparadies an der Nordsee

Erholung für die ganze Familie

Genießen Sie Ihren Aufenthalt in einem unserer kinderfreundlichen Häuser direkt im Ortskern, nur wenige Schritte vom **Hauptbadestrand** und vom **Meerwasser-Hallen-Brandungsbad** entfernt.
Der Garten – eine echte Alternative zum Strand – ist ebenso wie unser sehr persönlich eingerichtetes Haus eine echte Erholung für Ihre Familie.

*Mit unserem **organisierten Bahn-Schiff-Transfer** können Sie unbeschwert anreisen und die idyllische Ruhe der **autofreien** Insel genießen. Das Einzige, was Sie ab und zu hören werden, ist das **romantische Geklapper der Pferdehufe**.*

Unsere Wohnungen sind gemütlich und praktisch eingerichtet: mit Telefon, Radio, Farb-TV (Satellitenanlage), Mikrowelle, teilweise Geschirrspüler, Haarfön. Geschmackvoll ausgewählt sind auch Geschirr und Bettwäsche.
Waschmaschine und Trockner im Wirtschaftsraum sind ebenso selbstverständlich wie eine ausreichende Anzahl an Dusch- und Handtüchern. Das erspart Ihnen viel Gepäck.

Arbeitsauftrag:

Schreiben Sie einen Beschwerdebrief an den Reiseveranstalter. Erläutern Sie darin

- die tatsächliche Einrichtung/Ausstattung der Wohnung
- die Lage der Wohnung
- die Lärmbelästigung
- das Freizeitangebot vor Ort.
- Schlagen Sie dem Reiseveranstalter eine mögliche Entschädigung vor.

Einen formellen Brief schreiben

3. **Decken Sie in der folgenden Übersicht zunächst die rechte Spalte ab und lesen Sie in der linken Spalte Notizen für einen Beschwerdebrief.**

   a) **Überlegen Sie, wie dazu der entsprechende formelle Brief formuliert werden könnte und schreiben Sie einen Entwurf.**

   b) **Vergleichen Sie Ihre Versionen im Kurs miteinander und vergleichen Sie erst dann mit den Formulierungsvorschlägen in der rechten Spalte.**

Notizen	Mögliche Formulierungen
Urlaub vom 8.-22. Mai 2001 ... Prospekt war super, aber ...!	- Vom 8.-22. Mai 2001 verbrachten wir unsere Ferien auf der Nordseeinsel ... in einer von Ihnen angebotenen Ferienwohnung. - Leider waren wir mit der Wohnung und mit dem Ferienort alles andere als zufrieden.
Mängel: Fernseher/Mikrowelle kaputt kein Geschirrspüler <-> Prospekt!! Betten schlecht!!	- Entgegen der Beschreibung im Prospekt war die Wohnung nicht gut ausgestattet. - Die Einrichtung der Ferienwohnung entsprach nicht der Beschreibung im Prospekt. - Fernseher und Mikrowelle waren defekt. - Der im Prospekt aufgeführte Geschirrspüler fehlte. - Die Betten waren unzumutbar.
Wohnzimmer direkt an Hauptstraße: alle konnten 'reinsehen	- Wir waren entsetzt über die Lage der Wohnung. - Jeder, der auf der Hauptstraße vorbeiging, konnte in unser Wohnzimmer blicken, was unsere Privatsphäre sehr beeinträchtigte.
Pferdehufe und Geldautomat vor Schlafzimmerfenster: laut!!	- Das Geklapper der Pferdehufe und der Geldautomat stellten eine extreme Lärmbelästigung dar. - Direkt neben unserem Schlafzimmerfenster befand sich ein Geldautomat, an dem die ganze Nacht Geld abgehoben wurde.
Hallenbad geschlossen, Strand voller Öl!!	- Im Reisebüro war uns versichert worden, dass ... ein kinderfreundlicher Ort mit vielen Freizeitmöglichkeiten sei. - Das Hallenbad war wegen Renovierung geschlossen. - Der Strand war so ölverschmutzt, dass unsere Kinder dort nicht spielen konnten.
Entschädigung: eine Woche Urlaub woanders oder Hälfte des Mietpreises zurück = 950,-DM	- Aufgrund der beschriebenen Mängel erwarten wir von Ihnen eine Entschädigung in Höhe von 950,-DM. Das entspricht der Hälfte des Mietpreises. - Deshalb erwarte ich von Ihnen eine angemessene Entschädigung in Höhe von 950,- in bar oder als Gutschein für eine einwöchige Reise auf eine andere Insel. - Bitte teilen Sie mir bis zum 20.06.2001 mit, für welche der genannten Möglichkeiten Sie sich entschieden haben.
Sonst: Anwalt!	- Andernfalls sehe ich mich gezwungen, die Angelegenheit meinem Rechtsanwalt zu übergeben.

▶ Lösungen, S.124f.

4. Informieren Sie sich in der folgenden Gegenüberstellung über einige typische Merkmale des formellen Sprachstils.

informeller Stil (= mündliche, eher umgangssprachliche Ausdrucksweise)	formeller Stil
Verbalstil (finites Verb)	**Nominalisierung**
Wir waren unzufrieden damit, wie die Wohnung eingerichtet war.	Wir waren unzufrieden <u>mit der Einrichtung</u> der Wohnung.
Als wir ankamen, war die Wohnung …	<u>Bei unserer Ankunft</u> war die Wohnung …
Es war zu laut.	Der Geldautomat war <u>eine Lärmbelästigung.</u>
ich/wir, man, die Leute Man hatte uns im Reisebüro gesagt/im Reisebüro hatten wir erfahren, …	**Passiv und Passivvarianten** Im Reisebüro <u>war</u> uns <u>mitgeteilt/bestätigt/versichert worden,</u> …
Wir konnten nicht an den Strand gehen.	Der Strand <u>war</u> unzumut<u>bar.</u>
Die Leute hoben die ganze Nacht Geld ab.	Am Automat <u>wurde</u> die ganze Nacht Geld <u>abgehoben.</u>
Präteritum und Perfekt im mündlichen Bericht	**Präteritum im schriftlichen Bericht**
Wir sind am Samstagabend angekommen und fanden eine schmutzige Wohnung vor.	Als wir am Samstagabend <u>ankamen, fanden</u> wir eine schmutzige Wohnung vor.

5. Sammeln Sie:
Worauf sollten Sie beim Verfassen des formellen Briefs achten?
Vergleichen Sie anschließend mit dem Lerntipp.

- Achten sie auf die richtige Zeitform: Wenn Sie Präteritum im Bericht wählen und alles, was davor geschah, im Plusquamperfekt formulieren, kann nichts schief gehen!
- Vermeiden Sie möglichst: „Wir", „ich" und „die Leute".
- Lesen Sie für die Prüfungsvorbereitung noch einmal das Kapitel zum Passiv nach. Sie können es beim formellen Brief gut gebrauchen!
  ➤ *Unterwegs* Materialienbuch, S. 147 f., S. 130)
- Gelegentlich klingt ein Ausdruck in der nominalisierten Form eleganter und flüssiger als ein längerer, umständlicherer Haupt- mit Nebensatz.

Training: Passende Formulierungen kennen lernen

6. Welche der folgenden Formulierungen gehören eher zu einem Beschwerdebrief, welche zu einer Anfrage? Markieren Sie jeden Satz dementsprechend mit B (=Beschwerde) oder A (=Anfrage).

a) Schicken Sie mir bitte weiteres Informationsmaterial zu.
b) Ich bedanke mich schon jetzt für Ihre Bemühungen.
c) Zum Beweis der Beschädigung fügen wir ein Foto bei.
d) Bitte teilen Sie uns mit, wann wir mit … rechnen können.
e) In der Zeitung habe ich von Ihrem Angebot gelesen.
f) Dies ist/war uns äußerst unangenehm, weil…
g) Ich interessiere mich für …, weil …

h) Ich wäre Ihnen sehr dankbar, wenn Sie mir … zusenden könnten.
i) Vielen / Herzlichen Dank im Voraus.
j) Eventuelle Kosten übernehme ich natürlich.
k) Leider muss ich … reklamieren.
l) Bei näherem Betrachten mussten wir leider feststellen, dass …
m) Für ein Referat/meine derzeitige Arbeit … brauche ich weitere Informationen zu …
n) Wir bitten Sie daher umgehend um Ersatz …
o) Wir hoffen, dass die Angelegenheit schnellstmöglich von Ihnen geregelt wird, und wir mit einem Ersatz/einer Entschädigung rechnen können.

Einen formellen Brief schreiben

Training: Äußere Merkmale eines formellen Briefs beachten

7. Klären Sie gemeinsam: Was sollten Sie in Bezug auf die äußere Form eines deutschsprachigen formellen Briefes beachten?

a) Kennzeichnen Sie die typischen Merkmale im folgenden Brief.

> ➤ *Unterwegs* Kursbuch S. 134

b) Notieren Sie, wo Unterschiede zu Konventionen in Ihrem Land bestehen.

```
Hein Mück
Nordseestraße 21
28901 Bremerhaven

                                        14.9.2001

Firma
Meier und Söhne
Grundstücksverwaltung
Helmutstraße 34

28017 Bremerhaven

Heizkostenabrechnung
Ihr Schreiben v. 27.8.2001

Sehr geehrte Damen und Herren,

in Ihrer oben genannten Heizkostenabrechnung ist
Ihnen ein Berechnungsfehler unterlaufen.
Sie haben dort meine Wohnung mit einer Größe von 96qm
veranschlagt. Sie ist aber, wie Sie aus dem Mietver-
trag ersehen können, 69 qm groß.
Schicken Sie mir daher bitte vor Ablauf dieses Monats
eine korrigierte Abrechnung zu.

Mit freundlichen Grüßen

Hein Mück
```

Hinweise für die äußeren Kriterien eines formellen Briefes finden Sie auch in der Standard-Briefvorlage eines deutschsprachigen Computerprogrammes (z.B. Word).

Hilfreich sind auch die Titel:
- Briefe gut und richtig schreiben! Dudenverlag Mannheim, 1997.
- Gaby Neumayer/Ulrike Rudolph, Geschäftskorrespondenz von A bis Z – kreative und professionelle Briefe, Faxe und E-Mails, Humboldt Verlag München, 2000.

Beachten Sie:
In der Prüfung brauchen Sie weder Adresse des Empfängers noch Absender anzugeben.

Training: Auf der Jagd nach typischen Fehlern

Hinweis: Die Zeichensetzung wird beim „Schriftlichen Ausdruck" unter dem Kriterium „sprachliche Korrektheit" gewertet. Sie können wegen Kommafehlern zwar nicht durchfallen, aber trotzdem sollten Sie die wichtigsten Regeln noch einmal wiederholen, um einen unnötigen Punktabzug zu vermeiden. Seit 01.08.1998 ist in Deutschland, Österreich und der Schweiz die reformierte Rechtschreibung in Kraft. Sie unterscheidet sich von der alten darin, dass teilweise Regeln vereinfacht und Ausnahmen beseitigt wurden. Über Kommaregeln können Sie sich am besten in der Einleitung des Duden informieren.

8. Entscheiden Sie: Muss bei den folgenden Formulierungen an den markierten Stellen „(,)" ein Komma stehen oder nicht?

a) Sehr geehrte Damen und Herren (,) …

b) Jedes Jahr (,) fahre ich mit meiner Familie an die Nordsee.

c) Wir kamen am Samstag (,) dem 8. April (,) am Ferienort an.

d) Die Wohnung war nicht gereinigt (,) außerdem fanden wir nicht die beschriebene Einrichtung vor.

e) Weder gab es einen Geschirrspüler (,) noch ein Fernsehgerät.

f) Die Bettwäsche war nicht nur schmutzig (,) sondern auch zerrissen.

g) Von der Reise erschöpft (,) gingen wir an den Strand.

h) Die Lärmbelästigung durch den Verkehr war so laut (,) dass wir nur schwer einschlafen konnten.

i) Ich schlagen Ihnen vor (,) uns die Hälfte des Mietpreises zu erlassen.

j) Sie können mir auch eine andere Entschädigung anbieten (,) wie zum Beispiel eine einwöchige Reise.

k) Schicken Sie mir einen Scheck (,) oder überweisen Sie mir die Summe auf mein Konto bei der Stadtsparkasse.

9. In folgenden Sätzen aus Briefen von Prüfungskandidaten passen die Verben nicht. Finden Sie bessere?

a) Wir haben unseren Urlaub auf Mallorca *gehabt*.

b) Bei der Auswahl des Ferienziels *waren* die Freizeitmöglichkeiten eine wichtige Rolle.

c) Sie sollten zur Kenntnis *haben*, dass wir absolut unzufrieden sind.

d) Die Bedingungen *antworteten* nicht unseren Erwartungen.

e) Wir *fanden* eine ganz andere Wohnung als beschrieben.

Anwendung: Testaufgabe

10. Schreiben Sie nun einen formellen Brief zu folgender Aufgabe. Verwenden Sie dabei möglichst viele der Formulierungen, die Sie in dieser Einheit kennen gelernt haben. Achten Sie auf die äußere Form des Briefes und überprüfen Sie Ihre Zeichensetzung. Achten Sie auch darauf, dass Sie Ihre typischen Fehler vermeiden.

Sie haben bei einem Partnervermittlungsbüro die Suche nach einem geeigneten Partner/einer Partnerin in Auftrag gegeben. Die Person, mit der Sie sich trafen, war aber ganz anders als von der Agentur beschrieben.

BestSelect *ist Ihr Gesprächspartner und persönlicher Berater für eine gezielte, seriöse und diskrete Partnerwahl.*
BestSelect GmbH – Tel. 041 840 22 10
E-mail: bestselect@heroldserve.com

Neue Zürcher Zeitung 25./26.9.99

Arbeitsauftrag

Schreiben Sie der Agentur einen Beschwerdebrief. Erläutern Sie darin

- das tatsächliche Aussehen der Person
- das tatsächliche Alter der Person
- Ihre Unkosten
- den Ausgang des Vermittlungsversuchs.
- Schlagen Sie der Agentur vor, in welcher Weise sie Ihnen eine Entschädigung leisten soll.

Unterwegs

- Notieren Sie, was Sie an der Ferienwohnung auf S. 82 zu bemängeln hätten. Geben Sie diese Notizen einer Lernpartnerin/einem Lernpartner mit dem Auftrag, sie zu einem formellen Brief auszuformulieren. Bitten Sie ihn/sie, dasselbe für Sie zu tun. Korrigieren Sie sich anschließend gegenseitig.

Ein Kurzreferat schreiben

Information

Wenn Sie in der Prüfung das Kurzreferat wählen, entscheiden Sie sich für die Aufgabe, schriftlich einen kurzen Vortrag auszuarbeiten, in dem Sie zu einem bestimmten Thema Stellung nehmen. Ausgangspunkt können dabei eine Statistik oder ein kurzer Informationstext sein. Textsortenmerkmale wie Begrüßung und Dank an die Zuhörer, Eröffnung und Schluss des Vortrags sind nicht unbedingt nötig; dagegen ist ein sachlicher, eher unpersönlicher Stil unerlässlich. In dieser Einheit lernen Sie, auf den logischen Aufbau eines Referats zu achten und typische Formulierungen für ein Referat zu verwenden.

Training: Ein Kurzreferat aufbauen

Ein Referat oder einen Aufsatz kann man sich wie eine Fahrt mit dem Auto in eine Tiefgarage vorstellen: Man muss langsam hineinfahren, sich darin zurechtfinden; aber man muss auch wieder hinausfinden. Wichtige Orientierungspunkte in diesem „Garagen-Dschungel" sind dabei die Einleitung und der Schluss sowie die logische Anordnung der einzelnen Gedanken und Argumente. Wie gut Ihnen diese logische Anordnung glückt, wird im Bewertungskriterium „Aufbau" beurteilt.

1. Überfliegen Sie die folgende Beispielaufgabe und überlegen Sie: Was wäre ein Anfang für ein Referat, der zu dem Thema hinführt, und was wäre ein möglicher Schluss? Vergleichen Sie mit Ihrem Lernpartner/Ihrer Lernpartnerin oder dem Lösungsschlüssel auf S.126.

BEISPIELAUFGABE:

Sie sollen in einem Referat vor Ihrer Klasse die Computerdichte in verschiedenen Ländern vergleichen und über die Gründe für diese nationalen Unterschiede sprechen.

Computer-Welt

Personalcomputer (PC) je 100 Einwohner im Jahr 1998

Arbeitsauftrag:

Arbeiten Sie das Referat schriftlich aus. Gehen Sie dabei auf folgende Punkte ein:

- welche Bedeutung der Computer heute hat
- welche interessanten Informationen Sie der Grafik entnehmen
- wie Sie sich die nationalen Unterschiede erklären
- welche Einstellung Sie persönlich diesem neuen Medium gegenüber haben.
- Schließen Sie mit einem Ausblick, wie sich die Computerwelt in nächster Zukunft entwickeln wird.

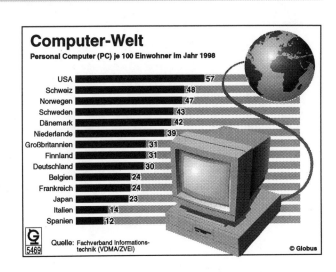

Computer-Welt
Personal Computer (PC) je 100 Einwohner im Jahr 1998

USA	57
Schweiz	48
Norwegen	47
Schweden	43
Dänemark	42
Niederlande	39
Großbritannien	31
Finnland	31
Deutschland	30
Belgien	24
Frankreich	24
Japan	23
Italien	14
Spanien	12

Quelle: Fachverband Informationstechnik (VDMA/ZVEI)

© Globus
5469

2. **Vergleichen Sie im Folgenden, wie zwei Kandidaten ihr Referat begonnen und beendet haben. Warum wird das Referat A besser bewertet?**

A:

> *Heute möchte ich über ein Thema sprechen, das uns alle beschäftigt, und zwar den Computer.*
>
> *Es ist wahr: Ein Leben ohne Computer können wir uns gar nicht mehr vorstellen; er ist von großer Bedeutung für Wissenschaft und Technik sowie für alle geschäftlichen Belange. Auch im privaten Bereich wird er immer wichtiger.*
>
> *(…)*
>
> *Doch wie wird sich die Computerwelt in Zukunft entwickeln? Eins scheint klar zu sein: Im Jahre 2010 wird in den Industrienationen sicherlich in fast jeder Wohnung ein PC stehen. Ob er allerdings noch so aussehen wird wie heute, das ist jetzt schon sehr zu bezweifeln.*

B:

> Im Beruf spielt der Computer heutzutage eine wichtige Rolle. Er erleichtert die Kommunikation und die Beschaffung von Informationen. Auch im privaten Bereich wird der Computer immer wichtiger.
>
> (…)
>
> Persönlich halte ich sehr viel von Computern, denn ich habe z.B. oft nur am Abend Zeit, persönliche Dinge zu regeln. Da ist es schon praktisch, wenn man von zu Hause aus Konzertkarten bestellen, Banküberweisungen durchführen oder Bücher kaufen kann.

3. **Machen Sie Notizen zu einem Referat über das Thema „Computer". Orientieren Sie sich dabei an folgendem Schema. Sie können auch die Notizen einer Kandidatin auf der folgenden Seite auswerten.**

Hinweis: Die folgende schematische Darstellung zeigt, wie man ein Referat aufbauen könnte: Referatanfang (meistens Leitpunkt 1) und Referatschluss (meistens Leitpunkt 5) bilden einen Rahmen, innerhalb dessen Sie die anderen drei Leitpunkte behandeln können. Man geht vom Allgemeinen zum Speziellen und schließt dann mit einer Frage, einem Gedanken von allgemeiner Bedeutung.

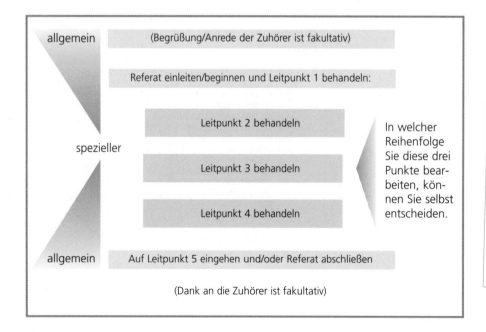

Wenn Ihnen zu einem Leitpunkt genaue Informationen fehlen, bringen Sie das zum Ausdruck und formulieren Sie stattdessen Ihre Vermutungen. Wenn sich der letzte Leitpunkt nicht als Schluss eignet, hören Sie nicht einfach auf, sondern formulieren Sie einen abschließenden Satz. Sonst verlieren Sie Punkte!

Ein Kurzreferat schreiben

> Computer bestimmen unser Leben – sind nicht mehr wegzudenken
> Computer: privat und wirtschaftlich genutzt
> in USA höchste Computerdichte: Grund: große Entfernungen, hoher Lebensstandard?
> Italien/Spanien am Ende der europäischen Statistik: Grund: geringer sozialer Wohlstand?
> Deutschland noch wenig PCs: traditionelle Kommunikationsmittel beliebter?
> Die Deutschen bei Technik eher konservativ
> Junge sehr offen, Ältere eher scheu, Angst vor „Technisierung"
> Ich hasse Computer: halten nicht, was sie versprechen
> Zukunft wird Computer gehören
> Bücher und Printmedien werden bleiben
> Computer noch wenig benutzerfreundlich
> Computer immer billiger

Training: Passende Formulierungen kennen lernen

4. Wählen Sie für jeden der folgenden Leitpunkte zwei Formulierungen aus, die Ihnen besonders gefallen. Schreiben Sie dazu ganze Sätze auf. Gehen Sie dann allein oder mit Lernpartnern durch den Raum und sprechen Sie sich diese Sätze immer wieder leise vor.

Hinweis: In den bisherigen Prüfungen waren die Leitpunkte inhaltlich recht ähnlich. Die Leitpunkte auf S.87 bieten Ihnen daher gute Anhaltspunkte, wie Sie sich sprachlich gut auf diese Prüfungsaufgabe vorbereiten können.

Leitpunkte	mögliche Formulierungen
- Allgemeine Bedeutung	*Zweifellos …/Es besteht kein Zweifel, dass …* *Überall steht zu lesen, dass …* *Wie sich gerade in letzter Zeit/in der heutigen Zeit immer wieder zeigt, …* *Im Allgemeinen / Generell lässt sich sagen, …*
- Informationen aus dem Schaubild	*Durchschnittlich/Im Durchschnitt …* *…, wie man dem Schaubild entnehmen kann.* *… steht an erster/letzter Stelle.* *Die Statistik/die Zahlen/die Daten zeigt/zeigen (uns), dass …* *In … gibt es doppelt so viel … wie in …*
- Vergleich zum Heimatland	*Im Vergleich dazu gibt es bei uns in …/herrscht bei uns in …* *Bei uns in … ist die Situation ganz anders/ähnlich/grundverschieden.*
- Persönliche Einstellung	*Was mich betrifft, kann ich sagen, …* *Für mich ist/sind …/Persönlich finde ich …/Was mich betrifft, so …*
- Blick in die Zukunft	*Die wichtigste Rolle dabei spielt …* *Was kann man tun, um …?* *Was die Zukunft bringt, wird sich zeigen. Ich jedenfalls glaube, dass …* *Ich frage mich wirklich, ob … /Es fragt sich nur, wie …*

5. Sehen Sie sich den dritten Teil der Redemittelliste im Materialienbuch an und markieren Sie, welche der aufgeführten Formulierungen Sie in einem schriftlichen Referat verwenden würden. Lernen Sie diese auswendig.

➤ *Unterwegs*, Materialienbuch S. 161-164

Wenn Ihnen der spezielle Wortschatz zum Thema des Referats fehlt, sehen Sie sich die Aufgabenstellung an, Sie können sicherlich einige Ausdrücke daraus verwenden!

Training: Kriterium „Aufbau": Gedanken sprachlich gut miteinander verbinden

6. **Welche der folgenden Ausdrücke kontrastieren zwei Gedanken, welche fügen neue hinzu und welche bestimmen ihre Reihenfolge im Text? Ordnen Sie dem Raster zu:**

Hinweis: Das Kriterium „Aufbau" bewertet nicht nur den inhaltlichen Aufbau des Textes, sondern auch wie gut die einzelnen Argumente und Gedanken sprachlich miteinander verbunden sind.

erstens - zweitens; in erster Linie;
ferner; zum einen - zum anderen; im Gegensatz dazu; einerseits - andererseits; aber; jedoch;
verglichen damit; außerdem; darüber hinaus; überdies; hinzu kommt, dass ...;
schließlich; dagegen

Kontrast	Addition
jedoch,	

7. **Verbinden Sie zwei Sätze mit möglichst vielen unterschiedlichen Ausdrücken aus der obigen Spalte.**

   Beispiel: Zum einen bestimmen Computer unser privates, zum anderen auch das wirtschaftliche Leben.

   Verwenden Sie dazu u.a. auch die folgenden Beispielsätze.

   a) Computer bestimmen unser privates Leben. Computer bestimmen das wirtschaftliche Leben.

   b) Die hohe Dichte in USA liegt an den weiten Entfernungen. Die hohe Dichte liegt an dem hohen Lebensstandard. Die Amerikaner sind sicherlich technikfreundlicher.

   c) In Deutschland hat nur ein Drittel der Bevölkerung einen PC. In USA hat fast jeder Mensch einen Computer.

   d) Junge Menschen in Deutschland sind dem neuen Medium gegenüber sehr aufgeschlossen. Ältere Menschen in Deutschland haben häufiger Angst vor einer Technisierung des Lebens.

8. **Formulieren Sie weitere Gedankenpaare. Ihr Lernpartner/Ihre Lernpartnerin formuliert um!**

9. **Schreiben Sie nun ein Kurzreferat zu der Beispielaufgabe: „Computerdichte im Vergleich" (S. 87). Achten Sie dabei vor allem darauf, dass Ihr Text über Einleitung und Schluss verfügt, die einzelnen Sätze gut aneinander anschließen und dass Ihr Gedankengang auch durch den Aufbau (Absätze) erkenntlich ist.**

Training: Auf der Jagd nach typischen Fehlern

10. **Wo sind hier die Grammatik- oder Wortschatzfehler versteckt? Gehen Sie (gemeinsam) auf die Suche:**

   a) Eine große Überraschung für mich ist die wenigen Computer in Japan.

   b) Es hat keinen Zweifel, dass der Wohlstand für die Computerdichte eine entscheidende Rolle spielt.

   c) Vom wirtschaftlichen Punkt aus ist das auch verständlich.

d) Schließlich und letztlich wird sich niemand mehr dem neuen Medium verschließen können.

e) Meiner Meinung nach ist, dass die großen Entfernungen viele Menschen dazu bewegen, sich einen Computer zu kaufen.

f) Zweifellos spart man heutzutage viele Zeit durch die Computer, vorausgesetzt, man kennt sich mit der Handhabung gut aus.

g) Auf diesem Grund sind die Schweizer wahrscheinlich so gut ausgerüstet mit PCs.

h) Computer haben heutzutage wegen der zunehmenden Globalisierung der Wirtschaft nicht mehr wegzudenken.

i) Aus dem vorliegenden Schaubild folgt, dass Länder wie Spanien oder Italien noch sehr wenige Computer haben.

Anwendung: Testaufgabe

11. Schreiben Sie nun ein Kurzreferat zu folgender Aufgabe. Überprüfen Sie dann noch einmal: Habe ich alle Inhaltspunkte behandelt? Schließen die einzelnen Sätze gut aneinander an?

(70 min)

Sie sollen in einem Referat vor Ihrer Klasse darüber sprechen, wie sich das Freizeitverhalten in den letzten dreißig Jahren in Deutschland verändert hat und worin Sie die Gründe dafür sehen.

Arbeitsauftrag

Arbeiten Sie das Referat schriftlich aus. Gehen Sie dabei auf folgende Punkte ein:

▬ welche Bedeutung Freizeit heute hat

▬ welche interessanten Informationen Sie dem Schaubild entnehmen

▬ wie Sie sich die Veränderungen in den letzten dreißig Jahren erklären

▬ wie die Menschen in Ihrem Heimatland die Freizeit verbringen

▬ welchen Wert für Sie persönlich Freizeit hat.

Unterwegs:

• Bearbeiten Sie in *Unterwegs* die Aufgabe 8 auf S. 34 im *Kursbuch*.

• Nehmen Sie Statistiken aus der Zeitung und formulieren Sie dazu fünf Leitpunkte im Stil dieser Prüfung. Beantworten Sie diese selbst oder geben Sie die Punkte einem Lernpartner/einer Lernpartnerin.

Diagnose

Vor der Arbeit mit diesem Trainingsteil sollten Sie den Test „Schriftlicher Ausdruck 2" auf S. 24 gemacht und dann die Lösungen auf S.114 mit Ihren eigenen verglichen haben.

Tauschen Sie sich anschließend über Ihre Erfahrungen aus und notieren Sie Ideen, wie man die Aufgabe am besten lösen kann.

Hatten Sie Schwierigkeiten,	Wir empfehlen Ihnen
die Bedeutung des gesuchten Wortes zu erkennen?	Aufgaben 1, 2
sich an typische Ausdrücke für formelle Briefe zu erinnern?	Aufgaben 1 - 3
die richtige Wortform zu finden?	Aufgaben 1, 2, 4 - 7

Information

20 min

10 Punkte

Für diesen Teil der Prüfung werden Ihnen ein persönlicher und ein formeller Brief vorgelegt (Anfragen, Einladungen, Dankschreiben etc.). Beide sind von derselben Person zu demselben Schreibanlass verfasst, ihr Aufbau ist identisch. Sie unterscheiden sich aber durch den Adressaten und in ihrem sprachlichen Register. Ihre Aufgabe besteht darin, in dem formellen Brief zehn Lücken mit einem oder zwei Wörtern zu füllen. Dazu brauchen Sie die Informationen aus dem persönlichen Brief, müssen aber vor allem typische Formulierungen für formelle Briefe kennen. Geprüft werden darüber hinaus Ihre Grammatikkenntnisse und Ihr allgemeiner Wortschatz. Richtig ist eine Lösung nur dann, wenn sie keine sinnentstellenden Fehler enthält; es werden nur ganze Punkte vergeben.

➤ Schriftlicher Ausdruck 1c, S. 84f.

Training: Wonach wird gefragt?

1. Eine Mexikanerin hat bei einer Deutschlandreise im Zug eine Tasche vergessen. Lesen Sie, was sie deshalb einem deutschen Freund in einer E-Mail schreibt.

Konto:	⬍	Dringlichkeit:	Normal ⬍
An:	"Roland" <Internet Roland@mailfix.de>		
Cc:			
Bcc:			
Betreff:	Große Bitte an dich		

Grad [Normal ⬍]   **F** *K* U T   — ☰ ☰ ☰ ☰ ☰ ☰ ☰ ◼

Hallo Roland,

ich bin gut in Frankfurt angekommen, aber jetzt brauche ich mal wieder dringend deine Hilfe:

Stell dir vor, was passiert ist: Ich steige in Frankfurt aus dem Zug und vergesse dabei einfach eine Tasche!! Alles war so hektisch, weil der Zug wieder mal eine halbe Stunde zu spät kam, und da ist es passiert. Zum Glück waren - außer meiner Zahnbürste - keine Wertsachen drin. Es war aber natürlich die schwarze Tasche mit meinem Reisetagebuch und dem Gedichtbändchen, das du mir geliehen hast! Ich habe schon an das Fundbüro im Frankfurter Bahnhof geschrieben und ihnen eine Liste mit allen Sachen dazugelegt, die in der Tasche waren. Hoffentlich gibt sie dort jemand ab! Und jetzt brauche ich deine Hilfe: Ich habe ihnen nämlich geschrieben, sie sollen sich bei dir melden. Mich kann man ja nicht mehr erreichen, weil ich morgen nach Frankreich fahre. Hoffentlich ist es o.k., dass ich deine Telefonnummer angegeben habe. So können sie auf den Anrufbeantworter sprechen.

Meine große Bitte an dich also: Bist du so lieb und holst die Tasche ab, wenn sie bei dir anrufen? Oder kannst du in ein paar Tagen dort vielleicht selbst mal nachfragen? Schick mir bitte eine E-Mail, wenn du Neuigkeiten hast.

Von mir hörst du wieder, wenn ich in Frankreich ein Internet-Café gefunden habe. Du bist ein Schatz!

Tausend Dank und: Viel Spaß beim Arbeiten !

Gruß und Kuss

Olivia

Den Brief ans Fundbüro findest du als Attachment.

Einen formellen Brief stilistisch korrekt ergänzen: Lückentext **Training**

2. Überfliegen Sie Olivias Anfrage an das Fundbüro. In jeder Lücke fehlen ein oder zwei Wörter.

```
An                                              508733 Köln
Deutsche Bahn AG                                Bauernstr.2
Frankfurt                                 Köln,den 2.11.2000

Sehr geehrte  (1) ,

mit diesem  (2)  möchte ich Ihnen den  (3)  meiner Tasche melden, die ich gestern
in Frankfurt in einem Zug vergessen habe.
Ich war um 24 Uhr mit einem D-Zug aus Köln angekommen (Abfahrt dort 21:09 Uhr,
der Zug fuhr Richtung München). Wegen der  (4)  von einer halben Stunde war ich
so aufgeregt, dass ich beim  (5)  in Frankfurt eine meiner Taschen in einem
Abteil der 2.Klasse stehen ließ. Es  (6)  um eine ca. 80 cm lange und 50 cm hohe
Tasche aus schwarzem Leder. Neben Kleidungsstücken  (7)  sie auch ein Buch und
persönliche Dinge, die für mich von besonderer  (8)  sind. Eine genaue Aufstellung
über den Inhalt finden Sie in der  (9) .
Falls die Tasche bei Ihnen abgegeben wurde,  (10)  ich Ihnen für eine kurze
Mitteilung dankbar. Ich  (11)  aber, schon morgen nach Frankreich weiterzureisen.
Deshalb  (12)  ich Sie bitten, sich mit einem Freund in Verbindung  (13) . Er  (14)
alles Weitere für mich regeln. Seine Anschrift lautet Roland Hummel, Am Sand
39, 50689 Köln. Sie könnten ihn  (15)  der Nummer 0221-796 40 03 auch telefonisch
erreichen oder eine Nachricht auf dem Anrufbeantworter  (16) .

Für Ihre Bemühungen danke ich Ihnen im  (17) .
Mit  (18)  Grüßen
```

Olivia Diez

a) Ergänzen Sie die fehlenden Wörter und achten Sie genau auf den Kontext, zu dem diese passen müssen.

Für die Lösung der Aufgabe müssen Sie

1. typische Ausdrücke für formelle Briefe kennen,

   Beispiel: (1) Sehr geehrte *Damen und Herren*

2. einen Ausdruck aus der (persönlichen) E-Mail umformen,

   Beispiel: (4) *Wegen der Verspätung* von einer halben Stunde *(In der E-Mail steht: „weil der Zug wieder mal eine halbe Stunde zu spät ankam")*

3. Wortschatz- oder Grammatikkenntnisse anwenden.

   Beispiel: (3): den *Verlust* meiner Tasche *(In der E-Mail steht, dass Olivia die Tasche verloren hat - das Wort „Verlust" müssen Sie wissen.)*

> **Hinweis:** Die beiden Briefe, der persönliche und der formelle, sind immer parallel aufgebaut. Sie finden deshalb in dem persönlichen Brief immer Informationen, um die Lücken im formellen Brief zu füllen.

b) Vergleichen Sie anschließend mit dem Lösungsschlüssel auf S. 126 und klären Sie Ihre Fehler.

Training: Typische Ausdrücke für formelle Briefe kennen lernen

3. Vergleichen Sie: Wie sind in der E-Mail und in der formellen Anfrage Bitten an die Deutsche Bahn AG formuliert?
Was ist typisch für eine Bitte im formellen Brief?

4. Nachfolgend finden Sie Formulierungen für formelle Briefe. Vervollständigen Sie die Formulierungen mit den Wörtern in der mittleren Spalte.

Diese Formulierungen sollten Sie auswendig lernen, denn sie kommen in formellen Briefen sehr häufig vor.

Bitten / Anfragen:

Ich wende mich an Sie mit der (1) , mir einen Katalog zu schicken.
(2) es Ihnen möglich, mir einen Katalog zu schicken?
…, wenn Sie mir einen Katalog schicken (3) .
(4) ich Sie um eine kurze Mitteilung bitten?

Anfang/Bezug:
Für Ihre sofortige Antwort, möchte ich mich herzlich (5) .
Ihre Einladung habe ich heute (6) .
Ich (7) auf Ihr Schreiben vom 23.11.
Wie wir bereits telefonisch (8) haben, …

Entschuldigungen:
(9) bitte die Verspätung meiner Antwort.
Wir (10) , Ihnen mitteilen zu müssen, dass …

bedanken
bedauern
beigelegt
Bemühungen
Bescheid
beziehe mich
Bitte
herzlichen Dank
Dürfte
Entschuldigen Sie
erhalten
Gute
könnten
liegt
rasche
selbstverständlich
stehen
vereinbart
Wäre
Wünschen

Angebote:
Das übernehmen wir (11) für Sie.
Bei weiteren Fragen (12) wir Ihnen gerne zur Verfügung.

Anlage:
Eine Aufstellung über den Inhalt ist (13).
Eine Aufstellung über den Inhalt (14) bei.

Schluss:
Ich würde mich freuen, wenn Sie mir bald (15) geben könnten.
Über eine (16) Antwort würde ich mich sehr freuen.
Ich danke Ihnen im Voraus für Ihre (17) .
Im Voraus (18) für Ihre Unterstützung.

Gruß:
Mit den besten (19) für das Neue Jahr.
Für die weitere Zeit alles (20) .

➤ Typische Formulierungen für Beschwerden, Anfragen etc.: Training Schriftlicher Ausdruck 1c, S. 85ff.

5. Vervollständigen Sie die folgenden Formulierungen mit Nominalisierungen, die für den formellen Stil typisch sind.

Persönlicher Brief:

a) Ich meine, …

b) Das finde ich besonders interessant.

c) Kann ich auch später kommen?

d) Ich sag dir alles, was du wissen willst.

e) Kannst du mir das sagen?

Formeller Brief:

Ich bin _der Meinung_

Das ist für mich von _____

Sehen Sie eine _____ ,
den Termin zu verschieben?

Gerne beantworten wir alle
Ihre _____

Für eine _____ wäre
ich Ihnen sehr dankbar.

Hinweis Typisch für formelle Briefe:
• Nominalisierungen
• Ereignisse in der Zukunft werden durch Futur mit *werden* ausgedrückt.
• Viele Höflichkeitsformen (Konjunktiv II, Modalverben im Konjunktiv).

Einen formellen Brief stilistisch korrekt ergänzen: Lückentext

6. Ergänzen Sie die folgenden Ausschnitte aus einem formellen Brief.

Sehr geehrte Frau Katzikis,
wir freuen uns sehr, Sie nächste Woche bei uns begrüßen zu dürfen.
a) Für das Abendprogramm am Tag Ihrer Ankunft _hätten_ wir folgenden Vorschlag: ...
b) _____ wir für Sie Konzertkarten reservieren?
c) Es _____ aber erforderlich, dass Sie pünktlich eintreffen.
d) _____ Sie uns Ihre genaue Ankunft bitte schriftlich mitteilen?
e) Das Konzert _____ gegen 23 Uhr beendet sein.
f) Danach _____ wir Sie selbstverständlich zum Hotel bringen.
g) _____ Sie auch an einem Museumsbesuch Interesse?

7. Füllen Sie die Lücken im formellen Brief mit Informationen aus dem persönlichen Brief.

Achten Sie dabei genau auf den Kontext, zu dem das Lösungswort passen muss.

Persönlicher Brief:	Formeller Brief:
a) Du weißt ja schon, wann ich ankomme.	Meine Ankunftszeit ist Ihnen bereits _bekannt._
b) Ich komme gern.	Gerne werde ich Ihre Einladung _____ .
c) Ich muss wissen, wo ich wohnen kann.	Ich benötige eine _____ .
d) Was kostet das?	Wie viel _____ ich dafür zu zahlen?
e) Was gibt's bei euch am Wochenende?	Könnten Sie mir über Veranstaltungen am Wochenende _____ geben?
f) Schreib mir, wann du ankommst.	Würden Sie uns bitte Ihre Ankunftszeit wissen _____ ?
g) Du wohnst in einem netten Hotel.	Wir haben für Sie ein Hotelzimmer _____ .
h) Kommt dein Freund auch?	Teilen Sie uns bitte _____ , ob Sie in Begleitung kommen?
i) Am Samstag gibt's eine Party.	Am Samstag soll die feierliche Eröffnung _____ .

Training: Auf der Jagd nach typischen Fehlern

8. Neun Lösungen in der folgenden Einladung sind fehlerhaft. Korrigieren Sie diese und achten Sie dabei auf die Umgebung des Lösungsworts und auf die Rechtschreibung.

Sehr (a) _geehrte_ Herr Sommer,
die Zeit meines (b) _Aufenthalt_ in Deutschland ist nun leider bald zu Ende, und ich (c) _werde_ mich von all den Menschen verabschieden müssen, die (d) _dafür_ beigetragen haben, dass ich mich hier so wohl fühle. In ganz (e) _Besonderem_ Maße gilt das natürlich auch für Sie. Ich (f) _würde_ deshalb sehr froh, wenn Sie und Ihre Frau bei meinem Abschiedsfest zu meinen Gästen gehören (g) _wurden_ . Darf ich also am Samstag in zwei Wochen im Bürgerhaus Frohsinn mit Ihnen (h) _rechnen_? Die genaue Adresse und die Anfahrtsmöglichkeiten können Sie der (i) _angelegten_ Skizze entnehmen.
Könnten Sie mir Ihr (j) _Teilnahme_ bitte kurz bestätigen?
Mit den besten Grüßen auch (k) _an ihre_ Frau
Jack London

Unterwegs

- Viele Beispiele für Formulierungen in verschiedenen Arten von formellen Briefen finden Sie im *Duden: Briefe gut und richtig schreiben! Mannheim: Dudenverlag 1997*.
- Wenn Ihnen weitere formelle Briefe aus einem deutschsprachigen Land vorliegen (vielleicht aus Ihrem Unterricht), können Sie aus diesen Briefen selbst einen Lückentext machen. Geben Sie ihn zusammen mit einer ausführlichen Beschreibung des Schreibanlasses Ihrem Lernpartner/Ihrer Lernpartnerin. Bitten Sie ihn/sie, für Sie dasselbe zu tun.

Anwendung: Testaufgabe

9. Eine junge Kanadierin möchte ein Jahr lang als Au-Pair-Mädchen* bei einer Familie in Deutschland leben. Deshalb schreibt sie einen Brief an eine Freundin und einen anderen an eine Au-Pair-Vermittlung, die bei der Suche nach Gastfamilien hilft.

a) Füllen Sie die Lücken und verwenden Sie dazu die Informationen aus dem ersten Brief. Anschließend übertragen Sie Ihre Ergebnisse in den (kopierten Antwortbogen auf S. 143. Sie haben dazu insgesamt 20 Minuten Zeit.

BEISPIEL 0: *Sehr geehrte*

Liebe Moni,

neulich hast du mir von dem Au-Pair-Mädchen geschrieben, das zur Zeit bei euren Nachbarn lebt. Ich finde, das ist eine tolle Sache – kennst du nicht auch für mich eine nette Familie?
Meine Eltern sind schon fast damit einverstanden, dass ich nächsten Sommer nach der Schule nicht gleich studiere, sondern erst mal ein Jahr nach Deutschland gehe. Ein ganzes Jahr bei dir in Berlin! Danach spreche ich bestimmt perfekt Deutsch.
Du hast mir ja schon erzählt, dass sich dieses Au-Pair-Mädchen vor allem um die Kinder in der Familie kümmert. Das finde ich toll! Du weißt ja, wie gern ich Kinder mag und dass ich mit meinen kleinen Geschwistern ein gutes Training hatte.
Meine Mutter meint aber, dass ich für die Familie auch putzen und kochen muss – hat sie da Recht?
Vielleicht kannst du deine Freundin mal fragen, ob ich für meine Bewerbung bestimmte Papiere brauche und wie lange es dann dauert, bis sie eine Familie für mich finden, bis das Visum da ist etc..
Tausend Dank schon mal für deine schnelle Antwort auf meine tausend Fragen.

Alles Liebe
Deine

Alice

---

(0) .... Damen und Herren,

(1) ...... eine Freundin habe ich von der Möglichkeit einer Au-Pair-Tätigkeit in einer deutschen Familie erfahren. Deshalb (2) ...... ich mich an Sie mit der Bitte, mir bei der Suche nach einer Gastfamilie (3) ...... zu sein.
Im Sommer nächsten Jahres (4) ...... ich die Schule abgeschlossen haben. Anschließend beabsichtige ich, durch einen einjährigen (5) ...... in Deutschland meine Sprachkenntnisse auszubauen.
Mir ist bereits (6) ......, dass die wichtigste Aufgabe eines Au-Pair-Mädchens in der Kinderbetreuung besteht. Ich habe selbst drei jüngere Geschwister, (7) ...... ich über viel Erfahrung im Umgang mit Kindern verfüge. Könnten Sie mir aber Auskunft darüber geben, welche weiteren Tätigkeiten im (8) ...... zu den Pflichten eines Au-Pair-Mädchens gehören?
Lassen Sie mich außerdem bitte (9) ......, welche Unterlagen Sie von mir bis wann spätestens benötigen, um mich für August nächsten Jahres an eine Familie vermitteln zu können.
Für Ihre Unterstützung möchte ich mich schon jetzt bei Ihnen (10) ....

Mit freundlichen Grüßen

Alice Purcell

---

b) Lesen Sie den formellen Brief mit Ihren Lösungen halblaut vor und überprüfen Sie, ob Sie bei den Lösungen

- bei der Wahl des Wortes und der Wortform den Kontext beachtet haben
- die Lösungswörter orthographisch korrekt geschrieben haben.

Vergleichen Sie erst danach mit dem Lösungsschlüssel.

* Au-Pair-Mädchen helfen in einer Familie bei Kinderbetreuung und leichten Hausarbeiten. Dafür bekommen sie von der Familie Unterkunft, Verpflegung und ein Taschengeld und werden krankenversichert.

Information

Die mündliche Prüfung besteht aus zwei Teilen. Dazu kommt ein kurzes Eröffnungsgespräch, das nicht bewertet wird. Sie haben die Aufgabe, sich im ersten Teil zusammenhängend zu einem Thema zu äußern und im zweiten Teil mit einem Prüfer ein Problem zu diskutieren. Als Impulse erhalten Sie:
- für den ersten Teil zwei thematisch zusammengehörende Fotos
- für den zweiten Teil mehrere Vorschläge für die Lösung eines Problems (Zeichnungen, Kurztexte).

Vor der Prüfung wählen Sie aus drei Aufgabenblättern mit verschiedenen Themen eines aus und haben dann 15 Minuten Zeit zur Vorbereitung. Ein Wörterbuch dürfen Sie dabei nicht benutzen. Das anschließende Prüfungsgespräch dauert weitere 15 Minuten.

30 Punkte

15 min

+

15 min

Training: Prüfungsverlauf und Bewertung kennen lernen

Hinweis: Der Kandidat lebt schon länger in Deutschland und ist mit einer Deutschen verheiratet. So flüssig wie er müssen Sie nicht sprechen können. In anderen Prüfungsgesprächen sprechen die Kandidaten nicht so viel an einem Stück, und es sind eher die Prüfer, die das Gespräch steuern.

1. Vor der Arbeit mit dem Trainingsteil sollten Sie den Test „Mündliche Kommunikation" auf S. 25 gemacht haben.
Außerdem sollten Sie, falls Sie es noch nicht getan haben, den Hörtext 3, das Beispiel für eine mündliche Prüfung, anhören und sich einen Eindruck darüber verschaffen, wie so eine Prüfung verlaufen kann. Die zugehörigen Aufgaben finden Sie auf S. 25.

Hörtext 3

Index 9+10

Notieren Sie alles, was Ihnen auffällt, z. B.:
a) Wie verhalten sich die Prüfer?
b) Was sollten Sie sich für die Prüfung merken?

Tauschen Sie Ihre Beobachtungen aus.

2. Wie Sie wissen, hatte der Kandidat drei Aufgabenblätter zur Auswahl. Überlegen Sie gemeinsam:
Warum hat er wohl diese Aufgabe gewählt? Hat er eine gute Wahl getroffen? Worauf sollten Sie bei der Auswahl des Aufgabenblatts achten?

3. Ihre mündliche Leistung wird in der Prüfung nach den Kriterien unten links bewertet. Lesen Sie rechts die Ausschnitte aus Begründungen für eine sehr gute Leistung. Schreiben Sie hinter jede dieser Aussagen die römische Ziffer des dazu passenden Kriteriums.

Aufgabe 1	erreichte Punktzahl	Prüfer 1	Prüfer 2	Resultat
I Erfüllung der Aufgabe und interaktives Verhalten		6 5 4 3 2 1 0	6 5 4 3 2 1 0	___
II Flüssigkeit und Kohärenz		6 5 4 3 2 1 0	6 5 4 3 2 1 0	___
III Ausdruck		6 5 4 3 2 1 0	6 5 4 3 2 1 0	___
IV Korrektheit in Morphologie und Syntax		6 5 4 3 2 1 0	6 5 4 3 2 1 0	___
V Aussprache und Intonation		6 5 4 3 2 1 0	6 5 4 3 2 1 0	___
Aufgabe 2				
I Erfüllung der Aufgabe und interaktives Verhalten		6 5 4 3 2 1 0	6 5 4 3 2 1 0	___
II Flüssigkeit und Kohärenz		6 5 4 3 2 1 0	6 5 4 3 2 1 0	
III Ausdruck		6 5 4 3 2 1 0	6 5	
IV Korrektheit in Morphologie und Syntax		6 5 4 3 2 1 0		
V Aussprache und Intonation		6 5 4 3 2 1 0		

©Goethe Institut (1997): Zentrale Mittelstufenprüfung.
Trainingsmaterial für Prüfer zum Mündlichen Ausdruck:
Ergebnisbogen, S.14

Punkte: Note
30-27 sehr gut
26-23 gut
22-19 befriedigend
18-15 ausreichend
14 - 0 nicht bestanden

a) ... nur leichter Akzent ...
b) ... keine langen Pausen ...
c) ... selbst Fragen gestellt ...
d) ... Beitrag klar strukturiert ...
e) ... selbst Vorschläge gemacht ...
f) ... fast keine Grammatikfehler ...
g) ... Sprechtempo ganz natürlich ...
h) ... bei dem Gespräch sehr aktiv ...
i) ... die eigene Meinung gut begründet ...
j) ... sehr differenzierter Wortschatz ...
k) ... Sätze gut miteinander verknüpft ...
l) ... fast immer korrekte Wortstellung ...
m) ... benutzt oft genau die richtigen Ausdrücke ...
n) ... Satzmelodie fast wie bei einem Deutschen ...
o) ... das Thema der Fotos ausführlich dargestellt ...
p) ... auf unsere Fragen ohne langes Nachdenken reagiert ...

4. Wie hätten Sie den Kandidaten in den beiden Teilen des Prüfungsbeispiels bewertet? Vergleichen Sie anschließend mit der Bewertung in den Lösungen auf S. 127.

Training: Wie bereite ich mich auf die mündliche Prüfung vor?

5. Lesen Sie die folgenden Prüfungstipps. Welche sind für Sie besonders wichtig?

Vor der Prüfung:
- Bereiten Sie das Eröffnungsgespräch vor, vor allem wenn Sie bei Prüfungen nervös sind.
- Üben Sie zusammenhängend zu einem Thema zu sprechen. Nehmen Sie das auf Kassette auf.
- Sprechen Sie schwierigere Formulierungen, die Sie verwenden möchten, laut aus.
- Lernen Sie Formulierungen für Rückfragen, falls Sie etwas nicht verstehen, oder wenn Ihnen ein Wort nicht einfällt.

Während der Vorbereitungszeit:
- Wählen Sie Themen, die Sie interessieren und zu denen Sie viel zu sagen haben.
- Wählen Sie Themen, über die Sie schon auf Deutsch gesprochen haben, weil Sie dann mehr Wörter und Ausdrücke zur Verfügung haben.
- Verschwenden Sie keine Zeit damit, einen vollständigen Text zu formulieren. Sie dürfen bei der Prüfung nicht ablesen. Schreiben Sie deshalb nur Stichworte auf.
- Notieren Sie nicht nur Substantive, sondern auch die Verben, die zu ihnen passen.

Während der Prüfung:
- Antworten Sie auf die Fragen der Prüfer möglichst ausführlich und mit konkreten Beispielen.
- Vertrauen Sie auf die Unterstützung durch die Prüfer. Sie geben Ihnen neue Gesprächsimpulse.
- Machen Sie keine zu komplizierten Satzkonstruktionen.
- Bitten Sie die Prüfer um Wiederholung, wenn Sie etwas nicht verstanden haben. Auch damit zeigen Sie Ihre Fähigkeit zu mündlicher Kommunikation.
- Wenn Ihnen ein Wort nicht einfällt, umschreiben Sie es oder fragen Sie danach. Das ist besser als einen falschen Ausdruck zu benutzen oder das Gespräch abbrechen zu lassen.

Hörtext 3

Index 9

6. Hören Sie noch einmal das Eröffnungsgespräch im Prüfungsbeispiel und notieren Sie dabei in Stichpunkten die Fragen des Prüfers.

Überlegen Sie, welche Fragen ein Prüfer <u>Ihnen</u> stellen könnte und wie Sie darauf antworten wollen.

> Ganz besonders bei der Vorbereitung auf die mündliche Prüfung lohnt sich die Suche nach Lernpartnern, mit denen Sie das freie Sprechen üben können.

7. In dieser Einheit können Sie üben, wie Sie ...

	Mündliche Kommunikation 1	Mündliche Kommunikation 2
schnell Ideen sammeln und ordnen	Aufgaben 1 - 7	Aufgaben 1 - 5, 7b
angemessene Redemittel für Ihren eigenen Beitrag verwenden	Aufgaben 8 - 13	Aufgaben 6, 7
angemessene Redemittel für Reaktionen auf Fragen der Prüfer verwenden	Aufgaben 5, 14, 15	Aufgaben 8 - 10
typische Ausdrucksfehler vermeiden können	Aufgabe 16	Aufgabe 11

Hinweise auf Übungsmaterial zu Aussprache und Intonation ➤ S. 111

Über ein Thema sprechen

Information

Im ersten Teil der mündlichen Prüfung werden von Ihnen zusammenhängende Ausführungen zu einem Thema erwartet. Sprechanlass sind zwei thematisch zusammengehörige Fotos mit vier Teilaufgaben. Wenn Sie mit Ihrem mündlichen Beitrag zu den Aufgaben fertig sind, stellt Ihnen ein Prüfer weiterführende Fragen, auf die Sie möglichst ausführlich antworten sollten.

ca.7 min

Training: Aufgabenstellung verstehen und Ideen für den Beitrag finden

1. Lesen Sie die folgende Beispielaufgabe und unterstreichen Sie in jeder Teilaufgabe zwei bis drei Wörter, die Ihnen zeigen, worauf es ankommt.

BEISPIELAUFGABE: Sprechen Sie möglichst ausführlich über diese Fotos.

- Sagen Sie zuerst, welche Personen, Dinge und Situationen dargestellt sind, geben Sie aber keine ausführliche Bildbeschreibung. (A)

- Danach können Sie auf eine Frage von allgemeiner Bedeutung eingehen, die mit der dargestellten Situation zusammenhängt, (B1) und/oder

- Vergleiche mit den Verhältnissen in Ihrem Heimatland ziehen (B2) und/oder

- über persönliche Erfahrungen dazu sprechen. (B3)

2. Notieren Sie zu den Fotos in Aufgabe 1 die drei wichtigsten Gemeinsamkeiten und Unterschiede. Überlegen Sie dann, welches Thema zu <u>beiden</u> Fotos passt.

	Gemeinsamkeiten	Unterschiede
BEISPIEL:	*Arbeitsplatz*	*Großraumbüro – zu Hause*
<u>Ihre</u> Themenwahl:		

Hinweis: Sie können <u>Ihr</u> Thema für die Fotos frei wählen. Dabei gibt es kein „richtig" oder „falsch".

3. Probieren Sie aus, wie sich das Thema ändert, wenn Sie jeweils ein Foto aus Aufgabe 1 mit diesem Foto kombinieren.
Gehen Sie dabei wie in Aufgabe 2 vor. Vergleichen Sie Ihr Ergebnis.

Gemeinsamkeiten	Unterschiede

4. Wie können Sie zu der Beispielaufgabe auf S. 99 Ideen für Ihren Vortrag sammeln? Sprechen Sie gemeinsam über Methoden, die Sie auch in der Prüfung anwenden können.

5. In der mündlichen Prüfung sind die Aufgabenstellungen zu den Fotos immer wie in der Beispielaufgabe auf S. 99 formuliert. Überlegen Sie deshalb schon jetzt Suchfragen, mit denen Sie in der Prüfung schnell viele Ideen sammeln können.

In der Vorbereitungszeit überlegen Sie sich am besten zu allen Teilaufgaben etwas. Zwar können Sie eine oder zwei für Ihren Beitrag auswählen, aber die weiterführenden Prüferfragen orientieren sich normalerweise an den restlichen Teilaufgaben.

Entscheiden Sie, zu welchen Teilaufgaben (A, B1, B2 oder B3) die folgenden Fragen passen, und ergänzen Sie die Liste um weitere Fragen.

a) *Wie ist meine Meinung zu den dargestellten Situationen?* __B 1__
b) *Welche der beiden Situationen finde ich angenehmer?* ____
c) *Wie fühlen sich die Personen auf den Fotos?* ____
d) *Ist die Situation in meinem Land typisch für eine Minderheit? Für die Mehrheit?* ____
e) *Welche der beiden Situationen ist typischer für die heutige Zeit/die Zukunft? Warum?* ____
f) *An welche Situationen in einem deutschsprachigen Land erinnern mich die Fotos?* ____
g) *Spielen die Situationen in meinem Land eine Rolle? Für wen?* ____
h) *Wie ist die Atmosphäre auf den beiden Fotos?* ____
i) *Gibt es regionale Unterschiede in meinem Heimatland? Wo?* ____
j) *Wie würden Fotos zu derselben Situation in meinem Land aussehen?* ____
k) *War ich selbst schon einmal in so einer Situation? Jemand anderes, den ich kenne?* ____
l) *Wo wurden die Fotos wahrscheinlich aufgenommen?* ____
m) *Wird bei uns über das Thema der Fotos (in den Medien) diskutiert?* ____
n) *…*

Mündliche Kommunikation 1

Über ein Thema sprechen

6. **Wählen Sie zwei der Fotos auf S. 99 und 100. Nehmen Sie ein Blatt und schreiben Sie in die Mitte des Blattes ein passendes Thema (vgl. Aufgabe 2 oder 3). Schreiben Sie alles auf, was Ihnen mit Hilfe der Suchfragen in Aufgabe 5 zu den Fotos und dem Thema einfällt. Setzen Sie sich ein Zeitlimit von zwei Minuten.**

> Hinweis: Die Fotos sind in der Prüfung nur Gesprächsanlass, d.h. Sie sollen keine ausführliche Bildbeschreibung geben. Es genügt, wenn Sie die wichtigsten Gemeinsamkeiten und Unterschiede beschreiben. Die volle Punktzahl erhalten Sie nicht, wenn Sie nur die Bilder beschreiben, sondern nur dann, wenn Sie auch auf das generelle Thema eingehen, das den Bildern gemeinsam ist.

7. **Prüfen Sie: Zu welcher Teilaufgabe (B1 - B3) auf S. 99 hatten Sie die meisten Ideen?**
Ordnen Sie nun Ihre Notizen zu den Fotos für Ihren mündlichen Beitrag.

Training: Passende Formulierungen finden

8. **Lesen Sie die folgenden Ausführungen zu den beiden Fotos aus der Beispielaufgabe und markieren Sie alle Redemittel, die für Ihren Beitrag auch zu anderen Fotos hilfreich sein können.**

> Ja, also, bei den Fotos geht es für mich um das Thema „Arbeit", genauer darum, wie der Computer die Arbeitsbedingungen verändert. Denn beide Fotos zeigen Menschen, die am Computer arbeiten. Ihre Arbeitsplätze sind aber ganz verschieden.
> Auf dem Foto oben sieht man ein riesiges Großraumbüro mit vielen Arbeitsplätzen, und auf fast jedem Schreibtisch steht ein Computer. Dieser Massenbetrieb – das finde ich ganz schrecklich. Ein Arbeitsplatz sieht aus wie der andere. Ja, und als das Foto aufgenommen wurde, war es vermutlich noch früh am Morgen. Deshalb sind dort so wenige Angestellte zu sehen. Und die großen Fenster, die Pflanzen – dadurch wirkt das Büro hell und offen. Später aber, wenn dann alle da sind, muss es dort ziemlich eng sein und auch laut. Ich stelle mir vor, dass es dann nicht so leicht ist, sich auf die Arbeit zu konzentrieren.
> Auf dem unteren Foto dagegen arbeitet ein Mann zu Hause.. Auf dem Schoß ...

9. **Ergänzen Sie die folgende Sammlung von Redemitteln um die Ausdrücke, die Sie in Aufgabe 8 markiert haben. Schreiben Sie weitere Redemittel dazu, die Sie kennen und die Sie verwenden möchten.**

Thema der Fotos nennen

Beide Fotos behandeln das Thema ...

Elemente der Fotos beschreiben

Das obere Foto zeigt ...

Vermutungen anstellen

möglicherweise, wohl, bestimmt ...
Ich nehme an, / Ich gehe davon aus, dass ...
Das könnte ... / ... dürfte ... / ... muss ... sein ...
sein ... sieht aus, als hätte / wäre er/es ...
... sieht aus, als ob er/es ... hätte / wäre

Wirkung der Fotos beschreiben

... wirkt auf mich ...
... macht einen ... Eindruck
... vermittelt den Eindruck, dass ...

weitere Redemittel ➤ *Unterwegs*, Materialienbuch, S.161 u. S.163, S. 143 oben

10. Formulieren Sie Vermutungen zu dem zweiten Foto in der Beispielaufgabe S. 99 bzw. sagen Sie, wie das Foto auf Sie wirkt. Benutzen Sie dazu die Redemittel aus Aufgabe 9 auf S. 101.

Sie können das z.B. mit den folgenden Sätzen üben:

a) Der Mann arbeitet zu Hause.
b) Er ist Lehrer.
c) Das Baby ist sein Kind.
d) Er ist gestresst.
e) Seine Frau ist berufstätig.
f) Er ist Mitte fünfzig.
g) Das Kind fängt gleich an zu weinen.
h) Der Raum ist gemütlich.
i) Die Bilder rechts an der Wand sind Familienfotos.

> Bedenken Sie, dass Sie viele Redemittel, die in dieser Einheit vorgestellt wurden, in der mündlichen Prüfung gebrauchen werden. Sprechen Sie daher die entsprechenden Formulierungen laut vor sich hin und benutzen Sie dabei möglichst viele Varianten der Redemittel. Wählen Sie dann die Varianten aus, die Sie lernen und in der Prüfung verwenden möchten.

11. Betrachten Sie noch einmal das zweite Foto in der Beispielaufgabe S. 99. Wie in der Prüfung sollen Sie jetzt das Foto und einzelne Elemente darauf genau lokalisieren. Nur dann wissen die Prüfer, wovon Sie sprechen.

Beschreiben Sie:
Wo befinden sich die folgenden Dinge?

Beispiel: das Foto _unten_ (oder: _das untere_ Foto)
a) das Telefon …   b) der Taschenrechner …   c) der Folienstift…   g) ……….   d) das Baby …   e) die Heftmaschine …   f) die Manuskripte …

12. Mit den folgenden Satzanfängen in der linken Spalte können Sie Ihren Beitrag strukturieren.
a) Ordnen Sie jedem Satzanfang eine passende Aussage aus der rechten Spalte zu.

b) Sprechen Sie die vollständigen Sätze laut. Entscheiden Sie, welche Redemittel aus der linken Spalte Sie lernen und in der Prüfung verwenden möchten.

a) Die beiden Fotos zeigen einen allgemeinen Trend hin zu …	1) … man den ganzen Tag zu Hause ist und kaum noch Kontakt mit Kollegen hat.
b) Das hat große Vorteile, zum Beispiel für …	2) … ist die Arbeit dann auch zu Hause immer präsent.
c) Dadurch wird es nämlich möglich, dass …	3) … man morgens nicht immer den Wecker stellen muss.
d) Ein weiterer Vorteil besteht darin, dass …	4) … man mehr arbeitet als früher.
e) Man kann beispielsweise …	5) … flexibleren Arbeitsbedingungen.
f) Andererseits aber …	6) … der Vermischung von Privatleben und Arbeit.
g) Deshalb besteht die Gefahr, dass …	7) … ein Partner zu Hause arbeitet und die Kinder betreut.
h) Problematisch erscheint mir außerdem, dass …	8) … in einem Büro arbeiten.
i) Den größten Nachteil aber sehe ich in …	9) … Eltern, die beide berufstätig sein wollen.
j) Persönlich würde ich deshalb lieber …	10) …ich dann früh aufstehen muss.
k) Auch wenn …	11) …abends oder nachts arbeiten, wenn man will.

Weitere Redemittel zur Gliederung Ihres Beitrags, zum Vergleich mit Ihrem Heimatland etc. ➤ Schriftlicher Ausdruck 1d, S. 89f.

Über ein Thema sprechen

13. Nehmen Sie Ihre Notizen aus Aufgabe 7 auf S. 101 zur Hand. Suchen Sie dann aus den Aufgaben 8 - 12 dazu passende Redemittel.

a) Üben Sie dann, auf der Grundlage Ihrer Notizen und der Redemittelsammlung drei bis fünf Minuten ohne Pause zu sprechen.

Nehmen Sie Ihren Beitrag auf Kassette auf und/oder bitten Sie jemanden, Ihren Beitrag anzuhören, die Zeit zu kontrollieren und zu den folgenden Punkten Notizen zu machen.

b) Besprechen Sie zum Schluss gemeinsam oder prüfen Sie mit der Aufzeichnung auf Kassette:
- wie lange Sie zusammenhängend sprechen konnten.
- ob Sie Ihren Beitrag deutlich strukturiert haben. Was könnten/sollten Sie noch verbessern?
- ob Sie Redemittel aus dieser Einheit verwendet haben. Welche Ausdrücke sollten Sie noch üben?
- ob Sie durcheinander gekommen sind, weil Sie zu komplizierte Sätze machen wollten. Wie könnten Sie den Satzbau vereinfachen?
- ob Sie zu schnell oder undeutlich gesprochen haben, sodass man Sie schlecht verstehen konnte.

Training: Auf Nachfragen vorbereitet sein

14. Hören Sie noch einmal den ersten Teil des Prüfungsbeispiels (die Fotos dazu finden Sie auf S. 25).

Hörtext 3

Notieren Sie in Stichpunkten die Nachfragen des Prüfers.

Index 9

15. Trainieren Sie Ihre Antworten auf Nachfragen. Wählen Sie zwei Fotos und schreiben Sie mögliche Fragen auf einzelne Kärtchen.

- Zu persönlichen Erfahrungen, z.B.: *Kennen Sie persönlich einen Mann, der zu Hause arbeitet und sich auch noch um die Kinder kümmert? …*
- Zu einem Bildelement, z.B.: *Denken Sie an das Baby auf dem Foto - was bedeutet die Situation für das Kind? …*
- Zu der Situation in Ihrem Land, z.B.: *Könnten diese Fotos auch in Ihrem Land aufgenommen worden sein? …*

Anregungen für weitere Nachfragen ➤ Aufgabe 5, S. 100

Legen Sie die Kärtchen mit dem Text nach unten auf den Tisch. Abwechselnd ziehen Sie oder Ihr Partner/Ihre Partnerin eine Frage und lesen sie vor. Der/die andere antwortet darauf möglichst rasch und ausführlich.

Training: Auf der Jagd nach typischen Fehlern

16. Markieren Sie in den folgenden Sätzen die typischen Ausdrucksfehler. Schreiben Sie alle Sätze korrigiert auf, die auch Sie vielleicht falsch machen würden.

a) Die beiden Fotos handeln sich um Arbeitsplätze.

b) Beide Fotos stellen verschiedene Arbeitsplätze.

c) Das erste Bild zeigt ein Großraumbüro. Das zweite Bild zeigt im Gegenteil einen kleinen Raum.

d) Auf dem Foto von rechts sitzt ein Mann am Computer.

e) Im Hintergrund kann man ein paar Fotos bemerken.

f) Der Mann sieht ziemlich gestresst.

g) Es sieht aus, dass es früh am Morgen ist.

h) Die Atmosphäre dort ist völlig verschieden als auf dem ersten Foto.

i) Solche Situation habe ich auch schon erlebt.

j) Das Thema wird auch in meinem Heimland diskutiert.

k) So etwas ist auch bei uns gewöhnlich.

l) Das würde bei uns genau aussehen.

m) Am meisten sind die Frauen mit den Kindern zu Hause.

Anwendung: Testaufgabe

ca. 7 min

17. Bereiten Sie einen Beitrag zu den folgenden Fotos vor. Dafür haben Sie sieben Minuten Zeit. Bei der Vorbereitung können Sie vorgehen, wie Sie es in dieser Einheit geübt haben:

a) Ideen zu den Fotos und den Teilaufgaben sammeln

b) Ideen auswählen und ordnen

c) Redemittel für die Beschreibung der Fotos und für die weiterführenden Fragen notieren

d) Antworten auf mögliche Prüferfragen vorbereiten.

BEISPIELAUFGABE:
Sprechen Sie möglichst ausführlich über diese Fotos.

- Sagen Sie zuerst, welche Personen, Dinge und Situationen dargestellt sind, geben Sie aber keine ausführliche Bildbeschreibung.

- Danach können Sie auf eine Frage von allgemeiner Bedeutung eingehen, die mit der dargestellten Situation zusammenhängt,
  und/oder

- Vergleiche mit den Verhältnissen in Ihrem Heimatland ziehen
  und/oder

- über persönliche Erfahrungen dazu sprechen.

18. Sprechen Sie dann möglichst ausführlich ohne längere Pause. Nehmen Sie den Beitrag auf Kassette auf. Wenn Sie dazu keine Möglichkeit haben, bitten Sie jemanden, Ihren Beitrag anzuhören, zu den Fragen in Aufgabe 19 Notizen zu machen und die Zeit zu kontrollieren.

19. Hören Sie die Aufzeichnung (vielleicht mehrmals) an, am besten mit einem Lernpartner/einer Lernpartnerin.
Machen Sie beim Hören Notizen zu den folgenden Fragen und besprechen Sie das Ergebnis:

- Kontrollieren Sie die Zeit. Konnten Sie vier bis fünf Minuten sprechen?
- Haben Sie die Fotos nicht nur beschrieben, sondern auch etwas zum Thema der Fotos gesagt?
- Ist der Beitrag flüssig, ohne lange Nachdenkpausen gesprochen?
- Haben Sie deutlich und nicht zu schnell gesprochen?
- Haben Sie Redemittel aus dieser Einheit verwendet?
- Kann man Ihren Gedankengang gut verstehen?

> Was tun, wenn Sie merken, dass Ihnen ein Wort fehlt? Sie überlegen,
>
> - wie Sie das Wort umschreiben können: „Diese kleine Maschine, mit der man Blätter zusammenmachen kann ..."
> - wie Sie nach einem Wort fragen können: „Wie heißt das noch? Das Wort liegt mir auf der Zunge ..."
> - ob Sie es vermeiden können, über den entsprechenden Punkt zu sprechen.
>
> ➤ *Unterwegs*, Kursbuch, S. 95

Mündliche Kommunikation 2

Ein Gespräch führen

Information

Für den zweiten Teil der mündlichen Prüfung erhalten Sie mehrere Zeichnungen, Fotos oder Kurztexte, die unterschiedliche Vorschläge zur Lösung eines Problems darstellen. Sie müssen sich für einen Vorschlag entscheiden und Ihre Wahl begründen. Ein Prüfer hinterfragt Ihre Wahl und macht Gegenvorschläge. Daraufhin verteidigen Sie Ihren Vorschlag, bis Sie zu einer Einigung kommen. Gefragt ist also gutes Argumentieren und die Fähigkeit, auf Gegenargumente einzugehen.

ca.7 min

In diesem Teil der mündlichen Prüfung wird sich der Prüfer sehr stark am Gespräch beteiligen, denn er will Ihre Gesprächsfähigkeit testen. Auch wenn Sie es vielleicht nicht angenehm finden: Verteidigen Sie Ihren Vorschlag, geben Sie im Gespräch nicht sofort nach!

Training: Aufgabenstellung verstehen und Argumente finden

1. Lesen Sie die folgende Beispielaufgabe zum Thema „Gesundheitsvorsorge" und betrachten Sie die Vorschläge für gesundes Leben in den Zeichnungen.

BEISPIEL

Aufgabe 2A: Sie sollen bei einer Kampagne zur Gesundheitsvorsorge in Ihrem Heimatland mitarbeiten. Für ein Plakat wird ein passendes Motiv gesucht. Diskutieren Sie mit einem/r der beiden Prüfer bzw. Prüferinnen, welche Abbildung sich dafür am besten eignet.

— Machen Sie einen Vorschlag und begründen Sie diesen.

— Gehen Sie auch auf Äußerungen Ihres Gesprächspartners/ Ihrer Gesprächspartnerin ein.

— Am Ende sollten Sie sich mit ihm/ihr auf einen Vorschlag einigen.

2. Es geht um Ihr Heimatland:

a) **Notieren Sie in Stichpunkten die drei wichtigsten Gesundheitsprobleme Ihrer Landsleute und prüfen Sie, welche Abbildung für eine Kampagne am besten geeignet wäre.**

b) **Notieren Sie in Stichpunkten drei Gründe für Ihre Wahl.**
Stellen Sie Informationen über Ihr Heimatland zusammen, die Ihre Begründung verdeutlichen können.

> Hinweis: Sie finden keinen Vorschlag geeignet für Ihr Land? Sagen und begründen Sie das in der Prüfung. Entscheiden Sie sich aber trotzdem für den Vorschlag, welcher der Situation in Ihrem Land am nächsten kommt.

3. Ein Prüfer/Eine Prüferin wird im Prüfungsgespräch andere Zeichnungen vorschlagen, um ein Gespräch in Gang zu bringen.
Notieren Sie deshalb in Stichpunkten Argumente <u>gegen</u> jeden Vorschlag, den Sie <u>nicht</u> gewählt haben.

4. Diskutieren Sie Ihre Wahl und Ihre Begründungen mit Ihren Landsleuten im Kurs.
Versuchen Sie, sich auf einen gemeinsamen Vorschlag zu einigen.

5. Lesen Sie nun die zwei folgenden Aufgabenstellungen zu den Zeichnungen in Beispielaufgabe 2 auf S. 105, die ebenfalls in der Prüfung vorkommen könnten.

a) **Vergleichen Sie dann alle drei Varianten 2A, 2B, 2C. Wie ändern sich:**

- Ihre Rolle ?
- der Ort ?
- die Situation ?
- die Wahl, die Sie treffen sollen ?

> In diesem Teil der Prüfung ist es wie im Theater: Sie haben eine Rolle in einer gegebenen Situation, und diese Rolle sollten Sie möglichst adäquat ausfüllen. Je nach Aufgabenstellung kann deshalb das Prüfungsgespräch ganz verschieden verlaufen.

Aufgabenvariante 2B:
Sie wollen Ihren Lebenswandel ändern und mehr für Ihre Gesundheit tun. Das soll aber auf möglichst angenehme und preiswerte Art geschehen. Diskutieren Sie Vor- und Nachteile der verschiedenen Möglichkeiten mit einem/einer der beiden Prüfer/Prüferinnen.
Vergleichen Sie die Möglichkeiten und begründen Sie Ihren Standpunkt.

Aufgabenvariante 3C:
Einer Ihrer Freunde führt ein sehr ungesundes Leben und ist deshalb ständig krank und schlecht gelaunt. Jetzt wollen Sie ihn auf den Geschmack eines gesundheitsbewussteren Lebens bringen. Unterhalten Sie sich mit einem/einer der beiden Prüfer/Prüferinnen darüber, welche der abgebildeten Maßnahmen am besten geeignet ist.
Machen Sie Vorschläge und begründen Sie diese.

b) **Welche Zeichnung aus Aufgabe 2 wählen Sie, wenn Ihnen die Aufgabenstellung 2B, und welche, wenn Ihnen die Aufgabenstellung 2C vorliegt?**

Notieren Sie auch jetzt
- drei Gründe für Ihre Wahl
  und dazu:
- Argumente gegen jeden nicht gewählten Vorschlag.

Ein Gespräch führen

Training: Passende Formulierungen finden

**6. Die typische Frage zur Eröffnung dieses Prüfungsteils lautet:
„Für welchen Vorschlag haben Sie sich entschieden?"**

> Auf dem Aufgabenblatt für die Prüfung sind die Vorschläge nicht nummeriert. Überlegen Sie während der Vorbereitungszeit, wie Sie sich auf die einzelnen Vorschläge beziehen können.

a) Lesen Sie folgende mögliche Antworten:

1) *Mir gefällt der erste Vorschlag am besten, denn damit könnte man ...*
2) *Ich wäre für die Zeichnung mit dem Fahrradfahrer, weil ...*
3) *Meiner Meinung nach sollte man den Sonnenschutz wählen, ... nämlich ...*
4) *Ich habe mich für das Bild unten in der Mitte entschieden. Sie müssen nämlich wissen, dass ...*
5) *Ich würde sagen, man sollte das Motiv links oben wählen. Vor allem, weil ...*
6) *Am besten wäre wahrscheinlich eine Kampagne für Gymnastik im Büro, da ...*
7) *..., deshalb ist meine Entscheidung für das Fitness-Motiv gefallen.*
8) *... Aus diesem Grund finde ich die Abbildung mit den Bioprodukten am sinnvollsten.*

b) Ordnen Sie in die folgende Liste die Redemittel, die Sie benutzen können, um

- einen Vorschlag zu machen
- den gewählten Vorschlag zu identifizieren
- die Begründung Ihrer Wahl anzuschließen.

Vorschlag machen	Vorschlag identifizieren	begründen
Mir gefällt ... am besten	*der erste Vorschlag*	*, denn damit könnte man ...*

c) Sammeln Sie weitere Redemittel, die Sie kennen.

weitere Redemittel für Begründungen ➤ *Unterwegs*, Kursbuch, S. 101
➤ *Unterwegs*, Materialienbuch, S. 163

7. Lesen Sie die Sätze auf Ihrer Liste laut.

a) Welche Redemittel bzw. Sätze bringen Sie gut über die Lippen? Benutzen Sie diese Varianten für den Vorschlag, für den Sie sich in Aufgabe 2 oben auf S. 106 entschieden haben.
Probieren Sie auch neue Kombinationen aus: *„Ich habe mich für den ersten Vorschlag entschieden. Vor allem, weil ..."*

> Mehrere Argumente und Informationen können Sie mit den folgenden Elementen aneinanderfügen:
> Reihe: *Erstens ... Zweitens ... Drittens ...; Zum einen ... zum anderen ...*
> Steigerung: *Zum einen ... Noch wichtiger ist aber ... Vor allem spricht aber für diesen Vorschlag, dass ...*

weitere Redemittel für die Verbindung von Informationen ➤ Schriftlicher Ausdruck 1d, S. 89f., Aufgabe 4, 6, 7

b) Suchen Sie einen Partner/eine Partnerin, wenn möglich aus einem anderen Kulturkreis. Erklären Sie, warum Sie sich für „Ihren" Vorschlag entschieden haben. Verdeutlichen Sie Ihre Entscheidung, indem Sie Informationen über die Situation in Ihrem Heimatland geben. Verwenden Sie dabei Redemittel aus Aufgabe 6 und 7 a) auf S.107.

8. Wie können Sie reagieren, wenn der Prüfer/die Prüferin einen anderen Vorschlag für besser geeignet hält? Nehmen Sie Ihre Notizen zu Aufgabe 3, S. 106, noch einmal zur Hand und suchen Sie unter der folgenden Auswahl von Redemitteln diejenigen aus, die zu Ihren Notizen passen.

a) Ich denke, … betrifft bei uns nur wenige Menschen. Sie wissen doch sicher, …
b) Dieser Vorschlag wäre für Länder wie … vielleicht der beste; bei uns aber …
c) Ich persönlich habe aber ganz andere Erfahrungen gemacht: …
d) Das ist in meinen Augen aber nicht das vordringlichste Problem. Viel wichtiger ist es …
e) Dieser Vorschlag wäre für die großen Städte sicher wichtig; die Situation auf dem Land ist aber ganz anders: …
f) Das ist, glaube ich, nicht prioritär. Ich habe zum Beispiel gelesen, …
g) Bei uns gibt es solche Probleme nicht. Stattdessen wäre es sinnvoller, …
h) Aus meiner Erfahrung kann ich sagen …
i) Für mich bedeutet aber …

Die folgenden „Ja - aber "- Formulierungen machen Ihren Einwand höflicher:

- Was Sie sagen, ist sicher richtig, aber …
- Natürlich, das ist auch eine gute Idee, aber …
- Das wäre bestimmt auch wichtig, aber …
- Das überzeugt mich fast, aber …

- Da stimme ich Ihnen vollkommen zu, aber …
- Ja, damit haben Sie sicher Recht, aber …
- Natürlich, das finde ich auch gut, aber …
- Damit könnten Sie Recht haben, aber …

9. Trainieren Sie das Gespräch mit Ihrem Lernpartner/Ihrer Lernpartnerin. Nehmen Sie Ihre Notizen für Aufgabe 5 unten auf S.106 zur Hand und erklären Sie, für welchen Vorschlag zu Aufgabe B oder C Sie sich entschieden haben. Ihr Partner/Ihre Partnerin macht Gegenvorschläge:

„Ja aber, wie sieht es denn mit dem … Vorschlag aus?"
„Wäre das nicht auch eine gute Idee?"
oder bittet Sie um eine Erläuterung:
„Können Sie mir vielleicht ein Beispiel geben?".

Reagieren Sie darauf möglichst schnell und ausführlich. Anschließend tauschen Sie die Rollen.

Brauchen Sie – wie Muttersprachler auch – beim Sprechen gelegentlich kurze Denkpausen? Lernen Sie Füllwörter oder -formeln wie die folgenden auswendig, sodass Sie diese im Gespräch benutzen können.
„Naja, ich sehe das so: …"
„Wissen Sie, was ich meine, ist …"
„Die Sache ist die, dass …"

Training: Ein Fall für Spezialisten: Modalpartikeln

10. Mit Partikeln wie den folgenden können Sie Ihre Aussagen differenzieren.
Entscheiden Sie, welche Partikel in welchen Beispielsatz unten passt (in mehreren Sätzen gibt
es zwei Lösungen). Ändern Sie, wenn nötig, die Wortstellung.

denn - eben - eigentlich - ja - nun mal - schließlich

Wenn Sie diese Partikeln korrekt benutzen können, wird das positiv bewertet.
Wenn Sie in deren Gebrauch aber unsicher sind, verzichten Sie besser auf sie.

a) Kein Vorschlag passt genau auf die Situation in meinem Heimatland.

b) Gut, dann kombinieren wir den zweiten mit dem dritten Vorschlag.

c) Ich habe schon gesagt, dass aus meiner Sicht der erste Vorschlag der beste ist.

d) Man muss Prioritäten setzen; wir können nicht alle Probleme auf einmal lösen.

e) Hätten Sie eine Idee, wie man die beiden Aspekte in einem Vorschlag verbinden könnte?

Modalpartikeln ➤ *Unterwegs*, Materialienbuch, S.146

Training: Auf der Jagd nach typischen Fehlern

11. In dem folgenden Text gibt es in jedem Satz einen Grammatik- oder Wortschatzfehler.
Markieren Sie die Fehler und schreiben Sie alle Formulierungen, die auch Ihnen Schwierig-
keiten bereiten würden, in der korrekten Form auf..

a) Sicher dürfte man mehrere Zeichnungen auswählen.

b) Ich vorschlage aber die Kampagne für gesunde Ernährung.

c) Dieser Vorschlag würde für mein Land der beste.

d) Am ersten werden damit wirklich alle angesprochen: junge und alte Menschen, Gesunde und Kranke.

e) Im Vergleichen mit der Westschweiz ernähren sich die Leute bei uns nämlich nicht so gesund.

f) Sie sollen wissen, dass wir sehr viel Fleisch essen und zu wenig Obst und Gemüse.

Fragen Sie nach, wenn Sie den Prüfer/die Prüferin nicht sofort verstehen: „Habe ich Sie richtig verstanden?" „Sie meinen, man sollte ...?" oder: „Könnten Sie bitte erklären, was Sie mit ... meinen?" (Übrigens auch eine gute Methode, um Zeit für eine Antwort zu gewinnen ...)

g) Aus meinem Blick ist das ein Grund für zahlreiche Krankheiten, wie Arthritis und Herzkrankheiten zum Beispiel.

h) Und dieser Vorschlag trifft auch die Menschen, die zu dick sind.

i) So Probleme hat natürlich vor allem die Mittelschicht.

j) Nämlich die Armen haben sowieso von allem zu wenig zu essen.

Anwendung: Testaufgabe

ca.7 min

12. Lesen Sie die folgende Aufgabenstellung und betrachten Sie die Zeichnungen. Bereiten Sie kurze Beiträge vor:

a) den Gesprächsbeginn, in dem Sie einen Vorschlag machen und Ihre Wahl begründen.
b) zu jedem nicht gewählten Vorschlag Ihre Argumente für den Fall, dass der Prüfer/die Prüferin ihn einbringt.

Gehen Sie dabei wie in dieser Trainingseinheit vor und benutzen Sie möglichst viele der vorgestellten Redemittel. Setzen Sie sich ein Zeitlimit von sieben Minuten.

Aufgabe: Das Ende eines Kurses steht kurz bevor, und es ist ganz klar: So ein toller Kurs muss einen würdigen Abschluss finden.
Diskutieren Sie mit dem Prüfer/der Prüferin, welche gemeinsame Aktivität dafür am besten geeignet wäre.

■ Machen Sie einen Vorschlag und begründen Sie diesen.

■ Gehen Sie auch auf Äußerungen Ihres Gesprächspartners/Ihrer Gesprächspartnerin ein.

■ Am Ende sollen Sie sich mit ihm/ihr auf einen Vorschlag einigen.

13. **Bitten Sie einen Lernpartner/eine Lernpartnerin, die Prüferrolle zu übernehmen und Gegen-
    vorschläge zu machen. Sprechen Sie frei und nehmen Sie das Gespräch möglichst auf
    Kassette auf.**

14. **Hören Sie das Gespräch (eventuell mehrmals) an und achten Sie dabei auf die folgenden
    Fragen:**

- Haben Sie ohne lange Nachdenkpausen und ausführlich auf die Einwände reagiert?
- Wie lange dauern alle Ihre Beiträge zusammen? (Sechs Minuten wären eine sehr gute Zeit.)
- Kann man Sie gut verstehen? Sollten Sie langsamer sprechen?
- Haben Sie angewendet, was Sie in dieser Einheit gelernt haben?
- Worauf sollten Sie in der Prüfung besonders achten?

Unterwegs

- Lesen Sie die Liste mit möglichen Themenbereichen für die Prüfung in der Einleitung auf S. 9 und
  formulieren Sie für Ihren Lernpartner/Ihre Lernpartnerin ein Thema (z.B.: „Wo wohnt es sich am besten:
  in einem Dorf, im Stadtzentrum, am Stadtrand ...?" Bitten Sie ihn/sie, für Sie dasselbe zu tun.
  Versuchen Sie, über das vorgeschlagene Thema ungefähr 5 Minuten zu sprechen. Nehmen Sie Ihre
  Beiträge möglichst auf Kassette auf.
- Suchen Sie Abbildungen in Illustrierten oder Zeitungen, am besten mit einer oder mehreren Personen.
  Spekulieren Sie (möglichst zu zweit) über die Situation, die abgebildete Person und ihr Leben, darüber,
  was vorher geschehen ist, was später passieren wird ...
- Schreiben Sie verschiedene Vorschläge für ein Hochzeitsgeschenk, einen Wochenendausflug, ein
  Abendessen etc. auf Kärtchen. Wählen Sie einen Vorschlag aus und legen Sie die anderen Kärtchen
  mit der Schrift nach unten vor sich. Begründen Sie Ihre Wahl. Decken Sie dann nacheinander die
  anderen Vorschläge auf und erklären Sie, weshalb die Ihnen nicht so gut gefallen.
- Schreiben Sie sich Kärtchen mit Sätzen, die die Redemittel enthalten, die Sie in der Prüfung verwenden
  möchten. Nutzen Sie jede Gelegenheit (im Bus, beim Warten am Bankschalter etc.), die Sätze zu lesen
  und vor sich hin zu sprechen.
- Wenn Sie Ihre Aussprache und Intonation verbessern möchten und noch Zeit dafür haben, suchen Sie
  in der Mediothek Ihres Instituts z.B. nach
    - *Dieling u.a.: Phonothek. Lehr und Übungsbuch. Langenscheidt Verlag 1996.*
    - *Hirschfeld /Reinke: Phonetik Simsalabim. Übungskurs für Deutschlernende (Buch, Audio- u.
      Videokassette, CD). Langenscheidt Verlag 1998*
    - *Stock, E.: Deutsche Intonation (Buch u. Audiokassette). Langenscheidt Verlag 1996*
    - *Sprechen Hören Sprechen. Übungen zur deutschen Aussprache. Verlag für Deutsch 1996.*

Hier finden Sie Lösungen zu allen Aufgaben im Test- und Trainingskapitel, die eindeutige Lösungen zulassen. Bei Aufgaben, für die es mehrere Lösungsmöglichkeiten gibt, nennen wir Ihnen möglichst viele Beispiele. Wichtig für Sie sind auch die zusätzlichen Erläuterungen zu den Aufgaben und den zugehörigen richtigen und falschen Lösungen.

Achtung: Alle schriftlichen Äußerungen werden ab 2005 nur noch nach der neuen Rechtschreibung bewertet.

Leseverstehen 1

1: D; 2: negativ; 3: B; 4: A; 5: G

Leseverstehen 2

6: (in Wasser / in einer Schüssel) tauchen / getaucht werden (können) o.ä.; 7: Kindergärten und Grundschulen / Kindergärten, Grundschulen und Kindertagesstätten; 8: verbessern; 9: Gesellschaft Deutscher Chemiker / GdCh; 10: studieren, lernen; 11: Zusammenhänge / Aspekte; 12: auszuprobieren / zu erfahren / herauszufinden (o.ä.); 13: eine Beschreibung von 12 Versuchen / Beschreibungen ihrer Versuche / Beschreibungen der (zwölf) Versuche; 14: besorgen / bekommen / beschaffen / finden (o.ä.); 15: vergessen

Leseverstehen 3

16:B; 17:B; 18:B; 19:B; 20:A

Leseverstehen 4

21:A; 22:C; 23:C; 24:B; 25:D; 26:B; 27:B; 28:D; 29:A; 30:D

Ihr Ergebnis: Leseverstehen 1-4

Für jede richtige Lösung gibt es <u>einen Punkt</u>. Das heißt maximal gibt es 30 Punkte, bestanden haben Sie diesen Prüfungsteil mit 15 Punkten. Tragen Sie in der Tabelle Ihre Punktzahl ein und notieren Sie Ihre Erfahrungen/Probleme zu den einzelnen Testaufgaben.

	Ihre Punktzahl:	Ihre Notizen: Was ist Ihnen aufgefallen? (z.B. Erfahrungen, Probleme, Tipps.)
Aufgabe 1		
Aufgabe 2		
Aufgabe 3		
Aufgabe 4		

Hörverstehen 1

31: ohne Kontakte / ohne Anschluss / in neuer Umgebung / ohne Partner / ohne Freunde o.ä.; 32: Partnervermittlung / Geschäftskontakte / Freizeitbekanntschaften; 33: Alleinstehende und Verheiratete / alleinstehende Menschen und Menschen in Beziehungen bzw. verheiratete Menschen o. ä.; 34: (Argentinischer) Tango / Tangotanzen / (Insekten-) Kochkurse / Zeichnen; 35: Gesamteindruck vom Kunden (zu gewinnen) / Typ / Ausstrahlung / Wünsche / Interessen kennen zu lernen o. ä.; 36: Mehrwertsteuer / Steuer; 37: unbegrenzt / ohne Grenze / unendlich / so viel man will o. ä.; 38: halber Jahresbeitrag zurück / die Hälfte zurück / 50 % zurück / halber Beitrag zurück o. ä.; 39: Donnerstag, 16 Uhr; 40: Prospekt / Broschüre / Faltblatt / Information (der Firma) o. ä.

> Auch wenn auf dem Notizzettel der Stichpunkt im Plural steht, müssen Sie nur einen Begriff notieren. Manchmal reicht auch ein Teil des Wortes, z. B. bei „Insekten-Kochkurs" wäre auch „Kochkurs" eine richtige Lösung.

Hörverstehen 2

41:C; 42:B; 43:C; 44:B; 45:A; 46:B; 47:A; 48:A; 49:B; 50:B

Ihr Ergebnis: Hörverstehen 1-2

Für jede richtige Lösung gibt es <u>1,5 Punkte</u>. Das heißt maximal gibt es 30 Punkte, bestanden haben Sie diesen Prüfungsteil mit 15 Punkten. Notieren Sie in der Tabelle Ihre Punktzahl und Ihren Kommentar zu den einzelnen Prüfungsteilen.

	Ihre Punktzahl	Kommentar: Was ist Ihnen aufgefallen?
Aufgabe 1		
Aufgabe 2		

Schriftlicher Ausdruck 1: Aufgabe B: Leserbrief

Hier ein Beispiel für ein gutes Ergebnis = 18 Punkte (von 20 Punkten).
Die eingekreisten Ziffern kennzeichnen, welcher der fünf Leitpunkte hier jeweils abgehandelt wird.

✗ *Betreff*

Sehr geehrte Damen und Herren,

① Mit grosser Interesse habe ich die Meldung über Schönheitsoperationen gelesen, die am 16/08/97 erschienen ist. Ich möchte mich darüber kurz äußern. Erstens bin ich einverstanden damit, dass keine Liebesbeziehung durch eine Schönheitsoperation gerettet werden kann. Natürlich muss man sich fragen was man für Liebesbeziehung versteht. Wenn mein Partner von mir verlangen würde, ②✗ mein Gesicht oder meinen Körper künstlich ändern zu lassen, dann würde ich seine Gefühle mir gegenüber in frage stellen. Sicher spielt das Aussehen eine wichtige Rolle in der Partnerschaft, besonders am Anfang, da es als Blickfang zwischen 2 Personen dient.
Die Wahrnehmung von der andere Person, beginnt natürlich mit den Sinnen, aber, wenn die Beziehung eine tiefere Niveau erreichen will, sind andere Eigenschaften in Erwägung zu ziehen, Zur Rettung einer Partnerschaft sind ✗ ✗gegenseitige Respekt, Hilfe, Unterstützung, Einfühlungsvermögen wichtiger und effizienter als eine Schönheitsoperation. Diese könnte nicht nur unsere Gesundheit schaden sonder auch ein unerwünschtes Ergebnis haben. In meinem Vaterland Mexiko gehen immer mehr Frauen aus gehobenen Kreisen die Risiko ③✗ ein. Bemerkenswert ist, am Ende noch unzufrieden sind. Dann wird es ein Teufelskreis. Meiner Meinung nach, mangeln diese Frauen an Selbstliebe. Man ④✗ sollte einen Blick nach innen werfen; stattdessen konzentriert man sich auf das Oberflächliche, ohne eine richtige Lösung zu finden.
Für diejenige die sich unters Messer begeben wollen, habe ich noch einen Vorschlag: Sie könnten lieber einen guten Therapeuten suchen. Es kostet viel-⑤ leicht viel Geld, und dauert auch lange, aber dabei werden die Ursachen ihrer Unzufriedenheit analysiert und geheilt.

Mit freundlichen Grüßen

(251 Wörter)

	RG
	GA
	AZ
	GG
	RA
	GG
	GG
	ZG
	GG
	GZR
	GGA
	ZG
	G
	GZ
	GA
	Z

Kriterium	Punkte	Kommentar
Inhalt	5	Der Inhaltspunkt 1 ist etwas knapp, doch die anderen Inhaltspunkte werden schlüssig und ausführlich genug dargestellt.
Textaufbau	4	Der Text liest sich in weiten Teilen flüssig und kohärent. Einzelne Satzanschlüsse sind gut gelungen (Natürlich muss man sich fragen, was …; Sicher spielt das Aussehen eine wichtige Rolle), andere wiederum sind nicht zufriedenstellend (Erstens …; Diese könnte …). Es gibt einen klaren Punktabzug für das fehlende Textsortenmerkmal „Betreff".
Ausdruck	5	Der Text weist nur vereinzelt Unsicherheiten im Ausdruck auf und zeichnet sich durch gewählte und idiomatische Formulierungen aus (… würde ich seine Gefühle mir gegenüber in Frage stellen; das Risiko eingehen; Teufelskreis).
Korrektheit	4	Formale Fehler in Rechtschreibung und Grammatik sind offensichtlich nur Flüchtigkeitsfehler, sie beeinträchtigen das Verständnis in keiner Weise.

Aufgabe B: Leserbrief
Beispiel für ein gerade noch bestandenes bzw. ausreichendes Ergebnis = 10 Punkte (von 20 Punkten).

An die Redaktion
Des Leserbriefs
Der Süddeutsche Zeitung

RA
G

Schönheitsoperationen retten keine Partnerschaften: SZ, 16./17.08.97

Anrede

① Ich habe zum ersten Mal in meinem Leben, durch diese Meldung in Ihrer Zeitung am
16/17.08.97 erfahren, dass es solche Menschen gibt, die so oberflächlich und egoistisch
mit ihrer Partnerschaft Problemen umgehen. Es mag naiv oder sogar töricht sein, aber, wie
kann man so was jemandem empfehlen? Es ist kein Wunder, dass trotz dieser sinnlosen
Operationen die Partnerschaft nicht gerettet werden kann. Denn das Aussehen der Frau ist
nicht die Ursache des Problems gewesen.

RR
A
GZ
GA

② Von der Schönheitsoperation halte ich persönlich gar nichts. Weil ich die Scheinheit einer
Frau ganz anders betrachte. Dies hat überhaupt nicht zu tun, wie dick sie ist oder schlank,
oder was für eine Haarfarbe sie hat, ganz bestimmt nicht. Ein Auto, oder Haus, Straßen
kann man justieren, ob symetrisch oder, je nach geschmack. Aber ein Mensch ist meiner
Meinung nach, von der Natur perfekt justiert. Seit dem ich diese Meldung gelesen habe

GZA
AGGGZ
ZZ
AAAG
ZAR
GARA

③ und zu Kenntnis genommen habe, dass solche unmenschliche Enpfehlungen von solcher
gemacht werden, frage ich mich ob diese Menschen eine neue Definiton der Schönheit
erfunden haben. Mir ist es in meinem Land nicht bekannt, dass solche Taten dort geübt
werden und bin ich der Meinung, dass es keinen Beifall finden wird. Denn die Schönheit ist

GAAA
GG

④ auch das Zusammen Leben, zu einanderstehen, im Guten wie in schlechten. Wenn ich diesen Menschen einen Rat geben darf, werde ich Ihnen empfehlen, dass sie die Ursachen des
Problems in der Wirklichkeit zu suchen sollen. Sie mögen auch mit der Partnerin als

RRG
G
GA

⑤ Mensch umgehen nicht als Objekt, die Man ändern kann wenn man es will.

GZGRZ

(269 Wörter)

✗ *Gruß*

Kriterium	Punkte	Kommentar
Inhalt	3	Leitpunkt 1 und 3 wurden zu knapp behandelt, Punkt 4 fehlt völlig.
Textaufbau	2	Sätze stehen oft unverknüpft nebeneinander, die Textgliederung insgesamt weist logische Brüche auf. Außerdem sind die Textsortenmerkmale nicht ganz erfüllt: Es fehlen das Datum, die Anrede sowie der Gruß am Ende.
Ausdruck	2	Verfügt zwar stellenweise über idiomatischen und gut gewählten Ausdruck (*keinen Beifall finden; eine neue Definition der Schönheit*), allerdings sind einige Stellen aufgrund von Ausdrucksfehlern schwer verständlich (*ob symetrisch, oder je nach geschmack; von solcher gemacht werden*). An vielen Stellen ist der Ausdruck nicht angemessen.
Korrektheit	3	Es gibt mehrere Fehler im Bereich der Orthographie und der Zeichensetzung sowie im Bereich der Grammatik (*von der Schönheitsoperation halte ich gar nichts; zu suchen sollen*), doch diese behindern das Verständnis nicht.

Schriftlicher Ausdruck 2

51: mitteilen / schreiben; 52: Zeitpunkt / Termin; 53: erhielt / bekam; 54: Auskunft / Aussagen / Meinung / Rückmeldung; 55: weshalb
/ sodass / weswegen / wodurch; 56: folgenden; 57: wäre; 58: bei; 59: Verständnis; 60: Entschuldigen Sie / Verzeihen Sie

Mündliche Kommunikation

Zum Verlauf und zur Bewertung der Prüfung finden Sie Informationen im Prüfungsteil zur Mündlichen Kommunikation S. 97.
Dazu können Sie dann auch ein Beispiel eines Prüfungsgespräches auf Kassette oder den CD's hören. Die schriftliche Form des
Prüfungsgesprächs finden Sie auf S. 132.

Leseverstehen 1

1: Mögliche Unterstreichungen: b). Herr Müller hat vor kurzem einen <u>Stimmbildungskurs</u> besucht und sucht einen Chor am <u>Vormittag</u>. c). Die <u>Kindergärtnerin</u> Andrea ist immer auf der Suche nach neuen, <u>interessanten Ideen</u> für ihre <u>Arbeit mit Kindern</u>. d) Der Jungschauspieler Michael hat eine Rolle im Theater bekommen. Dafür braucht er noch <u>schnell</u> ein paar <u>Grundkenntnisse im Singen.</u>

2a): Person 1: Kurs A oder D; **Person** 2: Kurs B, C, D; **Person** 3: Kurs A, B oder C; **Person** 4: A, B oder C.

2b): Wichtig sind die Vorerfahrungen der Personen bzw. Voraussetzungen zum Besuch des Kurses sowie die Spezialwünsche der Personen, was Kursinhalt, Kursdauer und -zeit betrifft.
Mögliche Unterstreichungen: **B: Chor für Einsteiger/innen.** (...) <u>Körper, Atem und Stimme zu erfahren</u> (...) <u>*Wochenende*</u> **C: Rhythmus und Gesang.** (...) <u>Körper als Musikinstrument</u> (...) <u>Bewegung</u> (...) <u>Rhythmen mit Hilfe des Körpers</u> (...) Musikalische <u>Vorkenntnisse nicht erforderlich.</u> (...) *<u>Wochenende</u>* **D: Con Brio-Chor.** (...) <u>Erfahrungen im Chorsingen</u> (...) <u>Gospels</u> (...) <u>Notenkenntnisse vorteilhaft. Voraussetzung</u> (...); *<u>8 x mittwochs</u>* (...)

3: Person 1: A ist richtig; dazu müssen Sie wissen, dass ein Gospel aus Amerika kommt und vielleicht im Kurs geübt wird. Kurs B und C sind falsch, es steht im Text nichts von Liedern aus anderen Ländern. Kurs D ist falsch; es werden zwar Gospels gesungen, aber Anfänger sind vom Kurs ausgeschlossen.
Person 2: negativ – Es wird kein Chor am Vormittag angeboten.
Person 3: C – Es heißt „neben Ihrer Stimme auch Ihren Körper als Musikinstrument" und „Rhythmen mit Hilfe des Körpers". Das macht Kindern sicherlich mehr Spaß als nur zu singen.
Person 4: B – Einführungskurs für „Einsteiger" an einem Wochenende; Kurs A ist falsch: Der Kurs dauert über 2 Monate (9 x donnerstags). Kurs D ist falsch: Nur für Leute, die schon den Einführungskurs gemacht haben.

4: Ihr persönlicher Lösungsweg: ..... ➡ ..... ➡ ..... ➡ ..... ➡ .....
Möglicher Lösungsweg: A ➡ H ➡ E ➡ C ➡ F ➡ D ➡ G ➡ B

6: (03): negativ: Falsch ist B, da dies ein Buch über Goethes Essgewohnheiten ist. Falsch ist C, da nicht wissenschaftlich genug und für Jugendliche. Falsch ist E, da hier nur Goethes literarische Werke besprochen sind, aber nichts über seine Farbenlehre im Bereich der Kunst steht. **(04): D:** Falsch ist H, da es ein Buch für Erwachsene ist. **(05): F:** Falsch ist A, weil es nur neue Kenntnis vermittelt, aber nicht explizit Dinge hinterfragt. Falsch ist C, da nur für Kinder und Jugendliche geeignet. Falsch ist G, da es darin nur ums Essen geht, keine Dinge hinterfragt bzw. neue Weisheiten vermittelt werden. **(06): A:** Stichworte „Nahrung, Chemikalien, Lebensmittel" und die Frage „Was ist drin ...?". **(07): B:** Ein „ungewöhnliches" Kochbuch; Falsch ist A: kein Kochbuch, sondern Buch über die Inhaltsstoffe im Essen; Falsch ist G, da es sich nicht um ein Kochbuch, sondern um ein Nachschlagewerk zum Essen handelt.

Leseverstehen 2a

2: c) ablaufen; **d)** stimulieren; **e)** Humorräume; **f)** geplant / in Planung; **g)** (Oktober) 1993; **h)** „Clown Doktoren";
i) kranke Kinder; **j)** auszubilden.

4: Kommentare, Tipps und Beispiele:
  a) <u>immer</u>   Nummerieren Sie deshalb in der Reihenfolge der Lücken die Textstellen im Originaltext.
  b) <u>manchmal</u> Das hilft Ihnen sogar meistens, die gesuchte Textstelle zu finden. Achten Sie aber auch auf Synonyme wie in e) *Krankenhäuser - Kliniken*.
  c) <u>manchmal</u> Sie können sehr oft das Wort aus dem Originaltext übernehmen wie in e) *Humorräume*. Nur in wenigen Fällen müssen Sie ein neues Wort finden.   ➤ Aufgabe 4. c), S. 36
  d) <u>manchmal</u> Beispiele sind g) *1993* und h) *„Clown Doktoren"*.
  e) <u>nie</u>
  f) manchmal Beispiele sind b) Untersuchung statt untersucht, d) stimulieren statt stimuliert, i) kranke statt kranker und j) auszubilden statt Ausbildung. Achten Sie also immer auf die benötigte Wortform! ➤ Aufgabe 5, S. 34 f.
  g) manchmal Ein Beispiel ist f) geplant/in Planung statt soll bald entstehen. ➤ Aufgabe 5 a), S. 35
      Das ist aber nur nötig, wenn kein Wort aus dem Text in die Satzkonstruktion passt. Schreiben Sie in den anderen Fällen nur dann eigene Formulierungen, wenn Sie sich ganz sicher sind.
      Möglich wären z. B. in 1) Methode und in 2) Studie.

5 a): 1) Verminderung (Z. 3: *vermindert*); **2)** telefoniert (Z. 7: *am Telefon*), spricht (Z. 7: *beim Gespräch* **3)** Leiter (Z. 11: *leitet*), wichtig (Z. 8: *Wichtigkeit*); **4)** zu konzentrieren (Z. 13: *Konzentration*); **5)** gefalteten/verschränkten (Z. 15: *gefaltet*, Z. 24: *verschränkt*); **6)** benutzt (Z. 19: *benutzte*); **7)** veröffentlichte (Z. 21: *veröffentlicht*); **8)** zu finden (Z. 22: *fanden*)
<u>Typische Umformungen:</u> Verb/Adjektiv → Nomen; Nomen / Adjektiv → Verb, Änderung der Verbform.
<u>Fehlerquellen:</u> Endung beim Adjektiv (Nr. 5, 6), Zeitform beim Verb (Nr. 7), Infinitiv mit *zu* (Nr. 4, 8).
Prüfen Sie also immer, ob die Sätze mit dem Lösungswort <u>formal</u> korrekt sind, bevor Sie die Lösungswörter auf den (kopierten) Antwortbogen schreiben. Vielleicht entdecken Sie Formfehler, wenn Sie jeden Satz leise vorlesen?

5b):

		Hinweise:
1)	sieht	am Telefon/Gespräch mit Blinden (Z. 7/8)
2)	auswirkt	Gestikulieren → Information / Konzentration (Z. 1 - 4)
3)	Definitionen/	Die Forscher fragen: „Wie heißt das Ding, mit dem wir ...?" (Z. 17/18)
	Beschreibungen	(falsch: Fragen/Aufgaben wegen Ergänzung „von 25 Begriffen")
4)	erinnern	Die Probanden werden nach Worten gefragt, die sie kennen, aber selten benutzen.
		(falsch: *finden* wegen Ergänzung „an seltene Begriffe"; *denken* wegen „sich")
5)	schlechteres	67 % < 73 % (Z. 23 - 25)

6: Lösungen — Wo? — Hinweise / mögliche Fehlerquellen

	Lösungen	Wo?	Hinweise / mögliche Fehlerquellen
a)	22-jährige / 22 Jahre alte / in Washington lebende	Z. 7 / 8	andere Eigenschaften Jennis werden nicht erwähnt
b)	Experiment / Plan	Z. 12	falsch: *Schwachsinn*, im Text wird das Experiment nicht bewertet, falsch: *Einfall*, ist dasselbe wie *Idee* im Satz mit dieser Lücke.
c)	Abendessen/Gespräch	Z. 16	
d)	zeigen/veröffentlichen	Z. 28/29	*ihr Leben im Internet* (falsch: *zur Schau stellen* wegen der Position von *zu*, falsch: *übermitteln*, *laden* o.ä. wegen *Leben*)
e)	zu bewegen / zu zeigen	Z. 36	*vor der Kamera* (Infinitiv+zu wegen *es fällt ihr schwer, ...*)
f)	Zuschauer	Z. 38	*Kamera, inzwischen*
g)	„Jennicam"	Z. 40	*Homepage / nannte*
h)	Alter	Z. 52	*wie alle jungen Menschen*
i)	realistischer	Z. 54	*Fernsehen (... ist) nicht die Realität. Ich bin die Realität.*
j)	begründen	Z. 57	*Jennis Anhänger, Gründe*

Leseverstehen 2b

1a): Tashimas berufliche Tätigkeit: 2; Tamas besondere Eigenschaften: 3

1b): Toshihiro Tashira: *der Forscher* / Tama: *der Plüschroboter, er, das Robotier*

2a): 4: Z. 29: „In keinem anderen Land forschen zur Zeit so viele Wissenschaftler gleichzeitig an Maschinen, die ..." 5: Z. 30: „... Maschinen, die entweder menschenähnlich aussehen oder mit Menschen fast lebensecht kommunizieren können." – 6: Z. 34: „... ideal für Menschen, „die allergisch gegen Tiere sind oder einfach wünschen, dass jemand zu Hause auf sie wartet." – 7: Z. 45: „Unser Ziel ist eine künstliche Intelligenz mit Augen, Ohren, Gefühl und allen anderen menschlichen Sinnesorganen", erläutert Hiroaki Kitano. – 8: Z. 50: „... Forschungsprojekt gestartet. „In fünf Jahren", so Noriaki Ozawa, Direktor der Industrie-maschinen-Abteilung des MITI, „wollen wir den Prototypen eines Humanoiden für den Alltag entwickeln." – 9: Z. 55: „... will Rodney Brooks seinem Humanoiden Cog Intelligenz und Fähigkeiten „eines Kleinkinds" vermittelt haben ..."

3: richtig: 4.: „ein kleiner Roboter"; aber „ein Miniroboter" wäre ebenfalls eine gute Lösung.
falsch: 1.: Es handelt sich natürlich nicht um einen Tiger. 3.: Damit erfährt man nichts über Tama, es ist unklar, worauf sich „seine" bezieht, 5.: hässlich ist eine Bewertung, keine Information, wie sie in einer Notiz geliefert wird.
nicht so gut: 2.: Notizen sind kurz und nur selten vollständige längere Sätze. 2.: und 6.: Die Notizen enthalten überflüssige Angaben, denn alle Computer enthalten Chips und Sensoren.

4a): Sie könnten notiert haben: **A** bei 7, 8 und **B** bei 4, 5, 6, 9.

4b): *Beispiele:* 7: (Entwicklung einer) künstliche(n) Intelligenz (mit allen menschlichen Sinnesorganen); 8: 5 Jahre. Beachten Sie die Endungen der Wörter!

5a): 1: sehr groß / mehr Forscher als in anderen Ländern /; 2: Einsamkeit; 3: verwechselt (den) Roboter mit einem echten Hund / hält (den) künstlichen Hund / Roboterhund für echt / (es) denkt, der künstliche Hund ist echt (o.ä.)

5b): 5: menschenähnlich(es) Aussehen / sehen menschenähnlich/wie Menschen aus / kommunizieren mit Menschen / kommunizieren fast (lebens)echt / fast (lebens)echte Kommunikation o.ä.; Allergien gegen Tiere / Hundeersatz (1 Angabe genügt); 9: Cog /seinem Roboter Intelligenz / die Fähigkeiten eines Kleinkindes zu vermitteln; intelligente Roboter / einen intelligenten Roboter /Roboter mit Intelligenz zu entwickeln (o.ä.)

6: **Wir** empfehlen Ihnen für Ihre Prüfungstipps:
- Notizen so kurz wie möglich schreiben
- überprüfen, ob Formulierungen, die ich aus dem Text übernehme, leicht verändert werden müssen.
(„*in* fünf Jahr*en*" → 5 Jahr*e* / „menschenähnlich *aussehen*" → menschenähnlich*es Aussehen*).

7: **1** Frankfurt (Z. 7/8); **2** (die) Wirtschaft (Z. 10); **3** erfordert Kreativität / Phantasie/ungewöhnlich/unkonventionell o.ä. (Z. 6); auch: Z. 1-2, Untertitel; **4** jede Sechste (Z. 17); **5** 2 Jahre (Z. 23); **6** Rhetorik / Verkaufsstrategien / gutes Benehmen (1 Angabe genügt) (Z. 25-26); **7** durch Unternehmen und (Selbst-)beteiligung der Studenten o.ä. (Z. 32-38); **8** Selbstständigkeit / selbstständig zu sein/sich außerhalb der gewohnten in ungewohnter Umgebung behaupten zu können/zu behaupten/können sich überall behaupten o.ä. (Z. 38-40); **9** können (unter den Studenten) neue Mitarbeiter/Manager aussuchen/bekommen (jedes Jahr) die Profile der Studenten (in einem Katalog)/bekommen gute, neue Mitarbeiter/Manager (Z. 53-56)/**10** alle haben (einen) Job/(eine) Stelle (bekommen) (Z. 61-62)

Leseverstehen 3

1a): Sicher eher positiv, denn in den Überschriften steht: „Die ...-bombe können wir entschärfen" und „... ohne ... - schock möglich"

2:   **Frage**   **Text**

     a) die Fähigkeit der <u>Staaten, globale</u>   „Dass die <u>Staatengemeinschaft</u> trotz divergierender Interessen in
         <u>Probleme gemeinsam</u> zu lösen ?   der Lage ist, <u>globale</u> <u>Probleme</u> zu <u>lösen</u>, ..." (Z. 11f.)

     b) die Möglichkeiten, die <u>Erwärmung</u>   „trifft die globale <u>Erwärmung</u> ..." (Z. 21)
         der Erde zu stoppen ?

     c) eine sofortige Verringerung   „ Für den Klimaschutz bedeutet dies, dass die Summe aller
         der <u>Emissionen</u> ?   <u>Emissionen</u> über Zeiträume ..." (Z. 39)

     d) die Konzentration auf Maßnahmen,   „Der Schwerpunkt der Klimaschutzdebatte galt bisher der
         Energie <u>effizienter</u> zu nutzen ?   <u>Erhöhung</u> der Energie<u>effizienz</u>." (Z. 53)

     e) die Entwicklung <u>alternativer</u>   „... muss der steigende Energiebedarf durch <u>alternative</u>
         <u>Technologien</u> ?   <u>Technologien</u>, insbesondere ..." (Z. 59)

3: a) positiv „<u>Dass</u> die Staatengemeinschaft … <u>in der Lage ist</u>, globale Probleme <u>zu lösen</u>, <u>beweisen</u> die <u>erfolgreichen</u>
      Verhandlungen zum ..."

     b) positiv „... trifft die globale Erwärmung den Lebensnerv der Industriegesellschaft (...) <u>ist auch dieses Problem lösbar</u>, wenn …

     c) negativ/skeptisch „... die Summe aller Emissionen <u>über Zeiträume von mehreren Jahrzehnten bis zu über einem Jahrhundert</u>
      möglichst klein zu halten sind. (...) Klimaänderung <u>nur allmählich</u> einsetzt, kann die Abkehr von fossilen Energieträgern <u>sanft,</u>
      <u>ohne wirtschaftliche Schocks</u> ..."
      Kommentar: Wichtig ist der Kontrast zu der Formulierung „<u>sofortige</u> Verringerung" in der Frage.

     d) skeptisch/negativ „... der Erhöhung der Energieeffizienz. Dieses Ziel ist <u>sicherlich sinnvoll</u> und ohne große Kosten oder gar mit
      Gewinn zu erreichen. <u>Aber langfristig</u> muß ..."
      Kommentar: Die Formulierung „sicherlich ... aber ..." signalisiert meist: Skepsis, vgl. auch **Aufgabe 5**.

     e) positiv „Aber langfristig <u>muss</u> der steigende Energiebedarf <u>durch alternative Technologien</u>, insbesondere die Solartechnologie,
      <u>befriedigt werden</u>."

4: b) B; **c)** A; **d)** A; **e)** A; **f)** B

5: b) B (zwar - jedoch), A; **c)** B (nicht einmal), A; **d)** A, B (lediglich (= nur)); **e)** A, B (wenn auch ... zunächst ... doch...);
    f) A, B (weniger); **g)** B (höchstens), A; **h)** B (kaum) A
    Wenn es für Sie schwierig ist, in den Versionen B die skeptische Meinung zu erkennen, helfen Ihnen vielleicht folgende Über-
    legungen:
    - Formulierungen wie in **b)** und **e)** (konzessive Satzverbindungen) sind typisch für Argumentationen, in denen jemand der
      Gegenposition nur rhetorische Zugeständnisse macht, tatsächlich aber anderer Meinung ist.

                                                       ➤ *Unterwegs, Materialienbuch, S.136*

    - Formulierungen wie in **c)** II, d) II, f) II, **g)** I markieren, dass es von etwas zu wenig gibt oder es nicht das Wichtigste ist.
      Wahrscheinlich gibt es andere Leute, die etwas so gut genug finden, aber gerade <u>gegen</u> sie wird im *Text* argumentiert.
      Im Text lesen Sie anschließend in der Regel, was in den Augen des Autors wichtig ist.
    - Auch „*kaum*" in **h)** ist Rhetorik, es ist eine freundlichere Variante von *nicht*.

7:   **Lösung**   **Wörter, mit denen die**   **Ausdrücke, die die Meinung des Autors zeigen**
                    Textstelle zu finden ist

    1. A   *sechziger Jahren* (Z. 20)   Z. 22-35: *brachte die Wirtschaft auf Touren, stärkten ..., bereicherten ...*
                                            verdankten ... die Deutschen Wohlstand ... und neue Arbeitsplätze

    2. B   *heute* (Z. 38)   Z. 36-38: *unbestreitbar, heute ganz anders*

    3. A   *Obsternte* (Z. 47)   Z. 49-50: *ohne ... nicht vorstellbar*

    4. A   *langfristig* (Z. 58)   Z. 52-56: *konkurrieren um immer weniger Jobs, ... soziale Eruption = kurzfristig.*
                                             Langfristig ist das Bild (= die Situation) ganz anders

    5. A   *Begrenzung* (Z. 75)   Z. 73-76: *die Lösung liegt in ... Begrenzung der Einwanderung*

Leseverstehen 4

Diagnose:

2a): Mögliche Fehler: Vielleicht wurden Verb/Kontext/Nomen/Genus/Verb- bzw. Wortstellung/Zeit und Modus des Verbes etc.
      nicht ausreichend beachtet.

2b): Weitere Tipps: Den Satz vor und nach der Lücke gründlich lesen. – Sagen Sie sich den Satz vor: Klingt er richtig oder falsch? –
      Satzstellung (z.B. Verbposition) beachten – Bei schwieriger Aufgabe: Fragezeichen am Rand notieren, alle anderen Aufgaben
      machen und erst am Schluss zu dieser Aufgabe zurückkehren etc..

Training

1a): 1.C: Markiert werden muss der ganze vorausgehende Satz: „*Auf alle Fragen bekam sie übers Internet eine schnelle Antwort,*"
      Das Verb *erklären* steht mit Nominativ und Akkusativ. *Ihre Begeisterung* kann daher vom Sinn her nicht das Subjekt zu *erklären* sein.
      Da also der Nominativ fehlt und das Verb am Satzende steht, muss es sich um einen Relativsatz handeln (*dass* ist also falsch). Das
      Relativpronomen bezieht sich hier nicht auf ein einzelnes Nomen, sondern auf einen ganzen Satz (also sind *das* und *die* falsch).

2.D: Markiert werden kann: „*… schon vorkommen, meint sie, sei aber eher die Ausnahme.*" „*Meint sie*" deutet auf indirekte Rede, d. h. das Verb muss im Konjunktiv I stehen. Das erkennt man auch daran, dass der Satz mit Konjunktiv I weitergeht: *sei aber eher die Ausnahme* (*muss* ist also falsch). Von den restlichen Modalverben passt vom Sinn her nur *könne* in der Bedeutung: *etwas ist möglich.*

3.B: Markiert wird: „*zwar*". *Zwar* kann nicht alleine stehen, es zieht im nächsten Satz immer *allerdings, aber* oder *jedoch* nach sich.

4.B: Markiert wird: „*die „Reflex" vor zwei Jahren ins Leben …*." Hier fehlt das Verb. *Ins Leben rufen* ist eine feste Verbindung (= Funktionsverbgefüge), nur das Verb *rufen* passt.

5.D: Hier ist die Bedeutung des gesamten Satzgefüges wichtig. Der Teilsatz „*… es gibt keine Sponsoren und Geldgeber*" hilft Ihnen zu verstehen, was diese Gruppe selber machen muss, nämlich *Geld beschaffen.*

6.A: Nur der Sinnzusammenhang und Ihre Wortschatzkenntnisse helfen, die richtige Lösung zu finden. „*Denn*" ist auf jeden Fall falsch, weil es immer am Satzanfang steht.

7.D: Markiert wird „*stoßen …*": es handelt sich hier um ein Verb mit Präposition *(hin) zu.*

2: A) Beispiel auf S. 47: Da geht es um Verben mit Präpositionen / Präpositionalgefüge beim Verb / Feste Verbindungen mit Präpositionen (*Unterwegs* Kursbuch: S. 58 unten); auf S.47 passt Satz **7.** / Relativsatz (vgl. Kursbuch S. 53, Materialienbuch S. 153).

      B) Beispiele auf S. 47: **4. 5. 7.** Da geht es um: reflexive Verben / Verben mit Präpositionen / Präpositionalgefüge / Feste Verbindungen mit Präpositionen / Rektion des Verbes / Das Verb und seine Ergänzungen.

      C) **6.:** koordinierende und subordinierende Konjunktionen (*Unterwegs* Materialienbuch: S. 133-140) / Konjunktoren / Subjunktoren

      D) **3.**

      E) Es passt das Beispiel auf S. 47 unten; Es geht um: Genus und Deklination der Nomen (Materialienbuch S. 149).

      F) **4.:** Feste Verbindungen: „ins Leben rufen".

3a): **0 B:** Idiomatische Redewendung: *Liebe auf den ersten Blick.*; **1 C:** Man muss die Bedeutung der vier Präpositionen kennen, dann hilft der Kontext und die Frage: Warum wurde eine Fahndung ausgelöst?; **2 A:** Aus dem Bedeutungszusammenhang kommt nur das Verb *lassen* infrage; **3 D** Auch hier kommt vom Sinnzusammenhang her nur *entdecken* infrage. **4 A:** Hier hilft die Kenntnis der Bedeutung der Konjunktionen weiter, aber auch die Satzstellung, deshalb ist *aber* nicht möglich. **5 C:** Feste Verbindung bzw Funktionsverbgefüge: *jdn. in Kenntnis setzen*; **6 C; 7 A; 8 A:** Hier muss man wieder die Bedeutung der verschiedenen Konjunktionen bzw. der Verben kennen und kann dann aus dem Sinnzusammenhang das richtige Wort finden. **9A** Entscheidungskriterium ist hier die Bedeutung der Modalverben (*Unterwegs* Materialienbuch S. 143); **10 C:** Hier hilft die Kenntnis der Bedeutung der Adverbien.

4: **1) D:** *Beamte* arbeiten für den Staat; in kleinen Läden gibt es nur <u>einen</u> *Händler*; *Arbeiter* gibt es nur in der Fabrik. **2) C:** Das Verb hat Endstellung, also handelt es sich um einen Nebensatz: es fehlt eine subordinierende Konjunktion (*Trotzdem* ist also falsch). **3) D:** Nach dem vorangegangenen Satz passt von der Bedeutung her nur *bereits*. **4) B:** In den Kontext passt nur „zuerst". **5) A:** Vom Sinn her ist nur *ausräumen* möglich. **6) C:** nur *auf* steht mit Akkusativ: *mehre<u>re</u> Millionen …*, daher *bis* und *zu* falsch. **7) C:** Von der Bedeutung der Adverbien her ist nur *völlig* möglich. **8) A:** Verb mit fester Präposition; hier: *deuten auf*. **9) C:** *Billige Massenware* wird genauer beschrieben bzw. umschrieben; d. h. es wird nichts verglichen (*als* ist falsch) oder begründet (*weil* ist falsch); bei *zwar* müsste es heißen <u>und zwar</u>; **10) C.**

Hörverstehen 1

1a): 1) um ein Telefongespräch; 2) Die Anruferin, Frau Schubert, möchte mit ihrer Familie zu den Salzburger Festspielen fahren, deshalb will sie Karten für eine Oper vorbestellen und den Aufenthalt in Salzburg organisieren; 3) Jemand bei der „Salzburg- Information".

2a): Hinweis auf (01): „habe … in der Zeitung gelesen" und „deshalb" (Z. 3); Hinweis auf (02): „Salzburger Festspiele" (Z.11) und „Karten für …" (Z.14) <u>Erläuterung:</u> Häufig hören Sie den <u>Stichpunkt</u>, zu dem die Information zu notieren ist, in abgewandelter Form, wie in (02). Auf jeden Fall aber weist Sie das <u>Gesamtthema</u> des entsprechenden Gesprächsabschnitts auf die gesuchte Information hin.
<u>Hinweis:</u> Nur selten und fast ausschließlich in den Beispiellösungen kommt die Information von der Person, die Auskunft <u>sucht</u>, hier von Frau Schubert. Normalerweise gibt der <u>Gesprächspartner</u> die Informationen, die Sie notieren sollen.

2b): <u>Lösungen:</u> 1) Festspielbüro; 2) 80 450; 3) im Stadtinneren / im Zentrum / zentral o.ä.
Wenn Sie Fehler gemacht haben, lesen Sie die folgenden Hinweise und hören dazu den Abschnitt am besten noch einmal.
<u>Hinweise im Hörtext auf 1):</u> Herr Bader informiert Frau Schubert, dass sie bei ihm *keine* Karten bestellen kann („da sind Sie bei mir leider falsch"). Wie zu erwarten, informiert er anschließend, wo das möglich ist: „*Karten müssen Sie* direkt *beim …*";
<u>Hinweise im Hörtext auf 2):</u> Herr Bader bietet Frau Schubert an, ihr „die Telefonnummer" des Festspielbüros zu geben. Er diktiert 2 *Vorwahlnummern* (für Österreich und für Salzburg), bevor er informiert: „für das *Festspielbüro …*"; <u>Hinweise auf 3):</u> Frau Schubert fragt nach der *Unterkunft* und „Wo ist man da *untergebracht* ?" Herr Bader sagt, sie könne „zwischen … *Hotels* wählen" und leitet die gesuchte Information ein mit: „*Alle liegen im …*"
<u>Erläuterung:</u> Häufig hören Sie (wie bei (1) und (2)) vor der gesuchten Information Angaben, die <u>nicht</u> richtig, <u>nicht</u> interessant o.ä. sind. Wie bei (3) können auch *Synonyme des Stichpunkts* auf die Information hinweisen, die Sie suchen.

3a): Das neue *Thema Hotel/Unterkunft* wird von Frau Schubert eingeleitet mit: „Könnten Sie mir vielleicht noch bei der Unterkunft helfen?"

3c): Bei Punkt 4 geht es nicht mehr um die Übernachtung, sondern um die *Mahlzeiten*, ab Punkt 5 um *zusätzliche* Leistungen in den Hotels, ab Punkt 6 zur Salzburg-Plus-Card, ab Punkt 8 geht es offensichtlich um die Kosten (*Zahlung, Preis*).

zum Trainingskapitel

3d): Lösungen: 4) Restaurants nach Wahl / zur Auswahl / 22 (verschiedene) Restaurants o.ä.; 5) kulturelle Veranstaltungen / Kulturveranstaltungen / Konzerte / Stadtrundfahrt (*1 Angabe genügt*); 6) Benutzung der öffentlichen Verkehrsmittel / öffentliche Verkehrsmittel / (Eintritt in) alle Sehenswürdigkeiten / Mozarts Geburtshaus / Festung / (*1 Angabe genügt*).
Wenn Sie Fehler gemacht haben, lesen Sie die folgenden Hinweise und hören den Abschnitt am besten noch einmal.
<u>Hinweise auf 4):</u> Frau Schubert wechselt zum Thema *Essen/Mahlzeiten* mit den Worten „Und das ist dann Übernachtung mit *Frühstück* ?", Herr Bader informiert mit dem Hinweis: „wahlweise ein Mittag- oder Abendessen" und: „nur das Frühstück ... im Hotelrestaurant. Für *die anderen Mahlzeiten* können Sie ..." <u>Hinweise auf 5):</u> Hier wechselt Herr Bader zu dem Thema *zusätzliche Leistungen* mit „dann sind für Sie ja *auch einige Leistungen*, die in so einem Angebot *außerdem* enthalten sind, genau das Richtige." Im Anschluss an Frau Schuberts Nachfrage „*Was für Leistungen ...?*" gibt Herr Bader die gesuchte Information;
<u>Hinweise auf 6):</u> Herr Bader informiert über *alle Vergünstigungen*, die *dazu kommen*, weil man auch die *Salzburg-Plus-Card* nutzen kann. Herr Bader wiederholt den Stichpunkt *Salzburg-Plus-Card*, bevor er aufzählt, welche Leistungen mit dieser Karte *kostenlos* sind. Dabei nennt er die *Benutzung der öffentlichen Verkehrsmittel* zusammen mit dem Stichwort *kostenlos*, anschließend hören Sie die anderen Leistungen.

4a): Die Aussage trifft sicher in den meisten Fällen zu. Wenn Sie sich bei jedem Punkt vorher bewusst machen, welche Art von Information Sie beim darauf folgenden Zuhören zu erwarten haben, können Sie diese Information besser erfassen. Auch die fett gedruckten Wörter (meist Präpositionen) geben Ihnen dafür Hinweise.

4b): 7) B oder E; 8) C oder G; 9) D; 10) A.

4c): Lösungen: 7) Casino / Automiete/Mietwagen/Leihwagen o.ä.; 8) vorweg/vor Reiseantritt/im Voraus/vor der Reise o.ä.;
9) 1299 bis 2220 Schilling; 10) 15/fünfzehn Jahre.
Wenn Sie Fehler gemacht haben, lesen Sie die folgenden Erläuterungen und hören den Abschnitt am besten noch einmal.
Erläuterung: Haben Sie bei **10)** „6 Jahre" notiert ? - Manchmal werden in dem betreffenden Gesprächsabschnitt *mehrere verschiedene Angaben* gemacht, die von *derselben Art* sind, von denen aber *nur eine richtig* ist. Bei 10) nennt Herr Bader Preise für zwei verschiedene Altersgruppen; bis 6 Jahre können die Kinder *kostenlos* mitkommen, *die Hälfte* zahlt man für sie, wenn sie nicht älter als *15* sind (vgl. auch den Schluss der Erläuterung zu Aufgabe 2b).

5: (3) C; (4) B; (5) A; (6) D; (7) A; (8) D
Hinweis: In den offiziellen Bewertungskriterien heißt es, dass nur solche Fehler zum Abzug von Punkten führen, die den Sinn der Lösung nicht mehr erkennen lassen. Es ist aber sicher ratsam, möglichst alle Formfehler zu korrigieren, wenn Sie Ihre Lösungen auf den Antwortbogen übertragen.

6: a) richtig: In (01) war das der Titel der Mozartoper; es kann auch der Name einer Firma, eines Stadtteils o.ä. gefragt sein; b) falsch: Eine Notiz besteht normalerweise aus Stichworten; achten Sie aber darauf, ob Ihre Notizen syntaktisch richtig an die vorgegebenen Punkte anschließen; das können Sie vielleicht am besten feststellen, wenn Sie alles halblaut vor sich hin lesen; c) falsch: siehe Hinweis zu Aufgabe 5; d) (meistens) richtig: Wenn es Ihnen möglich ist, notieren Sie aber auch zusammengesetzte Wörter komplett; wenn Sie den ersten Teil nicht verstanden haben, notieren Sie zumindest das Grundwort, z.B. hier: Rundfahrt, Wagen; e) richtig: z.B. bei den Punkten (5) bis (7); *siehe auch die Erläuterungen zu Aufgabe 4c*; f) falsch: Wenn Sie die Information dem Sinn nach verstanden haben, können Sie die Notiz auch in andere Worte fassen; siehe die unterschiedlichen Lösungsmöglichkeiten in den Aufgaben 2 - 4; g): richtig siehe die Erläuterungen zu Aufgabe 4c.

7: 1) Kürze/wenigen Wochen oder Monaten; 2) (an) Telefonzellen/(im) Stadtkern/Zentrum/(an) Telefonkabinen/- häuschen o.ä.;
3) 1200/zwölfhundert; 4) elektronischem Schloss/Schloss. 5) mit Öffnungscode/Code/Öffnungsnummer/Nummer/nach (Telefon-) Anruf o. ä.; 6) Minute; 7) (Grund-)gebühr/Gebühr; 8) auffällig/auffälliges Design/silber/(neon-)orange o. ä. (nur 1 Angabe ausreichend); 9) einmalige Registrierung (am Anfang) / Personalien/persönliche Daten/Daten der Kreditkarte/Bankverbindung o. ä.; 10) Kinder/Jugendliche ab 16/Menschen ab 16.

Hörverstehen 2 A

1a): In einem <u>Interview</u> gibt es einen Interviewer, der mehrere Personen (in den Prüfungstexten meist 1 - 3) mit verschiedenen Fragen konfrontiert: er interviewt. In einem <u>Feature</u> gibt es einen Moderator, der durch die Radiosendung führt, d.h. zwischen durch Zusammenfassungen und Interpretationen liefert oder auch zum Folgenden überleitet. Kennzeichnend für das Feature sind unterschiedliche Teile wie z.B. Zitate, Interviewteile, Darstellungen, Kommentare etc., die alle miteinander durch den Kommentar des Moderators verbunden sind, der sich wie ein roter Faden durch die Sendung zieht.

1b): Im Interview der Interviewer und die befragten Personen, im Feature der Moderator, verschiedenste Rundfunksprecher, die z.B. Textauszüge vorlesen, die befragten Personen.

1c): Vgl. oben unter 1a. Außerdem stellt der Moderator auch Personen vor, die nachfolgend zu Worte kommen; er nennt z.B. den Titel und Autor eines Buchs, das im Folgenden zitiert wird. Im Interview lösen die Fragen des Moderators, sobald sie gestellt werden, eine Erwartungshaltung beim Zuhörer aus, d.h. er/sie kann Hypothesen bilden, was der Befragte antworten könnte.

1d): Zu Beginn stellt der Moderator den Gast oder die Gäste vor, er gibt eine kurze Einführung ins Thema, am Ende einen Ausblick, eine Zusammenfassung oder eine Interpretation des gerade Gehörten.

2: Thema/Inhalt: Die Kunst des Nichtstuns. Es geht darum, welche Bedeutung der Begriff „Nichtstun" früher hatte und welche er heute hat. Sprecher: Ein Moderator und verschiedene Sprecher, die Erläuterungen zum Thema liefern.

3a): *Nichtstun* bedeutet in manchen Kontexten „faul sein", in anderen „nicht arbeiten", aber auch „den Tag genießen, Zeit und Ruhe haben". *Muße* bedeutet „die Ruhe, die nötig ist, um sich ohne Hast mit etwas zu beschäftigen, das einen interessiert", „das Leben, das Dasein wahrnehmen und genießen", „schöpferische Ruhe", *Faulheit* bedeutet, „keine Lust zur Arbeit oder zu anderen Aktivitäten zu haben".

4: Es könnte markiert werden, z.B.: „verbindet", „Muße", „früher", „Muße", „leben wir", „immer noch", „Arbeitsgesellschaft", „Freizeit … nicht richtig genießen", „Freizeit außer als Konsumzeit", „Trend", „Europa", „Arbeitsmarkt", „Arbeitszeit in den USA".

5a): Mögliche Schlüsselwörter, die Sie heraushören und notieren könnten:

Faulheit = „aller Laster Anfang"

Muße = Ergebnis der Arbeit anderer

Künstler — Reiche — Auserwählte

Arbeitsgesellschaft: + Freizeitgesellschaft: -
↓ ↓
- Freizeit genießen: negativ

6a): Schlüsselwörter: 1. Vorstellungen von Muße 2. Wer … früher 3. Warum … Arbeitsgesellschaft

6b): Mögliche Unterstreichungen: 1 a) <u>negativ</u>, b) <u>Begriff</u>, … <u>positive</u> … <u>negative</u> <u>vereint</u> c) <u>Faulheit</u>
2 a) <u>Arbeiter</u>; b) <u>Arme Leute</u>, <u>Leute</u> … <u>reicher Herkunft</u> … <u>Künstler</u>
3 a) <u>Freizeit nicht</u> … <u>genießen</u>; b) <u>Arbeitgeber befürworten</u> … <u>Arbeitsgesellschaft</u>; c) <u>Ohne Geld</u> … <u>nicht genießen</u>.

7a): **1b**; **2c**; **3a**.

Richtige Antwort in Aufgabe:	Passende Stelle im Hörtext:
1b) Es scheint ein Begriff zu sein, der positive und negative Aspekte vereint.	*Noch ist das <u>Bild</u>, das wir von Muße haben, <u>unklar</u>, <u>einerseits verklärt</u> in Traumbildern, vom Aussteigen in der Karibik, <u>andererseits behaftet</u> mit dem puritanischen <u>Makel</u>, dass Faulheit aller Laster Anfang sei.*
2c) Leute mit reicher Herkunft und Künstler	*Neben den <u>Menschen, die reich geboren waren</u>, nahmen sich diese Freiheit <u>Künstler</u> …*
3a) Die Menschen können Freizeit nicht richtig genießen.	*Die <u>Fähigkeit, Freizeit zu genießen</u> und für sich selbst zu nutzen, <u>ist</u> vielfach <u>verkümmert</u>.*

7b): Wörter aus den Fragen sind häufig auch im Hörtext zu hören und signalisieren, dass kurz vorher oder auch nachher die Informationen gegeben werden, die zum Lösen der Aufgabe relevant sind. Die Reihenfolge der Aufgaben entspricht <u>immer</u> dem Verlauf des Hörtextes.

8: **a)** ja; **b)** ja; **c)** nein; **d)** nein; **e)** ja;
Die Strategie, bestimmte Satzteile und Wörter im Hörtext einzelnen Satzteilen und Wörtern in den Aufgaben zuzuordnen, ist vergleichbar mit der eines Adlers, der über der Landschaft seine Beute sucht, sie entdeckt und dann plötzlich herunterstößt, um sie zu fangen.

9. Zu C: Ein Wort steht immer im Kontext eines Satzes bzw. eines Textes und kann dadurch jeweils einen ganz unterschiedlichen Sinn bekommen. Um die richtige Antwort auszuwählen, müssen Sie also a) sowohl die Frage als auch b) die drei möglichen Antworten dazu ganz genau lesen und verstehen, und c) den kompletten Satz im Hörtext, in dem das Wort vorkommt, richtig aufnehmen und verstehen.

Zu D: Vor dem Hören der einzelnen Aufgaben lesen Sie Frage und Antworten so intensiv, dass Sie die Bedeutung der einzelnen Sätze verstehen. Damit wissen Sie auch, worin sich die Sätze unterscheiden, und worauf Sie beim Hören achten sollten. Denn je mehr Vorwissen und Vermutungen Sie haben, was im nächsten Abschnitt zu hören sein wird, desto leichter tun Sie sich beim Hören.

11a): **4:** Die Arbeitszeit ist Schlüsselbegriff, der in Frage steht. a) <u>Seit Jahrzehnten</u> bleibt die Arbeitszeit <u>unverändert</u>; b) <u>Seit 40 Jahren</u> muss ein Teil der Amerikaner wieder <u>länger arbeiten</u>; c) Sie hat sich <u>verkürzt</u> und die <u>Urlaubszeit ist länger</u> geworden.
5: <u>Der Trend</u> ist Schlüsselbegriff, der in Frage steht. a) <u>Immer mehr</u> können mit <u>gesicherten Arbeitsverhältnissen</u> rechnen; b) <u>Arbeitsfreie</u> und <u>arbeitsreiche</u> Zeiten werden sich <u>abwechseln</u>; c) Einige Beschäftigte lassen sich <u>frühzeitig pensionieren</u>.

11b): **4a**; **5b**

Die *richtigen* Antworten in Aufgabe:	Passende Stelle im Hörtext:
4a) Seit Jahrzehnten bleibt die Arbeitszeit unverändert.	*Z. 51-54 Aber <u>seit den 40er Jahren</u> ist die durchschnittliche Arbeitswoche in den Vereinigten Staaten <u>unverändert geblieben</u>.*
5b) Arbeitsfreie und arbeitsreiche Zeiten werden	*Z. 64-66 <u>Zeiten von Arbeitslosigkeit, Fortbildung und Umschulung</u> werden sich abwechseln.*

11c): Die *falschen* Antworten in Aufgabe: Stelle mit anderer Bedeutung im Hörtext:

4b) <u>Seit 40 Jahren</u> muss ein Teil der Amerikaner wieder <u>länger arbeiten</u>.	*Z. 51-55 Aber seit den 40er Jahren … Viele Fachleute glauben sogar, dass <u>die Freizeit abgenommen hat</u>.*
4c) Sie hat sich <u>verkürzt</u> und die <u>Urlaubszeit ist länger</u> geworden.	*Z. 55-59 Die Urlaubszeit <u>bleibt</u> für die meisten Arbeitskräfte in den USA auf die traditionellen <u>zwei Wochen beschränkt</u>, vorausgesetzt sie haben keine Saisonverträge, denn dann bekommen sie <u>wahrscheinlich überhaupt keinen Urlaub</u>.*
5a) <u>Immer mehr</u> können mit <u>gesicherten Arbeitsverhältnissen</u> rechnen.	*Z. 61-64 … Menschen, die <u>nicht mehr mit einem gesicherten Arbeitsverhältnis</u> vom Ende der Ausbildung bis zur Pensionierung <u>rechnen können</u>.*
5c) Einige Beschäftigte lassen sich <u>frühzeitig pensionieren</u>.	*Z. 61-64 Menschen, die <u>nicht mehr mit einem gesicherten Arbeitsverhältnis</u> vom Ende der Ausbildung <u>bis zur Pensionierung rechnen</u> können.*

12: **1c; 2c; 3b; 4a; 5c; 6b; 7a; 8b.**

Richtige Antwort in Aufgabe:	Passende Stelle im Hörtext:
1c) Wenn die Leute ihre Freizeit mit <u>mehr Muße und Ausruhen</u> verbringen.	Z.19-21 … *indem die gewonnene Zeit zum <u>längeren Schlafen</u>, Spazierengehen, Reden oder <u>dolce far niente</u> genutzt wird.*
2c) Man könnte <u>anderen Menschen helfen</u>.	Z. 26-30 *Freie Zeit für … Oder Sozialarbeit, <u>Zeit für andere, die in Not geraten</u> sind?*
3b) Wenn man <u>mehr als einen Job zum Überleben</u> hat.	Z. 39-49 *Beck spricht von einer Brasilianisierung: Nur wenige Menschen werden nach diesem Modell Vollarbeitszeitverhältnisse haben, sondern <u>mehrere Jobs annehmen</u> müssen, um überleben zu können. … Sie verdingen sich als Dienstboten aller Art und als Arbeitsnomaden, die <u>zwischen verschiedenen Tätigkeitsfeldern</u>, Beschäftigungsformen und Ausbildungen <u>hin und her pendeln</u>.*
4a) <u>Arbeit in sozialen Bereichen geleistet von Bürgern.</u>	Z. 56-59 *… in so genannter Bürgerarbeit, <u>Elternarbeit, ehrenamtlichen Tätigkeiten</u>, Politik. Für diese <u>selbstbestimmten Tätigkeiten außerhalb des Marktes</u> …*
5c) Helfern könnte <u>Zeit gutgeschrieben</u> werden.	Z. 77-78 *… diese Tätigkeiten nicht auch letztlich entlohnt werden müssten, oder <u>in anderer Form, nicht monetär</u>, aber vielleicht durch <u>Zuerkennung von Zeit</u>, also eine Umschichtung von Arbeitszeit in sozial nützliche Zeit, <u>in anderer Weise eben honoriert</u> werden müssten.*
6b) Weil <u>Faulheit jahrhundertelang abgelehnt</u> wurde.	Z. 74-76 <u>*Faulheit*</u>*, von der Antike bis zur Französischen Revolution nur den Herrschenden möglich, ist <u>nie demokratisiert worden</u>.* Z. 71-73 *Dass die Arbeiterbewegung in ihrem erfolgreichen Kampf um Freizeit die Faulheit als kontraproduktiv über Bord geworfen hat.*
7a) Man muss <u>Nichtstun</u> lernen.	Z.101-103 *Man muss denken lernen, <u>man muss Kreativität lernen, also man muss lernen mit dieser Zeit, in der nichts produziert wird, umzugehen</u>.*
8b) Indem sie eine <u>Kultur der Muße ausbildet.</u>	Z. 97-99 *… ist <u>Flucht in die Betriebsamkeit der gänzlich untauglichen Versuch, der Langeweile zu entfliehen</u>.*

Empfehlungen für die Prüfung

Beim ersten Hören können Sie
- die Augen schließen und zuhören **oder**
- zuhören und Aufgaben mitlesen
- gleich mögliche richtige Antworten ankreuzen
- zuhören und am Rand einzelne Antworten markieren: z.B. die falschen Antworten wegstreichen, die schwierigen Antworten mit Fragezeichen versehen
- Stichwörter notieren (vgl. Aufgabe 5 auf S. 59)
- eine Mind-map entwerfen (vgl. Aufgabe 5)
- oder …

Beim zweiten Hören können Sie **in den Pausen** vor und nach dem Hören eines Abschnittes- die im nächsten Abschnitt zu bearbeitenden drei bis vier Aufgaben genau durchlesen, die Schlüsselwörter markieren und sich klarmachen, welche Aspekte des Themas in diesem Abschnitt angesprochen werden.
- die Aufgaben noch einmal genau durchlesen, eventuell dabei auf Markierungen achten, die Sie beim ersten Hören gemacht haben.

Kurz vor Schluss:
- Wenn Sie zu einer Frage die Lösung nicht finden konnten, dann schauen Sie sich noch einmal die Fragen an, die bereits gelöst sind. Vielleicht liefern diese Informationen, die zur Lösung der noch nicht gelösten Aufgabe hilfreich sein könnten.
- Kreuzen Sie am Ende auf jeden Fall eine Anwort an (Falschantworten werden nicht negativ bewertet!). Vielleicht wissen Sie bereits, welche der drei Antworten sicherlich falsch ist - dann streichen Sie diese weg. Dann bleibt Ihnen noch eine Chance von 50 %, die richtige Lösung zu finden.
- Nur wenn Sie gar nicht wissen, welche Antwort falsch sein könnte, hilft Ihnen folgender Tipp: Oft (aber **nicht** immer !!!) ist die Antwort falsch, in der keine Wörter aus dem Hörtext zu finden sind.

Hörverstehen 2b

1: **Thema:** Erziehung - Brauchen wir eine neue Erziehung, einen neuen Erziehungsstil?;
  Verlauf: In einer Gesprächsrunde befragt ein Moderator seine drei Gäste im Studio zum Thema „Erziehung".

3: Ein Moderator leitet durch die Sendung. Am Anfang gibt er eine kurze Einführung in das Thema, dann befragt er nacheinander seine drei Gesprächspartner (nennt sie dabei immer beim Namen) und fragt an bestimmten Stellen nach. Die einzelnen Gesprächspartner vertreten verschiedene Standpunkte bzw. beleuchten mit ihren Beiträgen unterschiedliche Aspekte des Themas.

4 **a):** 1e; 2c; 3b; 4f; 5a; 6d
Haben Sie viele Fehler gemacht, dann korrigieren Sie Ihre Fehler und hören diesen Abschnitt noch einmal. Falls Sie dann immer noch Schwierigkeiten haben, die Aussagen zu identifizieren, schauen Sie die Transkription des Hörtextes 8, Abschnitt 2 auf S. 138 an.

4 **b):** Mögliche Strategien: Vor dem Hören die Sätze einmal durchlesen. / Vor dem Hören wichtige Wörter, die Schlüsselwörter, in den Aussagen unterstreichen. / Beim Hören diese Schlüsselwörter im Blick behalten und mit Gehörtem vergleichen.

5c): Herr Rothaus: 1, 4, 5, 7; Frau Kruse: 2, 3, 6, 8

1: Z. 79-83: *Die Basis für die traditionelle Erziehung war, dass es auf der einen Seite <u>Erwachsene gab, die wussten, was richtig war, was zu tun war</u>, und auf der anderen Seite Kinder, die noch nicht wussten.*

2: 144-148: *Dass es einfach nur heißt: Lass das, lass das, lass das, lass das … <u>ohne irgendwie zu überlegen</u>, warum das gelassen werden soll, sondern eher <u>der Druck von außen wird weitergegeben auf das Kind</u>.*

3: Z. 127-131: *Ich denke, grundsätzlich muss man sich klarmachen, dass <u>Erziehung einfach ein Einwirken auf das Kind ist</u> und dass der größte Teil - aus meiner Sicht bisher nicht als Fachfrau, sondern einfach als Mutter und Tochter - ist <u>liebend auf das Kind einzuwirken</u>.*

4: Z. 75-79: *Und ich denke, der Grund für diese <u>Erziehungsunsicherheit, die wir vor 30 Jahren in der Art sicher nicht gesehen haben</u>, liegt darin, dass die Basis für Erziehung, für die traditionelle Erziehung inzwischen weggebrochen ist.*

5: Z. 95-96: *Da sieht man <u>diese Differenz zwischen Kind und Erwachsenen, die gibt es nicht mehr</u>.*

6: Z. 160-163: *Und dass man jetzt, also in meiner Sphäre auch denkt: Ach, <u>ist das richtig, denen was zu verbieten? Und verkrümme ich sie damit</u>, oder so?*

7: Z. 69-74: *Das ist das Phänomen, was wir immer wieder sehen, dass wir mit <u>Eltern</u> zu tun haben, die ganz unsicher sind, ob sie überhaupt erziehen sollen, die <u>resigniert</u> haben, <u>weil die Kinder sowieso nicht das tun, was sie wollen</u>.*

8: Z. 157-160: *… dass wir … ich weiß nicht, ich denke … <u>in den letzten 30 Jahren</u> gesehen haben, dass <u>es ganz viele verschiedene Alternativen der Erziehung gibt</u>.*

6a): 1D; 2C; 3A; 4D; 5C; 6B; 7B; 8A; 9C; 10D

Beispiel: Z. 70-74: *dass wir mit Eltern zu tun haben, die … resigniert haben, weil die Kinder sowieso nicht das tun, was sie wollen.*
Wenn Sie falsche Lösungen angekreuzt haben, können Sie in der Transkription auf S. 138 die Aussagen heraussuchen, die den Sätzen in den einzelnen Aufgaben entsprechen. Sie finden sie in der folgenden Reihenfolge:

1. Z. 141-144: *Einwirken zu dürfen: einfach dadurch dass man größer und stärker ist, darf man alles verbieten.*

2. Z. 90-95: *Infantilisierung der Erwachsenen. Wenn ich durch Düsseldorf sehe, dass da ein Erwachsener mit 'nem Tretroller fährt. Wenn ich die Väter sehe, die eigentlich jünger sein wollen als ihre Kinder, usw. Da sieht man diese Differenz zwischen Kind und Erwachsenen, die gibt es nicht mehr.*

3. Z. 24-26: *Die Folge: Der Konsum an Erziehungsratgebern nimmt immer weiter zu.*

4. Z. 163-166: *Und das, das ist halt, dass man wählen kann, was man vielleicht vor 100 Jahren gar nicht so wusste, dass man wählen kann. Ehm, dass je mehr Wahl man hat, desto unsicherer ist man.*

5. Z. 111-112: *Früher glaubten die Erwachsenen zumindest, Werte zu haben. … Aber sie waren zumindest der Überzeugung.*

6. Z. 45-50: *Und ich denke, Eltern, die den Kindern keine Orientierung bieten können, weil sie aus irgendwelchen Gründen selber keine haben, die verunsichern ihre Kinder und machen sie hilflos.*

7. Z. 57-60: *… es ist heute nicht einfach, ein Kind zu erziehen, in unserer Zeit des Umbruchs, und ja der … des Verlustes auch von festen Werten.*

8. Z. 19-24: *Mütter und Väter, die mit der Bitte an ihre Kinder herantreten, sie mögen doch die Führungsrolle der Erwachsenen akzeptieren. Beispiele dafür, dass vielerorts in Deutschland das eingetreten ist, was Experten bereits als Hinweise auf einen Erziehungsnotstand betrachten.*

9. Z. 79-83: *Die Basis für die traditionelle Erziehung war, dass es auf der einen Seite Erwachsene gab, die wussten, was richtig war, was zu tun war, und auf der anderen Seite Kinder, die noch nicht wussten.*

10. Z. 131-132: *…, sondern einfach als Mutter und Tochter - ist liebend auf das Kind einzuwirken.*

6b): Vielleicht haben Sie nicht beachtet, dass im Hörtext auch Synonyme oder Umschreibungen zu den Sätzen in der Testaufgabe zu hören sein können.

6c): Nach der Ansage **vor dem Hören** der Gesprächsrunde könnten Sie die Schlüsselwörter unterstreichen, um beim Hören nicht alle zehn Sätze gleichzeitig im Blick behalten zu müssen, sondern nur einzelne Wörter. Vielleicht können Sie ja auch schon die zehn Sätze sortieren, d.h. möglicherweise zusammengehörende Aussagen und Themenaspekte mit verschiedenen Symbolen (Buchstaben oder Ziffern) markieren.
Beim ersten Hören könnten Sie zu den einzelnen Personen Notizen machen.
Eventuell können Sie schon einige Kreuze machen (aber erst <u>neben</u> dem Kästchen) oder neben einzelnen Sätzen den Buchstaben einer Person notieren; vielleicht erkennen Sie bereits jetzt, welche Meinungen von wem vertreten bzw. welche Aspekte des Themas von wem angesprochen werden.
Beim zweiten Hören sollten Sie auf jeden Fall überall ein Kreuz machen, auch an den Stellen, wo Sie unsicher sind.
Nach dem Hören kontrollieren Sie nochmal, ob jede Person ein Kreuz bekommen hat und ob die markierten Sätze für jede Person eine stimmige Stellungnahme abgeben, d.h. sich in ihren Aussagen nicht widersprechen.

7: 1B; 2A; 3C; 4A; 5D; 6D; 7C; 8D; 9B; 10D

0. Z. 114-117: *Und wenn ich Angst vor dem Kunden habe, weil ich meiner eigenen Fachkenntnis nicht trauen kann, dann kann ich nicht freundlich sein.*

1. Z. 47-49: *Ich hab' eigentlich überwiegend gute gemacht, also mit Verkäuferinnen, würde ich sagen, zu 60 und 70 Prozent gute, sogar sehr gute.*

2. Z. 29-32: *Gerade in Deutschland, so hat es den Anschein, müssten sich die Kunden ganz besonders häufig über unprofessionellen, unfreundlichen und unpünktlichen Service ärgern.*

3. Z. 96-97: *In den letzten Jahren wurde zunehmend die Ausbildung verschlechtert*

4. Z. 35-37: *Da wurde das Ladenschlussgesetz nach zähem Ringen endlich gelockert.*

5. Z.174-175: *Die Einsparungen gehen zu Lasten der Kunden ...*
6. Z.150-151: *zusätzlich als Belästigung empfunden hat, wenn man seine Arbeit nicht machen kann und dauernd durch Kunden behindert wird, seine Arbeit zu machen.*
7. Z.94-107: *Und der zweite Punkt, den ich mindestens, fast noch für schlimmer halte: In den letzten Jahren wurde zunehmend die Ausbildung verschlechtert, das heißt, wenn ich heute in einen Laden gehe, was weiß ich Baumarkt oder sonst was, dann muss der Verkäufer oder die Verkäuferin ja direkt Angst vor mir haben, weil sie sich schlecht fühlt und sich überlegt, ob sie mei nen Wünschen, die jetzt möglicherweise irgendwelche speziellen Fragen beinhalten, ob sie denen überhaupt gerecht werden kann.Und wenn ich Angst vor dem Kunden habe, weil ich meiner eigenen Fachkenntnis nicht trauen kann, dann kann ich nicht freundlich sein..*
8. Z.130-133: *Bei uns sind ständig Personen eingespart worden, Dienststellen aufgelöst worden und der Arbeitsaufwand war immer größer geworden.*
9. Z. 63-66: *Und ganz selten habe ich gehört, dass sich einer mal jemand bedankt für 'ne nette Bedienung. Das könnte ja auch geändert werden. Ich meine, wie wir uns als Kunden benehmen, so kommt's auch.*
10. Z.134-141: *Der Bedienstete bei uns hatte sehr viel Verwaltungsaufgaben: Schreibdienst, Postbeantwortung, seinen üblichen Verwaltungskram und dazu die Kundenbetreuung, die den ganzen Tag von morgens halb acht bis abends um 16 Uhr ständig Kundenbetreuung. Es ist tatsächlich so, dass man das als ... zusätzlich als Belästigung empfunden hat, ...*

Schriftlicher Ausdruck

1b): Sie können z.B. überlegen:
- Über welches Thema weiß ich gut Bescheid? Habe ich schon darüber gelesen, (im Kurs) gesprochen?
- Welche Textsorte bereitet mir die geringsten Schwierigkeiten?
- Auf welche Textsorte habe ich mich am besten vorbereitet?
- Welches Thema interessiert mich am meisten?
- Zu welchem Thema habe ich am wenigsten Probleme mit dem Wortschatz?
Alles in allem sollten Sie für die Wahl der Textsorte bzw. des Themas nicht mehr als fünf Minuten brauchen.
2a): formeller Brief; b) persönlicher Brief; c) Kurzreferat; d) Leserbrief.

Training: Schriftlicher Ausdruck 1a: Einen persönlichen Brief schreiben

2: **1.**= sich für den Brief bedanken (B); **2.** = die momentane Situation schildern (G) (= Leitpunkt 1); **3.** = auf die Situation des Brieffreundes/der Brieffreundin eingehen (D) (= Leitpunkt 2); **4.** = Vorschlag, Idee der Brieffreundin beurteilen (A) (Leitpunkt 3); **5.** = andere Möglichkeiten diskutieren (F) (= Leitpunkt 4); **6.** = über eigene Erfahrungen berichten (C) (= Leitpunkt 5); **7.** = Brief mit einem Wunsch abschließen (E) (= Leitpunkt 5).

4: **A** = Vorschlag, Idee der Brieffreundin beurteilen: f), l), t); **B** = sich für den Brief bedanken: j); **C** = über eigene Erfahrungen berichten: c), h), o); **D** = auf die Situation des Brieffreundes/der Brieffreundin eingehen: a), i), r); **E** = Brief (mit einem Wunsch) abschließen: b), e), g), k); **F** = andere Möglichkeiten diskutieren: n), p), q), s); **G)** die eigene Situation schildern: d), m).

7: Kandidatenbeispiel 1: Bewertung: 3 Punkte (es sind vier bzw. drei Inhaltspunkte schlüssig und angemessen dargestellt), Begründung: Leitpunkt 1: Bedanken und momentane Situation: volle Punktzahl, Leitpunkt 2: Verständnis für die Situation des anderen: halbe Punktzahl, nicht deutlich genug, Leitpunkt 3: Eigene Meinung zu Computern: fehlt fast völlig, Leitpunkt 4: Andere Möglichkeiten nennen: volle Punktzahl, Leitpunkt 5: Eigene Prüfungsvorbereitung: fehlt völlig / Brief schließen mit einem Wunsch: nur halbe Punktzahl, da der Wunsch fehlt.
Kandidatenbeispiel 2: Bewertung: 5 Punkte, Begründung: (Alle Leitpunkte schlüssig und angemessen dargestellt).

8: a) Genitiv (Präpositionen mit Genitiv); b) Nebensatzstellung, c) Verben mit zwei Ergänzungen, d) (Stellung der) Negation, e) Konjunktiv II der Vergangenheit, f) Vergleichssätze, g) Substantivdeklination, h) Verben mit Präpositionen.

9: a) zu mir, b) mir gut vorstellen, c) dir zu antworten, d) jeder (beliebigen) Universität, e) einen Brief hätte schreiben können, f) In Spanien müssen die Leute, die studieren wollen, auch erst einmal ... g) dich das letzte Mal gesehen habe.

10: a) Du schreibst, dass du ... b) Meiner Meinung nach musst du mit diesen Dingen vorsichtig sein / Meine Meinung ist, dass du mit diesen Dingen vorsichtig sein musst. c) Uns geht es gut. / Bei uns ist alles in Ordnung. d) Nur Obst und Gemüse zu essen ist keine Lösung. Es ist keine Lösung, nur Obst und Gemüse zu essen. e) Es ist immer toll, einen Brief von dir zu bekommen. f) Seit langem habe ich keine Nachricht mehr von dir erhalten. g) Ich kann mir nicht vorstellen, ... h) Mach dir keine Sorgen! i) ... eine Freundin hast, auf die du dich immer verlassen kannst.

Training: Schriftlicher Ausdruck 1b: Einen Leserbrief schreiben

2: „Hochachtungsvoll" wird heute kaum noch benutzt. Es wirkt sehr gestelzt und distanziert.
4: In der Prüfung müssen außer Adresse, Anlage und Absender alle genannten Bestandteile enthalten sein.
5: Der linke Text wirkt kohärenter, denn die Sätze stehen nicht einzeln, sondern sind durch Satzverbindungen miteinander verbunden. Textzusammenhang (Kohärenz) schafft auch, dass Nomen nicht wiederholt, sondern referiert werden (z.B. rechter Text: „die Gewohnheit", linker Text: „sie") bzw. auf sie verwiesen wird (z.B. rechter Text wiederholt „die Studie", linker Text „diese Studie").

> ➤ vgl. auch *Unterwegs* Materialienbuch, „Komplexe Sätze und ihre Struktur", S. 132 - 137

6: Dieses Verhalten; darüber hinaus; Anders; Dort; da ja; beispielsweise; Früher; indem; doch; Diese Sitte;

7: Verwenden Sie beispielsweise folgende Einzelsätze, um wieder ein sprachliches Ganzes daraus zu machen:
Die Gewohnheit ist ein Zeichen für die schwindende Höflichkeit. Die Gewohnheit zeigt die steigende Anonymität in unserer

Gesellschaft. In meinem Land ist es üblich, sich mit Vornamen und Nachnamen zu melden. Der Nachname allein genügt nicht. In einer Familie gibt es mehrere Personen gleichen Namens. Man meldet sich nicht mehr mit der Telefonnummer. Früher war das üblich. Das Telefon war noch eine „neue" Erfindung. Man musste vom Amt vermittelt werden.

8:

und	**aber**	**weil**
darüber hinaus, außerdem, ferner, einerseits - andererseits	dagegen, trotzdem, jedoch, allerdings, einerseits - andererseits,	darum, da, zumal, daher, deswegen

9: a) *Mögliche Lösungen:* Die neue Sitte, sich mit Nachnamen und einem Tagesgruß zu melden, gefällt mir nicht, <u>zumal</u> ich dabei immer das Gefühl habe, einer Werbestrategie zum Opfer zu fallen. / Ich habe bei der neuen Sitte, sich mit Nachnamen und einem Tagesgruß zu melden, das Gefühl, einer Werbestrategie zum Opfer zu fallen, <u>deshalb</u> gefällt sie mir nicht.

b) *Mögliche Lösungen:* Es mag freundlich klingen, <u>trotzdem</u> stört es mich, wenn ich den Nachnamen und einen Tagesgruß höre. / <u>Obwohl</u> es vielleicht freundlich klingt, stört es mich, wenn ich den Nachnamen und einen Tagesgruß höre.

c) *Mögliche Lösungen:* Die Gewohnheit, sich mit einem knappen „Hallo" zu melden, zeigt <u>einerseits</u> die abnehmende Höflichkeit, <u>andererseits</u> die steigende Anonymität in unserer Gesellschaft. / Die Gewohnheit, sich mit einem knappen „Hallo" zu melden, zeigt die abnehmende Höflichkeit. <u>Außerdem</u> zeigt sie die steigende Anonymität in unserer Gesellschaft.

10: a) <u>unangenehm</u> überrascht, b) <u>anders</u>, c) <u>finde</u> das schlecht, d) <u>Zugegeben, man</u> will sich nicht gegenüber allen Anrufern gleich freundlich verhalten. e) <u>stehen</u> doch immer unter Stress, f) Man fühlt sich nicht <u>wohl</u>, wenn man …, g) Es <u>wird</u> immer schlimmer.

11. Es handelt sich in der Anwendungsaufgabe um einen Text aus der Schweiz. Deshalb gibt es nur „ss", aber kein „ß".

Schriftlicher Ausdruck 1c: Einen formellen Brief schreiben

1: a) ist altertümlicher Stil, der heutzutage eher übertrieben und ironisch, deshalb den Empfänger abwertend klingt.

b) sachlicher, formeller Stil, wie er heute gebräuchlich ist.

c) zu umgangssprachlich; der Gebrauch des Imperativs wirkt unhöflich und grob.

2: <u>Hinweis:</u> In Deutschland ist es bei einer schriftlichen Reklamation durchaus möglich und üblich, zum Nachdruck der Forderungen mit Gericht oder Rechtsanwalt zu drohen.

3: Beispiel eines mit 18 Punkten bewerteten Briefes (220 Wörter)

Karin Ende
Anfängerstraße 11
88888 München

Reisebüro Novotravel
Walterstraße 11
85774 Unterföhring

26. September 2000

Reklamation der Reise vom 12. - 27.8.2000

Sehr geehrte Damen und Herren,

meine Familie und ich haben vom 12. - 27.8.2000 eine Ferienwohnung bei Ihnen gemietet, um unseren wohl verdienten Urlaub gemütlich und erholsam auf einer Nordseeinsel zu verbringen. Wir hatten uns sehr darauf gefreut. Aber als wir dort ankamen, war unsere Hoffnung auf Gemütlichkeit wie weggeblasen, weil wir eine ganz andere Wohnung bekamen als erwartet. Sowohl Ihr Prospekt als auch ein Mitarbeiter Ihrer Firma hatte die Wohnung beschrieben als „ein kinderfreundliches Haus" „mit gemütlich und geschmackvoll eingerichteten Wohnungen in zentraler Lage". Außerdem sollte die Wohnung ruhig und der Strand nur wenige Minuten entfernt sein. Nichts davon war zutreffend. Die Wohnungseinrichtung war alles andere als gemütlich, die Bettbezüge hatten überall Löcher und die Betten waren so unbequem, dass wir die ganzen zwei Wochen auf dem Boden schlafen mussten. Das Badezimmer war verschimmelt; wir mussten es erst desinfizieren. Laut war die Wohnung auch. Von den Kindern oben und von der Straße kam so viel Lärm, dass wir jeden Abend Schlaftabletten brauchten, um überhaupt einschlafen zu können. Von dem Freizeitangebot haben wir überhaupt nichts gesehen: Weder Freibad noch Minigolf waren geöffnet.

Wir gehen davon aus, dass Ihre Firma uns eine Entschädigung zahlt für das, was wir physisch und psychisch erleiden mussten. Deshalb erwarten wir Ihre schnelle Antwort.

Mit freundlichen Grüßen
Karin Ende

6: Beschwerdebrief: c); d); f); l); m);o); p); Anfrage: a); b); e); g); h); i); j); k); n); d).

7:

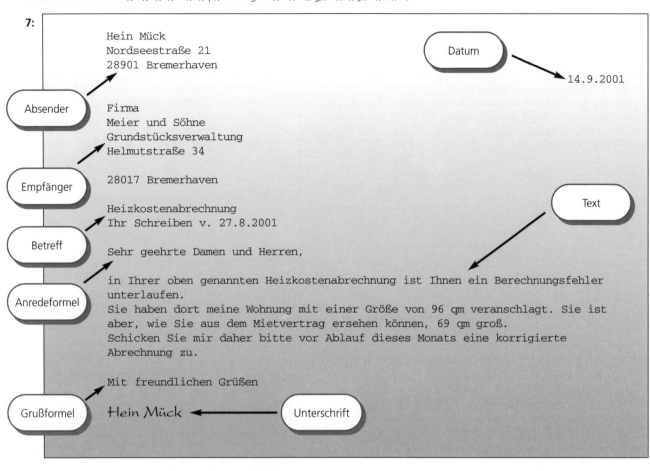

8: a) ja - Nach der Anrede steht immer ein Komma, danach schreibt man klein weiter.
b) nein - Nach adverbialen Angaben steht kein Komma.
c) ja - Vor und hinter einer Apposition stehen Kommata.
d) ja - Zwei Hauptsätze werden aneinander gereiht.
e) nein - Zwischen *weder - noch* steht kein Komma.
f) ja - *Nicht nur - sondern auch* wird durch ein Komma getrennt.
g) nein - Nach einem Partizipialausdruck kann ein Komma stehen. Nach der neuen Rechtschreibung kann hier aber auf das Komma auch verzichtet werden.
h) ja - Haupt- und Nebensatz werden durch Komma getrennt.
i) ja - Erweiterte Infinitive werden vom Hauptsatz durch Komma getrennt.
j) ja - Vor einer nachgestellten Apposition muss ein Komma stehen.
k) nein- Sind zwei Sätze oder Teilsätze durch *oder* miteinander verbunden, steht laut neuer Rechtschreibung kein Komma. Es kann aber durchaus auch noch immer eingefügt werden.

9: a) verbracht, verlebt; b) spielten; c) nehmen; d) entsprachen; e) bekamen, fanden ... vor.

Schriftlicher Ausdruck 1d: Ein Kurzreferat schreiben

1: Mögliche Referatanfänge:
- *Guten Tag, meine Damen und Herren, mein heutiges Referat hat das Thema: „Verbreitung und Einsatz des Computers in den wichtigsten Industrieländern.";*
- *Guten Morgen, liebe Kommilitoninnen und Kommilitonen, im Folgenden spreche ich über ein Thema, das uns alle interessiert, nämlich ...;*

Mögliche Formulierungen am Schluss:
- *Zusammenfassend lässt sich sagen, dass ...*
- *Ich danke für Ihre/eure Aufmerksamkeit.*

- *Trotz der rasanten Entwicklung des Computers bleibt für mich die Frage bestehen, ob sein universeller Einsatz wirklich nur Vorteile bringt.*
- *Mit dieser Frage bin ich am Ende meines Referats angelangt, und ich danke für Ihre Aufmerksamkeit.*

2: Referatanfang: Text A beginnt mit einem Satz („Heute sprechen wir …"), der dem Zuhörer Gelegenheit gibt, in das Thema/das Referat einzusteigen. Daran schließt sich ein Gedanke allgemeiner Natur an.
Text B beginnt zwar mit einem Gedanken zum ersten Leitpunkt, aber der Zuhörer wird nicht angesprochen.
Referatschluss: Text A behandelt den letzten Leitpunkt und schließt mit einer Frage von allgemeiner Bedeutung ab. Durch diese generelle Aussage wird das Referat inhaltlich gut beendet.
Text B dagegen geht überhaupt nicht auf den letzten Leitpunkt ein. Damit ist das Referat nicht abgeschlossen: Ein ganzer Punkt beim Kriterium „Aufbau" wird abgezogen.

6:

Kontrast Addition Reihenfolge		
verglichen damit; im Gegensatz dazu; einerseits - andererseits; aber; jedoch; dagegen;	ferner; außerdem; darüber hinaus; überdies; hinzu kommt, dass;	zum einen - zum anderen; erstens - zweitens; erstens - zweitens; schließlich.

7: Mögliche Verbindungen: a) Computer bestimmen unser privates Leben. *Darüber hinaus* sind sie aber auch aus dem wirtschaftlichen Leben nicht mehr wegzudenken. b) Die hohe Computerdichte in den USA liegt *zum einen* sicherlich an den weiten Entfernungen, *zum anderen* ist der hohe Lebensstandard dafür verantwortlich. *Darüber hinaus* sind die Amerikaner sicherlich technikfreundlicher als andere Nationen. c) In Deutschland hat nur ein Drittel der Bevölkerung einen PC. *Im Gegensatz dazu* hat fast jeder Mensch in den USA einen Computer zu Hause. d) Junge Menschen in Deutschland sind dem neuen Medium gegenüber sehr aufgeschlossen, *dagegen* haben ältere Menschen häufig Angst vor einer Technisierung ihres Lebens.

10: a) <u>sind</u> die wenigen Computer, b) Es <u>besteht</u> kein Zweifel, dass … oder: es gibt keinen Zweifel <u>daran</u>, dass …, c) <u>Standpunkt</u> aus, d) Schließlich und <u>endlich</u>, e) Meiner Meinung nach bewegen die großen Entfernungen viele Menschen dazu, … f) <u>viel</u> Zeit, g) <u>Aus</u> diesem Grund, h) <u>sind</u> … wegzudenken, i) Aus der Grafik <u>geht hervor</u>, dass …

Schriftlicher Ausdruck 2: Einen formellen Brief stilistisch korrekt ergänzen: Lückentext

2a): 1) Damen und Herren; 2) Schreiben / Brief; 3) Verlust; 4) Verspätung; 5) Aussteigen; 6) handelt sich; 7) enthält / enthielt; 8) Wichtigkeit / Bedeutung; 9) Anlage; 10) wäre; 11) beabsichtige / plane; 12) möchte / würde; 13) zu setzen; 14) wird; 15) unter; 16) hinterlassen; 17) Voraus; 18) freundlichen

Wo haben Sie eine falsche oder keine Lösung? Bearbeiten Sie dann folgende Aufgaben:
- Bei typischen Ausdrücken für formelle Briefe (2, 9, 10, 12, 17, 18) ? → Aufgaben 3 a), 3 b), 5.
- Bei Umformungen von Ausdrücken in der E-Mail (4) ? → Aufgabe 4
- Wenn Wortschatzkenntnisse gefragt sind (6, 7, 8, 11, 13, 14, 15, 16) ? → Aufgaben 4, 6
Haben Sie bei den folgenden Lösungen auf die unterstrichenen Wörter im Kontext geachtet?
6) „*Es handelt sich <u>um</u> eine …*" (Sie müssen ein Verb finden, das die Präpositionalergänzung *um* hat);
8) „*von besonder<u>er</u> Wichtigkeit / Bedeutung sind*" (Sie müssen ein feminines Substantiv finden);
13) „*… Sie <u>bitten</u>, <u>sich</u> mit einem Freund <u>in Verbindung</u> zu setzen*" (Sie müssen das Verb finden, das zu *in Verbindung* passt; *sich* verbietet die Lösung *treten*, der Infinitivsatz nach *bitten* braucht *zu*).
15) „*<u>unter</u> der Nummer …*" (Sie müssen die Präposition für diesen Ausdruck kennen).
16) „*eine <u>Nachricht</u> auf d<u>em</u> Anrufbeantworter hinterlassen.*" (das Verb muss zu *Nachricht* passen; *auf d<u>em</u>* verbietet z.B. die Lösung *sprechen.*)
▶ Training Leseverstehen 4, S. 49ff.

3a): E-Mail:
- *… brauche ich mal wieder deine Hilfe …*
- *Meine große Bitte an dich also …*
- *Bist du so lieb und …*
- *… kannst du dort nachfragen?*
- *Schick mir bitte eine E-Mail.*

formeller Brief:
- *… <u>wäre</u> ich <u>Ihnen</u> für eine kurze Mitteilung <u>sehr dankbar</u>.*
- *… <u>möchte / würde</u> ich <u>Sie bitten</u>, … zu …*
- *… Sie <u>könnten</u> ihn (…) telefonisch erreichen …*
Kommentar:
Bitten sind oft indirekt formuliert, Modalverben und Konjunktiv II lassen sie höflicher wirken.

4: 1) Bitte; 2) Wäre; 3) könnten / (würden); 4) Dürfte / (Darf); 5) bedanken; 6) erhalten / (bekommen); 7) beziehe mich; 8) vereinbart / (besprochen); 9) Entschuldigen Sie / (Verzeihen Sie); 10) bedauern; 11) selbstverständlich / (natürlich / gerne); 12) stehen; 13) beigelegt / (beigefügt); 14) liegt; 15) Bescheid / (Auskunft / Nachricht); 16) rasche / (baldige / schnelle); 17) Bemühungen / (Unterstützung / Hilfe); 18) herzlichen Dank; 19) Wünschen; 20) Gute.
Kommentar: Auch die in Klammern (…) aufgeführten Wörter würden in der Prüfung als richtig akzeptiert.

5.: b) besonderem Interesse; c) Möglichkeit; d) Fragen; e) Auskunft / Information.

6: b) Dürften / Dürfen / Sollen; c) wäre; d) Könnten /Können / Würden; e) wird / dürfte; f) werden; g) Hätten

7: b) annehmen; c) Unterkunft / Übernachtungsmöglichkeit (falsch sind: *Hotel / Hotelzimmer* wegen *ein<u>e</u>*); d) habe (falsch ist: *muss* wegen *<u>zu</u> zahlen*); e) Auskunft / Informationen; f) lassen; g) gebucht / reserviert / bestellt; h) mit; i) stattfinden.

8: *Richtig sind bereits:* c) und h).

Sie müssen korrigiert haben: a) geehr<u>ter</u> (Herr); b) Aufenthalt<u>s</u> (meines); d) da<u>zu</u> (beitragen zu); e) <u>b</u>esonderem; f) wäre (*würde* ist falsch, weil es kein zweites Verb im Infinitiv gibt); g) w<u>ü</u>rden; i) <u>b</u>eigelegten; j) Kommen (für *Teilnahme* müsste es *Ihre* statt *Ihr* heißen); k) an <u>I</u>hre (*Ihre, Ihnen* etc. immer groß schreiben, wenn die Höflichkeitsform gemeint ist.).

9b): 1) über (falsch ist *von wegen ein<u>e</u>*); 2) wende / richte (falsch ist *schreibe wegen mich*); 3) behilflich; 4) werde / möchte; 5) Aufenthalt; 6) bekannt; 7) weshalb / wodurch / sodass; 8) Haushalt; 9) wissen; 10) bedanken.

Mündliche Kommunikation

1: Sie könnten notiert haben:

Zu a): freundlich / stellen immer Fragen, wenn der Kandidat fertig ist / führen Gedanken des Kandidaten weiter / machen im 2.Teil andere Vorschläge / hinterfragen die Wahl des Kandidaten / sagen nie, ob etwas falsch oder richtig ist etc.b) siehe Aufgabe 5 und 7

2: Seine Wahl war insofern gut, als er zu den Themen viel sagen konnte. Die Fotos erinnerten ihn an eigene Erlebnisse (Onkel), in einem Sprachinstitut kennt er sich aus. Er hat eine persönliche Meinung zu den Situationen auf den Fotos und zu den Vorschlägen für die Sprachschule.

3: a) V; b) II; c) I; d) II; e) I; f) IV; g) II; h) I; i) I; j) III; k) II; l) IV; m) III; n) V; o) I; p) II.

Mündliche Kommunikation 1: Über ein Thema sprechen

4: Hier finden Sie die Bewertung der mündlichen Leistung durch die Prüfer:

<u>Aufgabe 1:</u>

	Prüfer 1:	Punkte:	*Prüfer 2:*	Punkte:
I	Beitrag nicht in angemessener Länge (auch wegen Unterbrechung durch Prüfer!); antwortet auf Fragen des Prüfers fragen ausführlich	4	Wesentliche Elemente der Fotos benannt, Thema ausführlich behandelt, auf Nach- angemessen reagiert	5
II	flüssig, natürliches Sprechtempo, kein Stocken oder Stottern	6	flüssiges und natürliches Gespräch; die Beiträge sind zusammenhängend und enthalten keine Brüche	6
III	präzise, gute Formulierungen, hoher Abstraktionsgrad	5	ziemlich viele Wortschatzfehler, aber keine völlig unpassenden Formulierungen	3
IV	bis auf eine Phase (Onkel) korrekt, mit wenigen Fehlern	5	viele Fehler, die aber das Verständnis nicht beeinträchtigen	4
V	deutlicher Akzent, Wörter teilweise unverständlich	2	sehr starker Akzent und undeutliche Aus- sprache; Verstehen erschwert	2

<u>Aufgabe 1:</u> 4,5 + 6 + 4 + 4,5 + 2 = 21 Punkte

<u>Aufgabe 2:</u>

	Prüfer 1:	Punkte:	*Prüfer 2:*	Punkte:
I	Reagiert gut auf Prüferin, bringt Gegen- argumente und Beispiele;	6	Aktive Argumentation und Eingehen auf Argumente der Prüferin, Gegenargumente mit Begründungen und Beispielen	6
II	flüssig, natürliches Sprechtempo, gelegent- liches Zögern ist normal	6	natürliches Sprechtempo, einzelne Aussagen kohärent aneinander gefügt	5
III	gewichtige Mängel im Ausdruck, vor allem bei Verben	3	sehr häufig Allerweltswörter, weil der pas- sende Ausdruck fehlt, manchmal ist das Verständnis deshalb beeinträchtigt	2
IV	großenteils korrekt, in der Hitze des Ge- sprächs mehr Fehler	3	viele Fehler und Satzabbrüche, die aber das Verständnis noch nicht beeinträchtigen	3
V	deutlicher Akzent, Wörter teilweise unverständlich	2	sehr starker Akzent und undeutliche Aus- sprache; Verstehen erschwert	2

<u>Aufgabe 2:</u>6 + 5,5 + 2,5 + 3 + 2 = 19 Punkte

Resultat: 21 Punkte (Aufgabe 1) + 19 Punkte (Aufgabe 2) = 40 Punkte : 2 = 20 Punkte = **befriedigend**

Mündliche Kommunikation 1: Über ein Thema sprechen

1: Ihr Beitrag soll <u>möglichst ausführlich</u> sein. Am besten wäre es, Sie könnten 4-5 Minuten zusammenhängend und ohne weitere Impulse durch den Prüfer sprechen.

Sie sollen zwar <u>über die Fotos</u> sprechen, aber nicht so, dass Sie die Fotos in allen Einzelheiten beschreiben (A: „<u>keine ausführliche Bildbeschreibung</u>"). Sie wählen nur diejenigen Elemente aus, die für Ihre weiteren Ausführungen wichtig sind.

Denn in B haben Sie die Aufgabe, über das Thema zu sprechen, das Sie durch die Fotos dargestellt sehen. Dafür werden Ihnen drei Möglichkeiten B 1 - 3 vorgeschlagen („Danach <u>können</u> Sie … <u>und/oder</u> …").

Eine Frage von allgemeiner Bedeutung (B1) wäre z.B., ob die dargestellten Situationen typisch für die heutige Zeit sind und was sie für die Menschen bedeuten.

Sie können aber auch mit Ihrem Heimatland vergleichen und darüber sprechen, wie sich diese allgemeine Frage für Ihre Landsleute darstellt (B2).

Wenn Sie selbst persönliche Erfahrungen (B3) mit dieser Frage haben, schon einmal in einer Situation wie der auf den Fotos waren oder wenn Sie sich vorstellen können, wie Sie sich in einer Situation wie auf den Fotos fühlen würden, können Sie auch das zum Thema des zweiten Teils Ihres Beitrags machen.

2: Hier gibt es keine „richtige" Lösung. Themen könnten z.B. sein: „Die wachsende Bedeutung des Computers in der heutigen Zeit"/ „Veränderungen der Arbeitsbedingungen durch den Computer"/„Telearbeit und ihre Probleme"/„Veränderungen der Geschlechterrollen in der heutigen Zeit"/„Von früh bis spät - der Computer ist immer dabei" o.ä..

3: Auch hier gibt es keine „richtige. Lösung. Themen könnten z.B. sein:
für die Kombination mit dem ersten Foto: „Am Anfang macht es ja noch Spaß" / „Vereinzelung der Menschen durch den Computer" / ...
für die Kombination mit dem zweiten Foto: „Alle Generationen vor dem Bildschirm" / „Computersucht und wie sie entsteht", „Gesundheitsschäden durch zu viel Computer"/„Computer statt zwischenmenschliche Kommunikation" o.ä..

4: Sie können z.B. in der Vorbereitungsphase Notizen machen, sich bestimmten Wortschatz aufschreiben, eine Mind-map erstellen etc..

5: a) B1; b) B3; c) A; d) B2; e) B2; f) B3; g) B2; h) A; i) B2; j) B2; k) B2; l) A; m) B2.

6: Beispiel für Ideen zum Thema „Veränderungen der Arbeitsbedingungen durch den Computer":

Internet
Bibliothek
Referate (korrekturen!!)

zu Hause
Firmen
Uni

bei uns
/ (Zeitung!!)

ich

immer mehr PC

Deutschland

Schulen ☑
Kinder
wichtig!!

*Arbeitsbedingungen
Computer*

positiv

negativ

Augen
Gesundheit – Rücken
Krebs?

Schnell
Archiv
Muster (briefe)
Textbausteine

Arbeitsplätze
(Sekretärinnen...)

Umstellung
(ältere Menschen)

8: Ja, also, bei den Fotos geht es für mich um das Thema „Arbeit", genauer: darum, wie der Computer die Arbeitsbedingungen verändert. Denn beide Fotos zeigen Menschen, die am Computer arbeiten. Ihre Arbeitsplätze sind aber ganz verschieden.
Auf dem Foto oben sieht man ein riesiges Großraumbüro mit vielen Arbeitsplätzen, und auf fast jedem Schreibtisch steht ein Computer. Dieser Massenbetrieb – das finde ich ganz schrecklich. Ein Arbeitsplatz sieht aus wie der andere. Ja, und als das Foto aufgenommen wurde, war es vermutlich noch früh am Morgen. Deshalb sind dort so wenige Angestellten zu sehen. Und die gro ßen, Fenster, die Pflanzen - dadurch wirkt das Büro hell und offen. Später aber, wenn dann alle da sind, muss es dort ziemlich eng sein und auch laut. Ich stelle mir vor, dass es dann nicht so leicht ist, sich auf die Arbeit zu konzentrieren.
Auf dem unteren Foto dagegen arbeitet ein Mann zu Hause, auf dem Schoß ...

9: Thema der Fotos:
Bei den Fotos geht es für mich um das Thema „...", genauer ...
Bei den Fotos geht es für mich darum, wie ...

Elemente der Fotos:
Beide Fotos zeigen ...
Auf dem Foto oben sieht man ...
... sieht aus wie ...
... sind dort ... zu sehen.
Auf dem unteren Foto dagegen ...

Vermutungen:
... war es vermutlich ...
... muss es dort ... sein.
Ich stelle mir vor, dass ...

Wirkung der Fotos
Dadurch wirkt ...

10: Einige Beispiele: a) *Vermutlich* arbeitet der Mann zu Hause. b) Der Mann *muss* Lehrer *sein*. c) Das Baby ist *bestimmt* sein Kind. d) *Ich stelle mir vor, dass* er ziemlich gestresst ist. e) *Ich gehe davon aus, dass* seine Frau berufstätig ist. f) Er ist *wohl* Mitte fünfzig. g) Das Baby *sieht aus, als würde* es gleich weinen. h) Der Raum *macht auf mich einen* gemütlichen *Eindruck*. i) Die Bilder rechts an der Wand *dürften* Familienfotos sein.

11: a) das Telefon *im Vordergrund / neben dem* Computer; b) der Taschenrechner *neben dem* Telefon / *vor dem* Computer; c) die Fotos *im Hintergrund / hinten an der Wand / neben dem Fenster*; d) das Baby *auf seinem Schoß*; e) die Heftmaschine *neben dem Telefon / rechts vorne auf* dem Tisch; f) die Manuskripte *überall auf* dem Tisch

zum Trainingskapitel

Kommentar: Wenn Sie in der Prüfung mit den Prüfern zusammen an einem Tisch sitzen, können Sie auch auf ein Foto oder auf ein Element eines Fotos zeigen und mit *hier*, *da* oder *das hier* verdeutlichen, wovon Sie sprechen. Das ist aber nicht immer der Fall. Oft müssen Sie mit sprachlichen Mitteln deutlich machen, wovon Sie sprechen.

12: a) 5; b) 9; c) 7; d) 3; e) 11; f) 2; g) 4; h) 1; i) 6; j) 8; k) 10.

13: Anschließend sollten Sie sich gegenseitig beraten, wo Sie sich noch verbessern könnten/müssten.

14: Die fünf Fragen des Prüfers sind: a) „Wirkt dieses Ehepaar glücklich auf Sie, oder ...“; b) „Und wenn Sie jetzt an sich persönlich denken - Wie würden Sie gerne leben, wenn Sie alt sind?“; c) „Könnten Sie sich dann ein Leben vorstellen, wie es uns das linke Bild zeigt?“; d) „Wenn Sie jetzt an Ihr Heimatland denken - wie leben dort alte Leute?“; e) „Gibt es viele alte Leute, die so leben im Senegal, wie es uns das rechte Bild zeigt?“

16: a) Die beiden Fotos <u>zeigen</u> Arbeitsplätze. / Bei den beiden Fotos <u>handelt es sich um</u> Fotos von Arbeitsplätzen. b) Beide Fotos <u>stellen</u> verschiedene Arbeitsplätze <u>dar</u> (oder <u>vor</u>). c) Das zweite Bild zeigt <u>dagegen</u> einen kleinen engen Raum. d) Auf dem Foto <u>rechts</u> / Auf dem <u>rechten</u> Foto sitzt ein Mann am Computer. e) Im Hintergrund kann man ein paar Fotos <u>erkennen</u>. f) Der Mann sieht ziemlich gestresst <u>aus</u>. g) Es sieht (<u>so</u>) aus, <u>als sei</u> es früh am Morgen. h) Die Atmosphäre dort ist völlig <u>verschieden</u> / völlig <u>unterschiedlich von der</u> auf dem ersten Foto. / völlig <u>anders</u> als auf dem ersten Foto. i) <u>Solche Situationen</u> / <u>So eine Situation</u> / <u>So etwas</u> habe ich auch schon erlebt. j) Das Thema wird auch in meinem <u>Heimatland</u> diskutiert. k) So etwas ist auch bei uns <u>ganz normal</u>. l) Das würde bei uns <u>genauso</u> aussehen. m) <u>Meistens sind</u> (besser: <u>bleiben</u>) die Frauen mit den Kindern zu Hause.

Mündliche Kommunikation 2: Ein Gespräch führen

5 a):

	Ihre Rolle	Ihre Intention im Gespräch	zu treffende Wahl
Aufgabe A:	Mitarbeiter einer Kampagne in Ihrem Land	Sie planen eine Kampagne zur Gesundheitsvorsorge.	Motiv für ein Plakat
Aufgabe A2:	Mensch, der ungesund lebt	Sie wollen den eigenen Lebenswandel ändern.	Aktivität, die Ihnen gefällt und nicht teuer ist.
Aufgabe A3:	guter Freund, der ungesund lebt.	Sie wollen den Freund davon überzeugen, gesünder zu leben.	Aktivität, die einer anderen Person gefallen könnte.

6 b):

Vorschlag machen:	*Vorschlag identifizieren:*	*Begründung:*
1) Mir gefällt am besten ...	*der erste Vorschlag*	*..., denn damit könnte man ...*
2) Ich wäre für ...	*die Zeichnung mit dem ...*	*..., weil ...*
3) Meiner Meinung nach sollte man ... wählen.	*–**	*... nämlich ...*
4) Ich habe mich für ... entschieden.	*das Bild unten in der Mitte*	*Sie müssen nämlich wissen, dass ...*
5) Ich würde sagen, man sollte ... wählen.	*das Motiv links oben*	*Vor allem, weil ...*
6) Am besten wäre wahrscheinlich ...	*–**	*..., da ...*
7) ... ist meine Entscheidung für ... gefallen.	*das ...-Motiv*	*..., deshalb ...*
8) ... finde ich ... am sinnvollsten.	*die Abbildung mit den ...*	*... Aus diesem Grund*

* In den Sätzen 3) und 6) werden die Vorschläge selbst beschrieben. Es gibt keine Redemittel, die man auch in einem anderen Kontext verwenden könnte.

10: *Es sind manchmal mehrere Lösungen möglich, wobei sich dann aber – je nach Partikel – die Bedeutung ändert.* a) <u>Eigentlich</u> passt kein Vorschlag genau auf die Situation in meinem Heimatland./Kein Vorschlag passt <u>eigentlich</u> genau ... b) Gut, dann kombinieren wir <u>eben</u> den zweiten mit dem dritten Vorschlag. c) Ich habe <u>ja</u> schon gesagt, dass aus meiner Sicht der erste Vorschlag <u>eben/nun mal</u> der beste ist. d) Man muss <u>nun mal/eben</u> Prioritäten setzen; wir können <u>schließlich/nun mal</u> nicht alle Probleme auf einmal lösen. *oder:* Man muss <u>eben</u> Prioritäten setzen, wir können <u>nun mal</u> nicht alle Probleme auf einmal lösen. e) Hätten Sie <u>denn</u> eine Idee, wie man die beiden Aspekte in einem Vorschlag verbinden könnte?

11: a) Sicher <u>durfte</u> man mehrere Zeichnungen auswählen. b) Ich <u>schlage</u> aber die Kampagne für gesunde Ernährung <u>vor</u>. c) Dieser Vorschlag <u>wäre</u> für mein Land der beste. d) <u>Erstens/Als erstes</u> werden damit wirklich alle angesprochen: junge und alte Menschen, Gesunde und Kranke. e) <u>Im Vergleich</u> mit der Westschweiz ernähren sich die Leute bei uns nämlich nicht so gesund. f) Sie <u>müssen</u> wissen, dass wir sehr viel Fleisch essen und zu wenig Obst und Gemüse. g) <u>Aus meiner Sicht/In meinen Augen</u> ist das ein Grund für zahlreiche Krankheiten, wie Arthritis und Herzkrankheiten zum Beispiel. h) Und dieser Vorschlag <u>betrifft</u> auchdie Menschen, die zu dick sind. i) <u>Solche</u> Probleme hat natürlich vor allem die Mittelschicht. j) Die Armen haben <u>nämlich</u> sowieso von allem zu wenig zu essen.

Test: Hörverstehen 1

Hörtext 1 zum Test: „Kontakte knüpfen"

Ansage:

*Der Prüfungsteil Hörverstehen hat zwei Teile: eine
Aufgabe zu einem (Telefon-)gespräch und eine zu einer
Rundfunksendung. Ein Gongzeichen signalisiert Ihnen*
• *jeweils das Ende eines Hörabschnitts. Danach kommt*
5 *eine Pause auf der Kassette oder CD, so dass Sie die
zugehörige Aufgabe lesen oder bearbeiten können, oder
ein neuer Hörabschnitt.
Sie hören ein Telefongespräch mit einer Agentur, die
Kontakte vermittelt. Eine Schweizer Geschäftsfrau inter-*
10 *essiert sich für die Dienste dieser Agentur. Sie möchte
gern mehr erfahren über die Konditionen für die
Vermittlung von Kontakten, den Preis, usw. Die Punkte,
die sie interessieren, finden Sie in Form von Stichpunkten
auf dem Aufgabenblatt auf S. 21 im Trainingsbuch.*
15 *Notieren Sie während des Hörens, welche Informationen
die Dame am Telefon zu diesen Stichpunkten gibt. Sie
sollen also die Stichpunkte ergänzen.
Zu diesem Gespräch sollen Sie zehn Aufgaben lösen.
Sehen Sie sich dazu die Aufgaben 31 bis 40 auf S. 21 an.*
20 *Lesen Sie bitte auch die Beispiele 01 und 02. Sie haben
dazu eine Minute Zeit.
Hören Sie dann weiter.
Sie hören das Gespräch nur einmal.*
Agentin: Agentur „Kontakte knüpfen", Helga Meiser.
25 Guten Tag. *((schlecht zu hören))*
Interessentin: Entschuldigung, wer ist da bitte?
Agentin: Hier ist die Agentur „Kontakte knüpfen" und
am Telefon ist die Geschäftsführerin Helga Meiser. Wie
kann ich Ihnen helfen?
30 **Interessentin:** Guten Tag, mein Name ist Stehlin. Ich
habe heute Morgen beim Frühstück zufällig im Radio von
Ihrer Agentur erfahren und Ihre Telefonnummer notiert.
Ich bin Schweizerin und habe hier in Frankfurt vor ein
paar Wochen einen neuen Job angetreten. Naja, und
35 jetzt würde ich gerne ein paar Leute kennen lernen.
Wenn man den ganzen Tag arbeitet, ist das nicht so
leicht. Könnten Sie mir kurz erläutern, was Sie eigentlich
genau machen?
Agentin: Der Grundgedanke meiner Firma ist, Menschen
40 wie Ihnen, Frau Stehlin, die in eine neue Umgebung
kommen, dort niemanden kennen ... solchen Leuten will
ich helfen, Anschluss zu finden. Insgesamt biete ich drei
Komponenten an: Zum einen vermittle ich Partner, also
Menschen, die jetzt eine Beziehung suchen. Zum ande-
45 ren helfe ich Interessenten aus der Industrie, neue
Geschäftskontakte aufzubauen. Außerdem und das ist
mein größter Geschäftsbereich, vermittle ich Freizeit- und
Hobbybekanntschaften.
Interessentin: Ah ja, könnten Sie mir etwas mehr zum
50 letzten Bereich erzählen. „Freizeit- und Hobbybekanntschaften", das interessiert mich besonders.
Agentin: Wie gesagt, dies ist mein größter Bereich, denn
damit spreche ich nicht nur allein stehende Damen und
Herren an, sondern auch Damen und Herren, die bereits
55 verheiratet sind bzw. in einer Beziehung leben. Denn egal
ob verheiratet oder allein stehend, viele möchten in der
Freizeit auch gern mal andere nette Menschen treffen.

Gerade für diese Zielgruppe gibt es noch wenig
Angebote auf dem Markt, aber großes Interesse seitens
60 der Gesellschaft.
Interessentin: Und was können Sie da konkret anbie-
ten?
Agentin: Da ich bereits Kontakt zu ziemlich vielen
Vereinen und Gruppen mit den unterschiedlichsten
65 Interessensgebieten habe, kann ich Ihnen eine große
Auswahl anbieten: angefangen bei A wie Argentinischem
Tango über I wie Insekten-Kochkurse bis zu Z wie
Zeichnen.
Interessentin: Das klingt ja alles ziemlich exotisch. Da
70 wird dann wohl auch was für mich dabei sein. Wie läuft
das eigentlich? Ich formuliere meinen Wunsch und Sie
geben mir eine Adresse?
Agentin: Nein, ganz so einfach ist das nicht. Also bei mir
läuft das so: Wenn Sie, Frau Stehlin, meinen Dienst in
75 Anspruch nehmen wollen, findet als erstes ein persönliches Gespräch statt, in dem ich einen Gesamteindruck
von Ihnen gewinne. Von ausgefüllten Fragebogen halte
ich nicht viel. Ich will Sie vielmehr im Gespräch kennen
lernen, erfahren, welcher Typ Mensch Sie sind, welche
80 Ausstrahlung und auch welche Interessen Sie haben.
Meistens gehe ich dann speziell für diese Wünsche auf
die Suche.
Interessentin: Das macht für mich Sinn. Jetzt kommt
natürlich die Gretchen-Frage: Was würde mich das
85 eigentlich kosten?
Agentin: Das ist ganz einfach: Für ein Jahr verlange ich
einen Beitrag von DM 692,- inklusive Mehrwertsteuer.
Das ist weit unter dem Jahresbeitrag eines Fitnessstudios
und sollte an und für sich noch besser auszunutzen sein
90 als jedes Fitnessstudio ... weil ich denke einfach mal,
dadurch dass man Kontakt hat mit vielen anderen
Menschen in seinem Hobbybereich, ist einem das das
Geld auch wert.
Interessentin: Und zu diesem Preis, wie viele Angebote
95 stehen mir da eigentlich pro Jahr zu?
Agentin: Also: Sie bekommen ein Jahr lang unbegrenzt
Vorschläge. Wenn Sie jetzt zum Beispiel heute kommen
und sagen, Sie möchten ganz gerne Golfen lernen. Dann
machen wir Ihnen 'nen netten Golfclub ausfindig. Wenn
100 Sie dann, sagen wir mal, drei Wochen später sagen:
„Nee, Sie, das ist doch nix, Golfen gefällt mir nicht.",
dann mache ich Ihnen andere Vorschläge: lateinameri-
nisch tanzen lernen zum Beispiel usw.
Interessentin: Aber wenn mich jetzt keines Ihrer
105 Angebote interessiert – das kann ja passieren, kann ich
dann eigentlich von dem Vertrag zurücktreten?
Agentin: Tja, eine heikle Angelegenheit. Ich verfahre
dann so, dass dann der Kunde oder die Kundin höchstens die Hälfte ihres Jahresbeitrages zurückerhält. Sie
110 müssen das verstehen, denn ich muss ja auch irgendwie
meine Unkosten decken.
Interessentin: Ja, na klar. Ich wollte ja nur wissen, für
den Fall der Fälle. Wie außergewöhnlich können eigentlich die Wünsche sein, mit denen ich zu Ihnen komme?
115 **Agentin:** Ich werde mein Möglichstes tun, um Sie zufrieden zu stellen. Zum Beispiel, kürzlich traf ich jemanden,
der sich fürs Goldwaschen interessierte.

Interessentin: Wirklich?! (*Lachen.*)

Agentin: Der hat tatsächlich ein Hobby, wie die alten
120 Cowboys das Goldwaschen in der Isar, für sich entdeckt.

Interessentin: Wirklich? Haben Sie dann jemanden für
den Goldwäscher gefunden?

Agentin: Leider nein, in unseren Breitengraden ist das
einfach zu schwierig …

125 **Interessentin:** (*Lachen.*)

Agentin: …, aber ich habe ihn dazu überredet, zu einer
anderen Gruppe zu stoßen: Jetzt macht er Cowboy-
Western-Reiten … auch sehr erfüllend für ihn.

Interessentin: Tja, solche außergewöhnlichen Wünsche
130 habe ich nicht, aber ich weiß noch nicht genau, was ich
machen will. Vielleicht könnten wir uns ja mal zu einem
persönlichen Gespräch treffen?

Agentin: Wie schaut es nächste Woche aus, Frau
Stehlin?

135 **Interessentin:** Hm, da muss ich erst einmal in meinen
Kalender schauen. Ja, hm. Vielleicht am Mittwoch um 16
Uhr.

Agentin: Mittwoch ist ungünstig, aber am Donnerstag
passt es mir.

140 **Interessentin:** Das geht auch bei mir.

Agentin: Gut. Treffen wir uns im Café D'accord.

Interessentin: Einverstanden. Ich bräuchte aber noch die
genaue Adresse.

Agentin: Na klar. Ecke Müllerstraße / Rathausplatz.

145 **Interessentin:** Ach übrigens, wie erkennen wir uns denn
da eigentlich? Die übliche rote Blume im Knopfloch ist
doch etwas deplaziert … und Zeitungen liest heutzutage
auch fast jeder.

Agentin: Keine Sorge, ich hätte Sie schon erkannt, aber
150 wenn Sie wollen, machen wir ein Erkennungszeichen
aus: Auf meinem Tisch liegt ein Prospekt meiner Firma
„Kontakte knüpfen".

Interessentin: In Ordnung, bis Donnerstag in einer
Woche. Auf Wiedersehen.

155 **Agentin:** Auf Wiedersehen, Frau Stehlin.

Test: Hörverstehen 2

Hörtext 2 zum Test:
„Von der Kunst des Reisens"

Ansage

*Sie hören jetzt eine Radiosendung des Österreichischen
Rundfunks aus der Reihe „Ambiente". Sie hören ein
Radio-Feature zum Thema „Von der Kunst des Reisens",
in dem verschiedene Experten neue Konzepte des „Ande-*
5 *ren Reisens" vorstellen, die mit den Angeboten des
Massentourismus nur noch wenig gemein haben.
Zu dieser Sendung sollen Sie zehn Aufgaben lösen. Sie
finden diese Aufgaben auf S. 22 im Trainingsbuch. Lesen
Sie jetzt dort die fett gedruckten Fragen neben den*
10 *Nummern 41 bis 50. Sie haben dafür eine Minute Zeit.*

*Hören Sie jetzt den Text zuerst einmal ganz. Danach
hören Sie ihn in Abschnitten noch einmal.*

Abschnitt 1

Moderator: „Anders Reisen", dieses Schlagwort ist immer
15 öfter in Reiseprospekten zu finden. Ein Trend im Tourismus
geht in Richtung Begegnungsreisen. Man will verstärkt in
Kontakt mit der Bevölkerung der bereisten Gegend treten,
aber nicht bloß als Konsument, sondern als Anteil nehmen-
der Besucher. „Ambiente" wird Ihnen heute einige Projekte
20 im In- und Ausland vorstellen, die sich das „Andere Reisen" zum Ziel gesetzt haben. Martin Scheidt hat sich auf
den noch schmalen Weg des „Anderen Reisens" begeben.

Abschnitt 2

Sprecher 1: Touristen, wir möchten Sie wissen lassen, dass
25 Sie in Goa nicht willkommen sind. Goa und Goanesen pro-
fitieren wirtschaftlich nicht von Charter-Tours. Selbst wenn
wir einen guten Anteil am Profit hätten, Sie wären immer
noch nicht willkommen. Die Luxus-hotels nehmen unseren
Leuten Land, Küste und traditionelle Beschäftigungen weg.
30 Das geschieht in Ihrem Namen, im Namen des Tourismus.
Indien hat Millionen sehr armer Leute, euer reicher Lebens-
stil in diesen Hotels wird zu einer Insel der Vulgarität und
Verhöhnung der Armen. Bitte kommen Sie nicht als Tourist
nach Goa zurück und lassen Sie auch Ihre Landsleute wis-
35 sen, dass sie in Goa nicht willkommen sind.

Moderator: Flugzettel an irritierte Nacktbader am Indi-
schen Ozean. Ein Aufschrei der Organisation „Wachsame
Goaner" gegen eine sie bedrohende Urlauberinvasion.
Christian Baumgartner vom Institut für integrativen
40 Tourismus und Freizeitforschung gibt einen kurzen Überblick zur Realität neuer Tourismusformen.

Sprecher 2: Es gibt gute Ansätze. Es gibt in Deutschland
dieses Forum „Anders Reisen", das jetzt aus 59 Veranstaltern besteht. Wir haben in Österreich eine ähnliche
45 Diskussion, die ein bis zwei Jahre noch dahinter nach-
hinkt, aber es kommt langsam.

Moderator: Langsam, aber selbstbewusst entwickelt sich
eine Reise- und Freizeitform, der schon viele Namen gegeben wurden. Vor 20 Jahren prägte Robert Jungk den
50 Begriff „Sanfter Tourismus" als Antwort auf die schonungs-
lose Vermarktung sensibler Regionen und deren negative
Effekte. Christian Baumgartner erklärt den Unterschied
zwischen „hart" und „sanft".

Sprecher 3: Es ist jetzt egal, ob man „sanfter Tourismus"
55 sagt oder „integrativer Tourismus" oder „Ökotourismus".
Ich denke, ein ganz wesentlicher Faktor ist es, dass ein
Tourismus, den wir auch anstreben, selbst bestimmt wird
von den Menschen, die in der Region leben und vom
Tourismus auch betroffen sind. Das ist der ganz große
60 Unterschied, dass eben im klassischen „harten Tourismus" sehr viel Fremdbestimmung da war, dass Gesell-
schaften von außen investiert haben und dann wieder
auch die Gewinne aus der Region abgezogen haben.
Und ein „Sanfter Tourismus" versucht, einerseits ökolo-
65 gisch vorsichtig zu agieren, die Ressourcen, die es in der
Region gibt, zu beachten, zu integrieren in den Tourismus
und gleichzeitig zu schützen. Der sehr stark aber auch
auf die jeweiligen sozialen, kulturellen Rahmenbedin-
gungen eingeht und diese Kultur eben nicht in einer Art
70 und Weise prostituiert, wie man das im „harten Tourismus" manchmal leider immer noch findet, sondern versucht, vorsichtig zu integrieren. Und der versucht, durchaus wirtschaftliche Gewinne abzuschöpfen – das ist einfach der Sinn des Tourismus, diese Gewinne aber in der
75 Region auch anzubringen.

Abschnitt 3

Moderator: Kriterien einer behutsameren Annäherung an Land und Leute. Sie finden Niederschlag in den Leit-linien des Forums „Anders Reisen", die ihr Obmann Kai
80 Pardon in einem Beispiel erläutert.

Sprecher 4: Wir möchten die Einheimischen noch partizi-pieren, also beteiligen an unseren Aktivitäten. Wir bezie-hen sie mit in alles ein, was wir dort machen und möch-ten faire Gehälter zahlen, versuchen nicht auf Teufel
85 komm raus, die Preise zu drücken, versuchen einfach, eine faire Partnerschaft aufzubauen.

Moderator: Umwelt und sozio-kulturelle Eigenheiten der bereisten Länder sollen respektiert und Verantwortung gegenüber jenen Kunden übernommen werden, die ein
90 ganzheitliches Reiseerlebnis wünschen. So zum Beispiel favorisiert „Eine andere Reise" die langsame Fortbewe-gung mit lokalen Verkehrsmitteln, aber auch das Rad, um echte Erholung zu bieten. Schwergewicht liegt im Hier und Jetzt des Alltagslebens und weniger bei den toten
95 Steinen der Geschichte. Kai Pardon vermittelt, was man bei so einem Urlaub alles erleben kann.

Sprecher 4: Zum Beispiel haben wir ein Dorfentwicklungs-projekt in Kerala, dem Süd-Indien. Dort wohnen unsere Kleingruppen, circa 10 Personen, mit einem Reiseleiter, der
100 eben beide Sprachen spricht, in einem Dorf, in den Häusern unserer Gastgeber und beteiligen sich ein wenig an der Alltagsarbeit, schauen, was in dem Dorf produziert wird, gehen mit auf die Felder – natürlich wird auch 'mal zusam-men gekocht – kriegen auch einen sehr intensiven Einblick
105 in die Lebenssituation. Es wird viel geredet, viel diskutiert miteinander. Und das Geld, was wir dort lassen, kommt der gesamten Dorfgemeinschaft zugute und nicht Einzelnen.

Moderator: Hier taucht die erwünschte Begleiterschei-nung eines partnerschaftlichen Tourismus auf: Nachhal-
110 tigkeit. Wenn bei beiden Teilen mehr zurückbleibt, als ein warmer Händedruck und Erinnerungen in Form bunter Bilder. Häufig entstehen Freundschaften über Grenzen und Kontinente hinweg. Nicht selten unterstützen Reisende auch nach dem Urlaub lokale Initiativen. Einmal
115 aufgebaute Beziehungen werden weiter gepflegt.

Abschnitt 4

Sprecher 4: Es ist wichtig, auch zu sagen, dass „Anders Reisen" nicht nur diese Art von Begegnungs- und Projekt-

tourismus bedeutet. Denn das ist uns wichtig, dass Rad-
120 reisen, Wanderreisen auch so was wie Erlebnisreisen und auch eben unser eigenes Land miteinbezogen werden. Es ist sehr vielseitig. Ich denke, dass da für jeden was dabei wäre. Nur eben man müsste sich mit diesem Angebot vertraut machen. Und das ist natürlich schwieriger, als
125 einen großen Veranstalterkatalog durchzublättern.

Moderator: Tatsächlich muss niemand in die Ferne schweifen, wenn er weder die Natur noch die dort leben-den Menschen durch seinen Urlaub beeinträchtigen will. Aber er muss suchen. Wo in Österreich zum Beispiel wurde
130 Tourismus durch Vernunft und Selbstbestimmtheit zu einem organisch integrierten Bestandteil einer ganzen Region?

Sprecher 4: Momentan, das Paradebeispiel in Österreich ist sicherlich das Lesachtal an der Grenze zu Italien, das es geschafft hat in den letzten 20 Jahren - ausgehend
135 von einer Position, wo man das Lesachtal sehr gerne als leicht rückständig, bergbäuerlich orientiert angesehen hat - heute im „Sanften Tourismus" eine absolute Vorreiter-rolle einzunehmen. Zum Beispiel durch Selbstbeschrän-kung: Lesachtaler haben gesagt, Sie wollen keine tech-
140 nisch Erschließung, sie wollen keinen Skilift im Tal haben, sie setzen lieber auf die Kombination Landwirtschaft und Tourismus. Die Lesachtaler, die haben sich eine Betten-obergrenze gegeben. Es gibt jetzt nicht mehr Gästebet-ten zur Verfügung, als es Einwohner im Tal gibt. Hier gibt
145 es eine Reihe von Maßnahmen und Richtlinien, an denen sich die Lesachtaler orientieren.

Moderator: Maß statt Masse. Devise und Erfolgsrezept eines behutsamen Tourismus. Immer mehr Reisende suchen Hintergrundinformation und direktes Erleben von
150 Land und Leuten. Sie schätzen auch im Urlaub Begeg-nung und verzichten aus sozialer und ökologischer Ver-antwortung gerne einmal auf gewohnten Komfort. „Anders Reisende" können inzwischen aus einer wach-senden Angebotspalette wählen.

155 **Sprecher 4:** Es ist erst mal ein Versuch von vielen kleinen Veranstaltern, aber ich glaube auch, dass das ein Trend ist, dass der Reisende Lust auf andere Reiseerlebnisse hat, die anders geartet sind, als das, was der Masse zur Zeit angeboten wird.

© aus: Ambiente, Anders Reisen, ORF, Wien

Test: Mündliche Kommunikation

Hörtext 3 zum Test:
Transkription eines Prüfungsgesprächs

Sie hören jetzt das Beispiel einer mündlichen Prüfung. Die Aufgaben dazu finden Sie auf S. 25 und 26 im Trainingsbuch.

P1: Guten Tag, ich heiße Gerd Antensteiner, das ist meine
5 *Kollegin, Frau Dinsel.*
P2: Hallo.
K: Hallo.
P1: Wie heißen Sie?
K: Ich heiße Moussa Boussou. Ich kommen aus dem
10 Senegal.
P1: Woher aus dem Senegal?
K: Ich kommen Norden vom Senegal.
P1: Ist das eine großen Stadt, wo Sie herkommen, oder ...?
K: Eh, 's is ein Dorf, die so ungefähr um 2000 Einwohner hat.

15 *P1: Und Sie leben jetzt in München oder sind Sie nur für den Sprachkurs hier?*
K: Ich lebe gut fünf Jahre hier in München.
P1: Und was machen Sie in München?
K: Ja, gute Frage ...
20 *P1: Arbeiten Sie hier?*
K: Ich lebe halt in München, ich hab ein Frau hier, und momentan arbeite ich nicht, ich nehme teil an einem Sprachkurs beim Goethe-Institut. Sonst – normales Leben, ich bin ein Münchner geworden.
25 *P1: Kommt Ihre Frau auch aus dem Senegal?*
K: Nein, ich bin mit einer deutschen Frau verheiratet.
P1: Wie viel Kinder haben Sie?
K: Eins.
P1: Wie alt ist das Kind?
30 K: Das Kind wird am neunzehnten Juli neun Jahre alt.
P1: Gut dann kommen wir zum zweiten Teil ...

A. Fotos

P1: … Sie sehen ja diese Bilder, was können Sie zu diesen Bildern sagen?

K: Das Bild von links gefällt mir sehr gut. Das ist ein Bild, die eine Ehe zeigt, alte Menschen, die aufs Land leben.

5 Und von Bild her kann man auch vermuten, dass es im Frühling sein könnte, weil die Blumen sind da und die sind beschäftigt mit ihren Blumen. Die Frau wundet paar Blumensträuße, und der Mann ist beschäftigt mit Unkraut zu … halt alte Menschen, die sich in ihrem Alltagsleben

10 mit Natur beschäftigen. Und rundrum ist schön, Bäume, es scheint auch, sie einen kleinen Gemüsegarten haben und die Obstbäume auch sind da – alles im allem: is ein idyllisches Bild, wenn –

P1: Wirken die Leute …

15 K: … man das vergleicht in die große Städte wo nur Asphalt und so.

P1: Wirkt dieses Ehepaar glücklich auf Sie, oder …

K: Ja selbstverständlich, das hat auch damit zu tun, weil das geht direkt mit meinem Gedanken, wo ich hierher

20 gekomme und sehe paar alte Leute, die ich kannt hätte damals, die beim schönes Wetter oder so nie sitzen bleiben. Sie gehen rundrum, da, hier – diese Blumen muss man machen, diese Pflanzen muss man hier einpflanzen, das hier is Unkraut. Wo ich überhaupt keine Lust damals

25 gehabt hätte, aber meine Onkel oder so hat immer sich damit beschäftigt, für ihn ist ein, ein Leben, er hat Beziehung mit diese Pflanzen und alles …

Das zweite vom rechts ist ein bisschen kritisch für mich. Das zeigt zwar die Leute sind für mich ein bisschen reich oder in

30 Wohlstand leben die. Aber sie sehen nicht glücklich aus, obwohl sie sitzen in ein Reichtum anscheinend. Ich vermute auch, ist in eine Stadt, entweder sie haben was verloren, ein Mensch, weil sie sitzen da und langweilen sich, weil die nirgendwo hinzugehen wissen und wollen auch reden gar

35 nicht miteinander, einfach schauen an an die Wände, oder was ich charakterisiere als einfach Großstädtleben, wo die Leute einfach isoliert sind, keine Natur und alles ist …

P1: Und wenn Sie jetzt an sich persönlich denken: Wie würden Sie gerne leben, wenn Sie alt sind?

40 K: Wenn ich alt bin, sicherlich kann ich nicht so wie diese beiden Herren leben. Oder – mit seine normale Grund is – mit meine Kultur und meine Erfahrungen, wir sind nicht gewohnt, allein zu sein. Alt oder jung ist immer – Das Leben hat nur Sinn bei uns, wenn man jemanden hat, mit

45 wem man reden kann oder streiten kann, aber allein in vier Wände ich wäre nie in meinem Leben, auch wenn ich alter bin.

P1: Könnten Sie sich dann ein Leben vorstellen, wie es bei uns das linke Bild zeigt?

50 K: Das, ja, kann ich mir schon vorstellen. Ob ich das realisierbar – weil anscheinend sind sie auch, sie haben, sie sind nicht auch arme Menschen, weil anscheinend sie haben ein Grundstück, die ein bisschen wertvoll ist. Mit wenig auch kann ich mit zufrieden sein.

55 *P1: Wenn Sie jetzt an Ihr Heimatland denken – wie leben dort alte Leute?*

K: Die alte Leute in meiner Heimat leben ganz anders als hier, hier in Deutschland, weil die alte Menschen dort sind verbunden mit ihre Nachwuchsen, sie werden auch

60 besorgt von die Nachwuchsen. Sie werden nicht von'm Leben abgeschlossen, sie haben auch immer mitzureden, mitzuentscheiden, wenn auch die Kinder das nicht wollen. Sie geben diese Recht nicht auf, und die Kinder auch machen das mit ihnen.

65 *P1: Gibt es viele alte Leute, die so leben im Senegal, wie es uns das rechte Bild zeigt?*

K: Sicherlich gibt es, weil Senegal oder irgendwo hier in die Welt jetzt, gibt's große Städte, gibt's diejenigen, die das eine oder das andere gewählt in ihrem Kindheit oder so,

70 oder ein andere Kultur genommen. Aber so einem Bild in meinem Umfeld kann ich nur sehen, wenn ein Ehe ihre wertvolle Mensch verloren haben, die sitzen da, das zu sagen, das ganze Leben hat keinen Sinn mehr, weil nicht nur das Reichtum oder das Atmen, sondern was sie an das

75 Leben gehalten hat, ist nicht mehr da, das heißt ihre Dawesen ist einfach erledigt, ihre Weiterleben werde nur qualvoll und warum …

P1: Danke, wir kommen dann zum dritten Teil, da sollen Sie mit meiner Kollegin zusammen einige Vorschläge

80 *diskutieren.*

B. Diskussion

P2: Moussa, es geht ja um eine Sprachschule, die ein bisschen Geld übrig hat und jetzt nicht weiß, was soll sie mit dem Geld machen. Haben Sie einen Vorschlag?

Also: Welcher Vorschlag, finden Sie, ist ganz interessant

5 *von diesen 5 Vorschlägen?*

K: Ja, da sind paar Vorschläge. Ich werde dieses hier vorschläge, ich meine: Vorschlag nehmen, ein Zweckraum, oder Vielzweckraum für Kinoabend, Theateraufführungen oder Musikveranstaltungen und Feste.

10 *P2: Find ich gar nicht schlecht, so'n Vielzweckraum, da kann man ja verschiedene Dinge machen. Man ist ja nicht so festgelegt, ja. Aber jetzt haben Sie wahrscheinlich für sich entschieden. Wenn Sie jetzt aber noch an die anderen Studenten denken – würden die nicht sagen: Also ich*

15 *hätte lieber einen Computerraum, der hilft mir, da kann ich noch was lernen. Sie denken vielleicht eher ans Vergnügen.*

K: Ich glaube nicht, dass ich nur an mich selbst gedacht hab, sondern ich habe an den anderen auch gedacht.

20 Deshalb, weil die sind hierher gekommen, um Sprachkurs zu machen. Und statt in einem Computerraum zu sitzen, alleine mit'm Computer sich zu unterhalten, ich finde das sinnvoller, dass der Teilnehmer oder Teilnehmerin, der hierher gekommen, eine Sprachkurs zu machen, ein Stück

25 Theater auf Deutsch zu sehen gemeinsam mit anderen Leute. Danach können die Leute diskutieren, über die Themen, die da – es wird ihre Kenntnisse und ihre Wortschätze verbessern. Außerdem wenn sie auch nach eine Woche – nach einer Woche oder zwei Woche oder drei

30 Woche Kurs haben irgendwann die Nerven verloren, sie können hier eine Musikveranstaltung hören. Das wird ihnen entspannen und so. Sie können auch hier ihre Feste machen. Das heißt ist nicht nur ich, die anderen können sogar hier Feste machen, die ich mir überhaupt nicht

35 gefällt.

P2: Das sind wirklich gute Argumente, also, Sie haben mich auch überzeugt, dass Ihre Wahl eine gute Wahl ist. Hmmm – Wie wäre es: Könnte man da auch auch ein bis-

40 *schen fremdländische Sachen aufführen? Oder würden Sie jetzt nur an deutsche Aufführungen denken?*
K: Nein, ich werde nicht nur an deutschen denken, weil man lernt, ist hierher gekommen. Und wenn man Sprachkurs sagt, das heißt: Die Teilnehmer und Teilnehmerinnen sind kein Deutsche. Diese Leute auch soll-
45 ten durch diese Gelegenheit auch miteinander kommuni-
zieren, ihre Kultur auch durch diese Angelegenheit auch weitermachen. Damit auch: Man – ich lerne die deutsche Sprache aber ich sage die Deutschen auch, was ist meine Kultur. Es muss ein Tausch geben zwischen den beiden.
50 *P2: Ist so was typisch für Ihr Land, also weil Sie jetzt auch zu dem Vielzweckraum greifen? Ist das eine typische Kultureigenschaft?*
K: Ja, es ist Kultureigenschaft, aber kommt darauf an auch, was man von Kultur versteht, was Kultur definiert
55 wird, und so. Ich habe vorher bei, mit ihrem Kollegen gesagt, dass auch in meinem Alter ich überhaupt nicht allein leben werde, weil wir sind oft zusammen, das heißt bei uns die Theater oder Musik ist oft gemacht, und die Leute sind da verbunden, das heißt …

60 *P2: Jetzt gibt es ja noch ne Alternative hier, mit der Organisation einer Veranstaltungsreihe zu Goethes Geburtstag. Was … – Das wäre ja auch kommunikativ. Leute würden sich treffen, man würde was Interessantes zu hören bekommen. Aber warum ist das jetzt für Sie*
65 *nicht so interessant?*
K: Ich habe nicht gesagt, dass es nicht interessant ist, son-
dern ich habe wahlweise. Ich respektiere Goethe, aber er hat seine Dinge gemacht und die Goethe-Institut ist da. Aber nur diese, wenn man das Geld, meine Meinung
70 nach, diese Räume aufbaut, und damit die Leute da weiter sich entwickelen können. Ich glaube, werde auch viel Goethe auch das besser gefallen, als dass die Leute bei ihm kommen und dann einfach ein große Feier machen.
P2: Klar. Gut, ich denke, wir sind am Ende der Prüfung.
75 *Vielen Dank, Moussa.*
P1: Danke.
K: Bitte.

Training: Hörverstehen 1

Hörtext 4: Salzburg-Information

Abschnitt 1
Sie hören ein Telefongespräch. Familie Schubert hat vor, zu den Festspielen nach Salzburg zu fahren und dort eine Oper von Mozart zu hören. Frau Schubert möchte dafür Karten vorbestellen. Außerdem interessieren sie weitere
5 *Punkte bezüglich ihres Aufenthalts in Salzburg. Notieren Sie während des Hörens, welche Informationen ihr der Herr bei der „Salzburg Information" gibt.*
Zu diesem Gespräch sollen Sie zehn Aufgaben lösen. Sie hören das Gespräch einmal. Sehen Sie sich die Aufgaben
10 *1 bis 10 auf dem Notizenblatt an. Lesen Sie bitte auch die Beispiele 01 und 02.*

Abschnitt 2
Salzburg-Information: Salzburg-Information, Bader. Grüß Gott.
15 **Frau Schubert:** Grüß Gott, Schubert. Ich habe von Ihrem Büro neulich in der Zeitung gelesen, und deshalb …
Salzburg-Information: Sie meinen den Bericht in der Süddeutschen Zeitung?
Frau Schubert: Ja, genau. Und ich hätte nun gerne eini-
20 ge Informationen über die Salzburger Festspiele …
Salzburg-Information: Und womit könnten wir Ihnen genauer helfen, Frau Schubert?
Frau Schubert: Ja, also, zum Beispiel hätten wir gerne Karten für die „Zauberflöte" von Mozart. Und -
25 **Salzburg-Information:** Oh, da sind Sie bei mir leider falsch. Karten müssen Sie direkt beim Festspielbüro bestellen. Ich kann Ihnen aber gerne die Telefonnummer geben.
Frau Schubert: Oh, ja, das wäre nett - Sekunde, ich
30 brauch' nur was zum Schreiben … Ja, bitte … ?
Salzburg-Information: Die Vorwahl für Österreich von Deutschland aus: 0043, dann 662 für Salzburg und für das Festspielbüro 80 450.

Frau Schubert: Gut, dort werd' ich dann gleich anrufen.
35 Jetzt habe ich aber noch ein paar andere Fragen, zuerst zur Unterkunft: Am liebsten wäre uns ein Pauschal-
angebot, bei dem alles inclusive ist …
Salzburg-Information: Natürlich. Kennen Sie vielleicht schon unser „Salzburg Plus - all inclusive" Package mit
40 Übernachtung, Mahlzeiten und zahlreichen weiteren Leistungen? Sie können das gerne direkt bei uns buchen.
Frau Schubert: Und wo ist man da untergebracht?
Salzburg-Information: Bei der Unterkunft können Sie zwischen Drei-, Vier- oder Fünf-Sterne-Hotels wählen.
45 Alle liegen im Stadtinneren, die Festspielhäuser sind also bequem zu erreichen.
Frau Schubert: Und das ist dann Übernachtung mit Frühstück … ?

Abschnitt 3
50 **Frau Schubert:** Und das ist dann Übernachtung mit Frühstück …?
Salzburg-Information: … mit Frühstück und außerdem wahlweise ein Mittag- oder ein Abendessen.
Frau Schubert: Ach, nein, das wollten wir eigentlich nicht
55 - man ist dann so ans Hotel gebunden …
Salzburg-Information: Oh, nein, nur das Frühstück neh-
men Sie im Hotelrestaurant. Für die anderen Mahlzeiten können Sie zwischen 22 verschiedenen Restaurants der Stadt Salzburg wählen. Sie bekommen einen informativen
60 Flyer mit Stadtplan, in dem die Restaurants eingezeichnet sind.
Frau Schubert: Ach so, ja, das ist praktisch. Tagsüber sind wir nämlich lieber unabhängig: auch ein bisschen die Stadt ansehen und genießen …
65 **Salzburg-Information:** Na dann sind für Sie ja auch eini-
ge Leistungen, die in so einem Angebot außerdem enthalten sind, genau das Richtige.

Frau Schubert: Ah ja? Was für Leistungen sind das denn?
Salzburg-Information: Sie haben zum Beispiel die
70 Wahl zwischen einer ganzen Reihe von kulturellen
Veranstaltungen, Konzerten vor allem. Das ist für Sie aber
vielleicht weniger interessant, weil Sie ja schon zu den
Festspielen gehen. Sie können aber auch eine
Stadtrundfahrt mitmachen ...
75 **Frau Schubert:** Naja, Stadtrundfahrt ... Obwohl, als erster
Überblick ist das vielleicht gar nicht so schlecht
Salzburg-Information: Genau. Und dazu kommen dann
ja noch alle anderen Vergünstigungen, die mit der
„Salzburg-Plus-Card" verbunden sind. Damit
80 **Frau Schubert:** Noch mehr Vergünstigungen?
Salzburg-Information: Ja, genau, mit der „Salzburg-Plus-
Card" ist die Benützung der öffentlichen Verkehrsmittel
kostenlos. Und dann haben Sie freien Eintritt in alle
Sehenswürdigkeiten: in Mozarts Geburtshaus zum Beispiel,
85 in die Festung.Und an anderen Stellen bekommen Sie
Ermäßigungen in so gut wie allen städtischen Museen und
im Casino ...

Abschnitt 4
Salzburg-Information: ... Und an anderen Stellen
90 bekommen Sie Ermäßigungen in so gut wie allen städtischen Museen und im Casino oder bei -
Frau Schubert: (Lachen) Roulette-Spielen wollten wir
nicht unbedingt ...
Salzburg-Information: Vergünstigungen gibt's aber auch
95 bei einigen Autovermietungen ...

Frau Schubert: Ja, aber wie ist das denn alles organisiert?
Die Karte ist sozusagen ein Ausweis und wenn ich sie
zeige, zahle ich weniger oder gar nichts?
Salzburg-Information: Nein, nein. Das gesamte „all
100 inclusive" Paket, zahlen Sie vorweg. An der Rezeption
Ihres Hotels bekommen Sie dann eine Chip-Karte, auf der
alle Leistungen programmiert sind. Sie buchen und bezah-
len alles vor Reiseantritt. Während Ihres Aufenthalts haben
Sie dann gar keine Ausgaben mehr.
105 **Frau Schubert:** Ach so ... Und wie teuer kommt uns dieses Paket bei, sagen wir: einer Übernachtung ?
Salzburg-Information: Na ja, für eine Nacht erhalten Sie
die „24 Stunden Plus Card", ab 1.299,— Schilling in
einem 3- Sterne-Hotel bis zu 2.220,— Schilling einem 5-
110 Sterne-Hotel pro Person im Doppelzimmer.
Frau Schubert: Wir wären aber zu dritt, unsere Tochter
kommt auch mit ...
Salzburg-Information: Wie alt ist denn Ihre Tochter?
Frau Schubert: Vierzehn.
115 **Salzburg-Information:** Oh, da haben Sie noch Glück: Bis
fünfzehn zahlt man für Kinder nur die Hälfte im Zimmer
der Eltern, bis sechs sind sie sogar kostenlos dabei ...
Frau Schubert: Gut, dann danke ich Ihnen erst mal für
die vielen Informationen.

© *Salzburginformation*

Training Hörverstehen 1

Anwendung: Testaufgabe
Hörtext 5: CALL A BIKE

Ansage
*Sie hören jetzt ein Telefongespräch mit der Firma CALL A
BIKE. Es handelt sich um eine neu gegründete Firma, die
in verschiedenen europäischen Städten mit einem neuar-
tigen Konzept Fahrräder vermietet. Der Anrufer hat
5 davon im Radio gehört und ist an weiterer Information
interessiert. Für ihn sind einige Punkte von Bedeutung, z.
B. der Preis und wie man die Fahrräder mieten kann.
Notieren Sie während des Hörens die Informationen, die
im Telefongespräch gegeben werden.
10 Zu diesem Gespräch sollen Sie zehn Aufgaben lösen. Sie
hören das Gespräch einmal. Sehen Sie sich die Aufgaben
1 bis 10 auf dem Notizenblatt auf S. 56 an. Lesen Sie
bitte auch die Beispiele 01 und 02. Sie haben dazu eine
Minute Zeit.*

15 **Call:** Guten Tag. CALL A BIKE. Mein Name ist
N.N. *(schlecht zu verstehen)* Was kann ich
für Sie tun?
Anrufer: Gruezi, mein Name ist Rödli. Bin ich da
richtig, ist da CALL A BIKE?
20 **Call:** Ja.
Anrufer: Ich habe aus einer Sendung des
Deutschlandfunks von CALL A BIKE erfahren. Ich habe gehört, Sie wollen europa-
weit damit starten. Das heißt auch in der
25 Schweiz ... Stimmt das?

Call: Ja, das haben Sie richtig verstanden. Aber
bislang ist noch die Erprobungsphase in
München gelaufen. Bald haben wir
genug Erfahrungen gesammelt und kön-
30 nen dann auch in anderen europäischen
Städten starten.
Anrufer: Also, ich wohne in Zürich. Wann kann ich
damit rechnen?
Call: Bis jetzt sieht die Planung so aus, dass wir
35 wohl in Kürze auch in Zürich unsere
Dienste anbieten werden.
Anrufer: Und wie funktioniert das dann genau?
Call: Weitgehend so wie in München, wenn Sie
davon schon gehört haben. Auch in Zürich
40 werden dann an zahlreichen Telefonzellen
im Stadtkern unsere Bikes stehen.
Anrufer: Auch 2000 Räder wie in München?
Call: Es ist geplant, in Zürich mit 1200 Fahr-
rädern an 600 Telefonzellen zu beginnen.
45 **Anrufer:** Aha, was mir aber noch nicht ganz klar
ist: Nämlich, wie die ganze Abwicklung
per Telefonanruf funktionieren soll.
Call: Nun, das kann ich Ihnen gerne erklären:
Alle Fahrräder sind ausgestattet mit
50 einem elektronischen Schloss ...
Anrufer: Ja?! Nun?
Call: Das elektronische Schloss ist mittels eines
Öffnungscodes zu öffnen, der über ein
Display am Schloss eingegeben wird. Den

55 Öffnungscode erfährt der Kunde, wenn
er unsere Hotline unter der gebühren-
freien 0-800er-Nummer anruft.

Anrufer: Aber woher wissen Sie, dass **ich** das bin
und welches Rad ich benutzen werde.

60 **Call:** Den Öffnungscode bekommen Sie erst,
wenn Sie Ihre Kundennummer und die
Nummer des Fahrrades angeben. Sobald
Sie den Öffnungscode auf dem Display
eintippen, können Sie losradeln. Bei der
65 Rückgabe funktioniert das genau anders
'rum: Sie sperren das Bike ab und das
Display zeigt Ihnen einen Quittungscode
an. Diesen geben Sie telefonisch an uns
durch, damit ist dann der Mietvorgang
70 beendet.

Anrufer: Gut, und der Preis, der gilt pro Stunde
oder pro gefahrenen Kilometer?

Call: Wir rechnen minutengenau ab.

Anrufer: Aha, und was zahlt man für 'ne Stunde?

75 **Call:** Pro Minute sind es 1,5 Cent, dazu kommt
noch eine Grundgebühr von 1 EURO.
Aber wenn man das Bike den ganzen Tag
- also 24 Stunden - mietet, wird das
natürlich günstiger: Es kostet dann ca. 12
80 EURO pro Tag.

Anrufer: Ah ja, und was macht Sie so sicher, dass
ich nicht mit dem Radl davonradle?

Call: Zunächst einmal sind Sie ja über Ihre
Kundennummer identifiziert. Wenn Sie
85 das Bike nicht zurückgeben, können wir
gezielt bei Ihnen nachfragen. Außerdem
haben die Bikes ein sehr auffälliges
Design - mit ihrer Farbkombination Silber
und Neonorange fallen sie im
90 Straßenverkehr sofort auf. Und weil wir

einige Sicherheitsvorkehrungen eingebaut
haben, erkennen unsere mobilen
Serviceteams sofort, ob ein Bike gestoh-
95 len ist. Das heißt, Sie können es gar nicht
benutzen, ohne entdeckt zu werden.

Anrufer: Muss ich also als Sicherheitsleistung keine
Kaution hinterlegen?

Call: Nein. Es genügt eine einmalige
100 Registrierung bei uns, das heißt: Ganz am
Anfang nehmen wir Ihre Personalien und
die Daten Ihrer Kreditkarte oder
Bankverbindung auf. Sie bekommen dann
Ihre persönliche Kundennummer, die Sie
105 beim Ausleihen auch angeben. Dadurch
können wir Sie eindeutig identifizieren.

Anrufer: Noch 'ne Frage: Wenn man jetzt ... Ich
mein', ich habe öfters auch Besuch. Kann
man dann mehrere Radl mieten?

Call: Natürlich, Sie können jederzeit mit Ihrer
110 Kundennummer auch zwei Bikes mieten.
Das ist kein Problem.

Anrufer: Und Kinderräder auch, weil ... wenn da
...?

Call: Kinder dürfen aus versicherungstechni-
115 schen Gründen erst ab 16 mit unseren
Bikes fahren. Dazu lässt sich der Sattel
ganz einfach mit einem Schnellspanner
verstellen.

Anrufer: Ah ja, das ist ja praktisch. Ich bin Ihnen
120 wirklich dankbar für Ihre Informationen.
Ich hätte jetzt nur noch gerne eine
Broschüre mit all den wichtigen
Informationen. Wie könnte ich da dran
kommen?

© Call A Bike AG, München

Training: Hörverstehen 2 A

Hörtext 6 zum Training
„Die Kunst des Nichtstuns" Teil 1

Ansage
Abschnitt 1
*In der Reihe Radiokolleg des Österreichischen Rundfunks
hören Sie eine Sendung zum Thema „Die Kunst des
Nichtstuns". Es handelt sich um ein Radio-Feature, in
dem das Thema „Nichtstun" von verschiedenen Seiten
5 aus beleuchtet wird. Zum Beispiel, welche Bedeutung
Nichtstun früher hatte und welche es heute hat. Dazu
werden verschiedene Experten zitiert, die zu diesem
Thema etwas gesagt bzw. geschrieben haben.*

Hören Sie die Sendung zuerst einmal ganz – ohne Pause.
10 ***Dann** hören Sie die Sendung noch einmal in Abschnitten
mit Pausen.*

Abschnitt 2
Moderatorin: Muße ist ein Begriff, der aus einer anderen Zeit zu kommen scheint. „Wäre es sinnvoll, das nega-
15 tiv besetzte Wort „Faulheit" durch den Begriff „Muße"
zu ersetzen, um die überkommenen Wertungen zu überwinden?", fragt Reinhard Klopffleisch in seinem Buch

„Die Pflicht zur Faulheit".
Sprecher 1: Noch ist das Bild, das wir von Muße haben,
20 unklar, einerseits verklärt in Traumbildern, vom Ausstegen
in der Karibik, andererseits behaftet mit dem puritani-
schen Makel, dass Faulheit aller Laster Anfang sei. Der
Grund: Muße war bislang immer erkauft mit der Arbeit
anderer. Bis in unser Jahrhundert konnten sich nur weni-
25 ge Auserwählte den Luxus tätiger schöpferischer Muße
leisten. Neben den Menschen, die reich geboren waren,
nahmen sich diese Freiheit Künstler, denen an selbst
gewählter Tätigkeit so viel lag, dass sie sogar ein Leben in
Armut ertrugen.
(…)
30 **Sprecher 1:** Auch wenn Etliches auf den ersten Blick
dagegen spricht, wir leben in einer Arbeits- und nicht in
einer Freizeitgesellschaft. Die jahrhundertealte Tradition,
einzig die Erwerbsarbeit in den Mittelpunkt des Lebens
zu stellen, fordert nach wie vor ihren Tribut. Die Fähig-
35 keit, Freizeit zu genießen und für sich selbst zu nutzen,
ist vielfach verkümmert.

Abschnitt 3

Moderatorin: Vor rund zehn Jahren wurde eine Grenze
überschritten. Die Summe aus durchschnittlicher Arbeits-
40 zeit und Arbeitswegzeit war erstmals kürzer als die
Freizeit. Dazu kommt die so genannte Obligationszeit:
Jene Zeit, über die Menschen nicht frei verfügen können,
weil sie in den alltäglichen Erledigungen und sozialen
Verpflichtungen gebunden ist, führt Reinhard Klopffleisch
45 in seinem Buch „Die Pflicht zur Faulheit" an.
Sprecher 1: Bis in die 40er Jahre dieses Jahrhunderts hin-
ein hat die durchschnittliche Länge der Arbeitszeit in
Europa und den Vereinigten Staaten fast hundert Jahre
lang parallel abgenommen. Verkürzung der Arbeitszeit
50 war das zentrale Anliegen der Arbeiterbewegung. Aber
seit den 40er Jahren ist die durchschnittliche
Arbeitswoche in den Vereinigten Staaten unverändert
geblieben. Viele Fachleute glauben sogar, dass die Freizeit
abgenommen hat. Die Urlaubszeit bleibt für die meisten
55 Arbeitskräfte in den USA auf die traditionellen zwei
Wochen beschränkt, vorausgesetzt sie haben keine
Saisonverträge, denn dann bekommen sie wahrscheinlich
überhaupt keinen Urlaub. In Europa hingegen hat der
Abwärtstrend bei den Arbeitsstunden stetig angehalten.
60 **Moderatorin:** Gleichzeitig steigt die Zahl der Menschen,
die nicht mehr mit einem gesicherten Arbeitsverhältnis
vom Ende der Ausbildung bis zur Pensionierung rechnen
können. Zeiten von Arbeitslosigkeit, Fortbildung und
Umschulung werden sich bei vielen mit Full-time- oder
65 Teilzeitjobs abwechseln und ein bisher nicht gewohntes
Maß und eine andere Verteilung von Freizeit mit sich
bringen. Der Industriezweig, der sich dieser arbeitsfreien
Zeit der Menschen angenommen hat, expandiert.

© aus: Radiokolleg, „Die Kunst des Nichtstuns", ORF Wien

Hörtext 7
Anwendung: Testaufgabe
„Die Kunst des Nichtstuns" Teil 2

Ansage
Abschnitt 1

*Sie hören jetzt den zweiten Teil der Radiosendung „Die
Kunst des Nichtstuns".*
*Im ersten Teil haben Sie etwas über den Begriff „Muße"
erfahren, welche Bedeutung er damals hatte und welche
5 heute. Im zweiten Teil erfahren Sie, welche Bedeutung
das Nichtstun in unserer heutigen Arbeits- und Freizeitgesellschaft gewonnen hat.*

*Zu dieser Sendung sollen Sie acht Aufgaben lösen.
Lesen Sie jetzt die fett gedruckten Fragen neben den
10 Nummern 1 bis 8 im Trainingsbuch auf Seite 61. Sie
haben dafür eine Minute Zeit.*

*Hören Sie die Sendung zuerst einmal ganz - ohne Pause.
Dann hören Sie die Sendung in Abschnitten noch einmal.*

Abschnitt 2

15 **Sprecher 1:** Für die Freizeitindustrie wäre es eine
Katastrophe, wenn wir auf die Idee kämen, das Rad in
die andere Richtung zu drehen, mehr „Faulheit" einzu-
fordern statt mehr Freizeitgüter. So kann Arbeitszeitverkürzung den Konsumstandard von Haushalten völlig
20 unbeeinflusst lassen, in dem die gewonnene Zeit zum
längeren Schlafen, Spazierengehen, Reden oder dolce far
niente genutzt wird. (...)
Moderatorin: Nach Alternativen fragt Reinhard
Klopffleisch.
25 **Sprecher 1:** Was kann Freizeit sein, wenn sie mehr
umfassen soll als Konsumzeit? Freie Zeit für selbstständige Handarbeit, etwa für das Backen von Bio-Brot oder
für die Erzeugung von Solarstrom im eigenen Keller?
Oder Sozialarbeit, Zeit für andere, die in Not geraten
30 sind? Oder wäre solche freie Zeit als kreative, mit phanta-
sievollem Tun ausgefüllte Kulturzeit zu definieren?
Moderatorin: Aber schon längst zeichnet sich ab, dass
die Tatsache, dass Arbeit eine immer knapper werdende
Ressource wird, nicht unbedingt zu mehr Freizeit führt,
35 sondern oft nur zu mehr Erwerbsstress. Ulrich Beck,
Sozialwissenschaftler der Universität München, prophe-
zeit eine - so der Buchtitel „Schöne neue Arbeitswelt", in
der die industrialisierten Länder immer mehr Brasilien
gleichen werden. Beck spricht von einer „Brasilianisie-
40 rung": Nur wenige Menschen werden nach diesem
Modell Vollarbeitszeitverhältnisse haben, sondern mehrere Jobs annehmen müssen, um überleben zu können.
Sprecher 1: Die Mehrheit arbeitet unter prekären
Bedingungen. Die Menschen sind ambulante Verkäufer,
45 Kleinhändler und Handwerker. Sie verdingen sich als
Dienstboten aller Art und als Arbeitsnomaden, die zwischen verschiedenen Tätigkeitsfeldern, Beschäftigungs-
formen und Ausbildungen hin und her pendeln.

Abschnitt 3

50 **Moderatorin:** In den 60er Jahren gehörte nur jeder fünf-
te Deutsche dieser Gruppe von prekär Beschäftigten an.
In den 90er Jahren war es bereits jeder dritte. Diese Entwicklung erfordert, so Beck, sowohl eine andere Defini-
tion als auch eine andere Art von Organisation von
55 Arbeit und Freizeit und ein Überdenken des gesamten
Sozialsystems. Beck sieht die Lösung in sogenannter
Bürgerarbeit, Elternarbeit, ehrenamtlichen Tätigkeiten,
Politik. Für diese selbstbestimmten Tätigkeiten außerhalb
des Marktes sollte es, nach seinen Vorstellungen, aber
60 ebenso viel Geld geben wie als Arbeitslosen- oder
Sozialhilfe gezahlt wird.
Sprecher 1: Irgendwo könnte man sich aus dem mittelal-
terlichen Fleiß- bzw. Faulbegriff etwas abschauen, weil
damals hat man viele Tätigkeiten für gesellschaftlich
65 nützlich erachtet.
Moderatorin: Der Sozialhistoriker Walter Sauer ...
Sprecher 1: Heute sind es natürlich andere Tätigkeiten:
Es gibt produktive Tätigkeiten, es gibt distributive Tätigkeiten, wir haben diesen ganzen Dienstleistungsbereich,
70 aber es gibt auch sehr viele soziale Tätigkeiten, die nicht
unbedingt gewinnorientiert durchgeführt werden können. Es gibt Dinge, die, um die Gesellschaft sozusagen
am Funktionieren zu erhalten, viele Menschen unbezahlt
in ihrer Freizeit machen. Und ich sehe eigentlich kein
75 Hindernis, diese Tätigkeiten auch als eine gesellschaftlich
nützliche Arbeit zu betrachten, was natürlich die Frage
aufwirft, ob diese Tätigkeiten nicht auch letztlich entlohnt werden müssten, oder in anderer Form, nicht
monetär, aber vielleicht durch Zuerkennung von Zeit, also

80 eine Umschichtung von Arbeitszeit in sozial nützliche
Zeit, in anderer Weise eben honoriert werden müssten.
Moderatorin: Das Ziel der Arbeiterbewegung, dass die
Arbeitszeitverkürzung mehr Jobs bedeuten würde, hat
sich nicht erfüllt: (…) Die post-industrielle Gesellschaft
85 wird mit immer mehr frei verfügbarer Zeit leben müssen.

Abschnitt 4
Sprecher 2: Warum werden wir unserer Freizeit nicht
froh? Wir ziehen nicht in Betracht, dass einer, der genießen will, Zeit verschwenden muss. Wir haben nicht ge-
90 lernt, uns Zeit für genussvolle Muße freizuhalten. Hier
rächt sich, dass die Arbeiterbewegung in ihrem erfolgreichen Kampf um Freizeit die Faulheit als kontraproduktiv
über Bord geworfen hat. Niemand hat die Chancen der
Faulheit bislang ausgelotet. Faulheit, von der Antike bis
95 zur Französischen Revolution nur den Herrschenden
möglich, ist nie demokratisiert worden.
Sprecherin 3: Wir selber haben es schon nicht gelernt
und wir haben nicht gelehrt, mit Muße und mit Müßiggang umzugehen.
100 **Moderatorin:** Sachbuchautorin Friederun Pleterski.
Sprecherin 3: Man muss denken lernen, man muss
Kreativität lernen, also man muss lernen, mit dieser Zeit,
in der nichts produziert wird, umzugehen. Und das ist ein
großes Manko heute auch, in den Schulen zum Beispiel

105 wäre viel nachzuholen und auch in der erwachsenen
Bevölkerung. Das Nichtstun lernen, dass wir dem Müßiggang nachgehen und uns dazu bekennen, bevor wir in
emsigen Tätigkeiten wieder enden, um Dinge zu produzieren, die keiner braucht.
110 **Sprecher 1:** Es ist erfreulich, die längste Zeit mit sich
selbst zusammen zu sein. Wenn du dich zu einem Menschen gebildet hast, der es wert ist, dass du seine
Gesellschaft genießt.
Moderatorin: Was nun fehlt, sei eine Mußekultur, eine
115 Kultur der Faulheit für alle, schreibt Reinhard Klopffleisch.
Sprecher 1: In der Zeit, in der sich die Werte der Arbeitsgesellschaft auflösen, ist Flucht in die Betriebsamkeit der
gänzlich untaugliche Versuch, der Langeweile zu entflie-
hen. In der Freizeit-Hektik verfehlen wir, was wir suchen,
120 die Befreiung von der alten Arbeitsmoral.
Moderatorin: Der Sozialwissenschaftler Ulrich Beck
sagte in einem Interview:
Sprecher 1: Es ist doch merkwürdig: Durch die Ideenge-
schichte zieht sich wie ein roter Faden die Diskussion um
125 die Befreiung von Arbeit. Das war immer ein Ideal. Jetzt
wird es ein Stück greifbar und wir sträuben uns dagegen,
die Chance wahrzunehmen. Es gibt ein Leben jenseits
von Erwerbsstress und Massenarbeitslosigkeit.

© aus: Radiokolleg „Die Kunst des Nichtstuns", ORF Wien

Training: Hörverstehen 2 B

Hörtext 8: Kindererziehung
Was meinen Sie?

Ansage
Abschnitt 1 / Ansage
*Sie hören jetzt in der Reihe „Was meinen Sie?" eine
Radiosendung des Deutschlandfunks. Es handelt sich um
eine Gesprächsrunde, in der ein Moderator drei
Studiogäste zum Thema „Erziehung - Brauchen wir eine*
5 *neue Erziehung, einen neuen Erziehungsstil?" befragt.*

*Zu diesem Text sollen Sie zehn Teilaufgaben lösen.
Beachten Sie bitte: die Reihenfolge der Aussagen entspricht nicht der Gesprächsabfolge im Text. Lesen Sie
jetzt die Aussagen 1 bis 10 im Trainingsbuch auf S. 65.*
10 *Lesen Sie auch das Beispiel mit der entsprechenden
Lösung.*

Abschnitt 2
Moderator: Am Mikrofon begrüßt Sie Michael Röwel.
Willkommen meine Damen und Herren zu „Was meinen
15 Sie?" Eltern auf der Suche nach Verhaltensregeln für alle
nur denkbaren Erziehungssituationen. Paare, die versuchen, sich mit dem so genannten „Hühott-Erziehungsstil"
irgendwie durch ihr Elterndasein durchzuschlängeln.
Mütter und Väter, die mit der Bitte an ihre Kinder heran-
20 treten, sie mögen doch die Führungsrolle der
Erwachsenen akzeptieren. Beispiele dafür, dass vielerorts
in Deutschland das eingetreten ist, was Experten bereits
als Hinweise auf einen Erziehungsnotstand betrachten,
zumindest jedoch als Erziehungsunsicherheit. Die Folge:
25 Der Konsum an Erziehungsratgebern nimmt immer weiter zu. Doch auch derartige Lektüre verändert anscheinend kaum die von Kindern und Jugendpsychiatern dia-
gnostizierte Realität und nach der immer mehr Eltern mit

der Erziehung ihrer Kinder überfordert sind. Ob derartige
30 Diagnosen tatsächlich zutreffen, darüber wollen wir
heute Morgen reden. Unser Thema bei „Was meinen
Sie?": „Kinder ohne Grenzen – Das Ende der Erziehung
oder neuer Mut zu Autorität."
(…)
35 Frau Zeltner, vielleicht, wenn wir zunächst einmal über
die Diagnose reden: Gibt es denn überhaupt so etwas
wie einen Erziehungsnotstand derzeit. Wie würden Sie es
beschreiben?
Frau Zeltner: Also ich denke, es gibt sicher in gewissen
40 Fällen einen Erziehungsnotstand, indem ich aus persönlicher Erfahrung weiß, dass viele Eltern sehr verunsichert
sind, dass sie überhaupt nicht mehr wissen, wie sie mit
ihren Kindern klarkommen. Und dass sie wirklich eine Art
Wankelpädagogik betreiben, mit dieser Hüh- und Hott-
45 Erziehung, was ja die Kinder sehr verunsichert. Und ich
denke, Eltern, die den Kindern keine Orientierung bieten
können, weil sie aus irgendwelchen Gründen selber keine
haben, die verunsichern ihre Kinder und machen sie hilflos. Und aus dieser Hilflosigkeit entsteht dann auch
50 Aggressivität, zum Teil gegen Eltern, zum Teil auch gegen
Mitmenschen - eine allgemeine existenzielle Unsicherheit
und Verunsicherung der Kinder. Und man weiß ja heute,
dass viele Kinder bereits mit psychosomatischen
Störungen reagieren, die eigentlich Erwachsene haben.
55 Da möchte ich aber nun gleich sagen, dass das nicht eine
Schuldzuweisung an die Eltern bedeutet, weil ich denke,
es ist heute nicht einfach, ein Kind zu erziehen, in unserer Zeit des Umbruchs, und ja der … des Verlustes auch
von festen Werten. Und da denke ich, dass diese Zeit
60 auch eine große Chance zu einer Neubesinnung und
Neuorientierung bietet.
(…)

Abschnitt 3

Moderator: Da werden wir sicherlich noch im Verlauf
65 der Sendung drüber sprechen. Herr Rothaus, wie schätzen Sie's ein: „Erziehungsunsicherheit?"
Erziehungsresignation ist ja auch ein Stichwort in Ihrem
Buch. Wie würden Sie's beschreiben?

Herr Rothaus: Das ist das Phänomen, was wir immer
70 wieder sehen, dass wir mit Eltern zu tun haben, die ganz
unsicher sind, ob sie überhaupt erziehen sollen, die resigniert haben, weil die Kinder sowieso nicht das tun, was
sie wollen. Und das war so der Ausgangspunkt der
Beschäftigung mit dem Thema. Und ich denke, der
75 Grund für diese Erziehungsunsicherheit, die wir vor 30
Jahren in der Art sicher nicht gesehen haben, liegt darin,
dass die Basis für Erziehung, für die traditionelle
Erziehung, inzwischen weggebrochen ist. Die Basis für
die traditionelle Erziehung war, dass es auf der einen
80 Seite Erwachsene gab, die wussten, was richtig war, was
zu tun war, und auf der anderen Seite Kinder, die noch
nicht wussten.
Das geht so auf Rousseau vor allem zurück. Das ist 'ne
Erfindung zu Beginn der Neuzeit, diese Art der
85 Erziehung, die hat's vorher nicht gegeben. Und diese
Basis ist aber nicht mehr da, (…)
dass es eben Kindheit in der traditionellen Form nicht
mehr gibt. Und auf der anderen Seite gibt es den traditionell erwachsenen Erwachsenen nicht mehr. Stichwort,
90 ein bisschen unfreundlich ausgedrückt: Infantilisierung
der Erwachsenen. Wenn ich durch Düsseldorf sehe (=
gehe), dass da ein Erwachsener mit 'nem Tretroller fährt.
Wenn ich die Väter sehe, die eigentlich jünger sein wollen als ihre Kinder, usw. Da sieht man diese Differenz
95 zwischen Kind und Erwachsenen, die gibt es nicht mehr.
Und deswegen wissen auf einmal die Erwachsenen nicht
mehr: Soll ich eigentlich noch den Kindern etwas vorge-
ben? Kann ich das eigentlich noch? Darf ich das noch?
Ist das richtig? usw., und so sind sie hin- und hergerissen
100 und wissen eigentlich nicht, was tun.

Moderator: Sie haben gesagt, die Basis für eine traditionelle Erziehung ist weggebrochen. Wie sah diese Basis
denn früher aus? Sind das auch bestimmte Werte gewesen, so wie Frau Zentner gesagt hat, die weitergegeben
105 wurden und die heute fehlen?

Herr Rothaus: Das ist zumindest die Überzeugung, ich
weiß es, ich weiß es. So traditionell sagte der Erwachsene
… ich habe das noch in meiner Kindheit wahrgenom-
men: Erwachsene haben ausgelernt. Wir finden das
110 heute schon komisch: Erwachsene sitzen heute genauso
wie Kinder auf der Schulbank. Früher glaubten die
Erwachsenen zumindest, Werte zu haben. Ob sie dann
die richtigen Werte haben, da habe ich so … hatten, da
habe ich so meine Zweifel. Aber sie waren zumindest der
115 Überzeugung und heute sind sie nicht mehr der Überzeugung. Und deswegen denke ich, dass man heute
Kindern anders begegnen muss als noch vor 30 Jahren.

Abschnitt 4

120 **Moderator:** Aus Berlin zugeschaltet, meine Damen und
Herren, ich habe es ja schon gesagt, ist Anna Kruse. Frau
Kruse, wie erleben Sie es jetzt denn als junge Mutter?
Wir haben ja hier das Stichwort „Erziehungsunsicherheit"
bereits genannt. Gibt's die auch bei Ihnen, in Ihrem
125 Umfeld. Wie würden Sie's beschreiben?

Frau Kruse:
(…)
Ich denke, grundsätzlich muss man sich klar machen,
dass Erziehung einfach ein Einwirken auf das Kind ist
und dass der größte Teil - aus meiner Sicht bisher
130 nicht als Fachfrau, sondern einfach als Mutter und
Tochter - ist, liebend auf das Kind einzuwirken. Und
dann wird man auch verbieten wollen, also um zu
verhindern. Ich denke nicht, dass es gesellschaftlich
das Ende der Erziehung bedeutet hat, zum Beispiel
135 Kinderläden[1] zu machen. Ich denke, dass es eher so'n
individuelles Problem ist. Also, ich seh' auch, dass
ganz viele Leute überfordert sind mit Erziehung oder
mit „Kinder haben". Ich denke nicht, dass es 'n
Problem ist, dass die Erwachsenen Tretroller fahren,
140 sondern dass die Erwachsenen einfach denken: Macht
ist gleich Macht … Einwirken zu dürfen, einfach
dadurch, dass man größer und stärker ist, darf man
alles verbieten. Das sehe ich in Berlin in der U-Bahn
oder so … Dass es einfach nur heißt: Lass das, lass
145 das, lass das, lass das … ohne irgendwie zu überlegen, warum das gelassen werden soll, sondern eher:
der Druck von außen wird weitergegeben auf das
Kind. Und das finde ich schrecklich und das versuche
ich, bei meinem Kind zu verhindern.

150 **Moderator:** Sie haben aber auch gesagt, es gibt so
etwas wie eine Unsicherheit. Wie würden Sie die,
wenn Sie ein Beispiel nehmen, wie würden Sie die
beschreiben? Ist es tatsächlich immer wieder diese
Machtposition, in die Erwachsene auch reingehen?
155 Das kann ja auch ein Ausdruck von Unsicherheit sein.

Frau Kruse: Nee, ich denke die Unsicherheit ist
dadurch geboren, dass wir … ich weiß nicht, ich
denke … in den letzten 30 Jahren gesehen haben,
dass es ganz viele verschiedene Alternativen der
160 Erziehung gibt. Und dass man jetzt, also in meiner
Sphäre, auch denkt: „Ach, ist das richtig, denen was
zu verbieten? Und verkrümme ich sie damit, oder
so?" Und das, das ist halt, dass man wählen kann,
was man vielleicht vor 100 Jahren gar nicht so wusste,
165 dass man wählen kann. Ehm, dass je mehr Wahl man
hat, desto unsicherer ist man.

Dörte Hinrichs, „Kinder ohne Grenzen", Journal am Vormittag,
eine Aufnahme des DeutschlandRadios © DeutschlandRadio Köln,
Journal am Morgen

[1] *Kinderläden: Von der 68er Generation gegründeter „Kindergarten",*
in dem den Kindern ein großer Freiraum eingeräumt wird - nach dem
Prinzip der anti-autoritären Erziehung.

Hörtext 9
Anwendung:Testaufgabe

Dienstleistungswüste Deutschland -
Wann wird der Kunde König?

Ansage
Abschnitt

Sie hören jetzt eine Radiosendung des Deutschlandfunks.
In der Reihe „Was meinen Sie?" wird über das Thema
„Dienstleistungswüste Deutschland - Wann wird der
Kunde König?" diskutiert. Dazu werden drei Hörer nach
5 *ihrer Meinung gefragt. Jeder der drei Hörer berichtet von*
seinen persönlichen Erfahrungen zum Thema
„Dienstleistungswüste Deutschland - Wann wird der
Kunde König?".

10 *Zu diesem Text sollen Sie zehn Teilaufgaben lösen.*
Beachten Sie bitte: die Reihenfolge der Aussagen ent-
spricht nicht der Abfolge im Text.

Lesen Sie jetzt die Aussagen 1 bis 10 in der Aufgabe 7
im Trainingsbuch auf Seite 66. Lesen Sie auch das Beispiel
15 *mit der entsprechenden Lösung.*

Abschnitt 2
Hören Sie den Text zuerst einmal ganz ohne Pausen.
Danach hören Sie ihn in Abschnitten mit Pausen noch
einmal.
20 **Moderatorin:** Am Mikrofon begrüßt Sie Dörte Hinrichs.
Vielleicht erinnern Sie sich noch an die Rede des
Bundespräsidenten im Hotel Adlon in Berlin. Da appellier-
te er geradezu flehentlich an die Deutschen, doch endlich die Tugend des Dienens zu lernen. Das klingt für die
25 einen vielleicht nach zu viel Unterwürfigkeit, gemeint war
wohl eher, dass es Zeit wäre, nach der industriellen
Revolution nun endlich auch die Dienstleistungsrevolution
zu vollziehen. Gerade in Deutschland, so hat es den
Anschein, müssten sich die Kunden ganz besonders häu-
30 fig über unprofessionellen, unfreundlichen und unpünktlichen Service ärgern. „Hetzen Sie uns nicht, wir sind auf
der Arbeit und nicht auf der Flucht", steht warnend auf
dem Schild am Behördenschalter, der ohnehin nur wenige Stunden am Tag besetzt ist. Da wurde das
35 Ladenschlussgesetz nach zähem Ringen endlich gelok-
kert. Doch in Hamburg beispielsweise haben nur noch 13
Prozent der Geschäfte bis 20 Uhr geöffnet.
„Dienstleistungswüste Deutschland - Wann wird der
Kunde König?" heißt unser Thema heute bei „Was mei-
40 nen Sie?" (…)
Moderatorin: (…) Am Telefon begrüße ich jetzt Frau
Wolf aus Kevelaer. Guten Morgen.
Frau Wolf: Guten Morgen.
Moderatorin: Frau Wolf, welche Erfahrungen haben Sie
45 gemacht mit der deutschen Dienstleistungswüste?
Frau Wolf: Ich hab' eigentlich überwiegend gute
gemacht, also mit Verkäuferinnen, würde ich sagen, zu
60 und 70 Prozent gute, sogar sehr gute. Ich hab' mal
erlebt als Studentin in Köln für 30 Pfennig 'n
50 Alpenveilchen gekauft, 'ne Blüte. Da wurde noch
gefragt: Möchten Sie 'nen Tannenzweigchen oder
Asparagus? Und noch dick in Zeitung verpackt, weil's
Winter war. Und bei der Bahn zu 90 Prozent. Ich muss
sagen, ich bin Bahnkunde, ich hab' seit zehn Jahren kein

55 Auto mehr. Also, was die an Freundlichkeit und Geduld
aufbringen, Hut ab. Ich hab' aber mal die Gegenfrage:
Benimmt sich denn der Kunde wie ein König? Die Leute
sind oft recht anspruchsvoll und unverschämt und unge-
duldig, fünf Minuten vor Ladenschluss noch 12 Paar
60 Schuhe anprobieren usw. Und ganz selten habe ich
gehört, dass sich einer mal jemand bedankt für 'ne nette
Bedienung. Das könnte ja auch geändert werden. Ich
meine, wie wir uns als Kunden benehmen, so kommt's
auch.
65 **Moderatorin:** Ich denke, das ist ein ganz wertvoller
Hinweis.
(…)
Ich danke Ihnen Frau Wolf.
(…)

70 **Abschnitt 3**
Moderatorin: In die Diskussion schaltet sich jetzt Herr
Knies aus Essen jetzt ein. Guten Tag.
Herr Knies: Ja, schönen guten Tag.
Moderatorin: Herr Knies, teilen Sie den Eindruck von
75 der Dienstleistungswüste Deutschland?
Herr Knies: Ja, ich teile den Eindruck auch, zumal wenn
man wie ich auch Erfahrungen im Ausland gemacht hat.
Und ich hab' diese Sendung jetzt angehört, und ich
würde jetzt gerne zwei Aspekte einbringen, warum das
80 für mich auch so sein muss. Der eine Aspekt ist der mas-
sive Stellenabbau, den die Industrie und der Handel usw.
betrieben hat. Wenn heute ein Supermarkt zum Beispiel
nach Quadratmetern berechnet wird und diese
Quadratmeter müssen einen bestimmten Gewinn abzie-
85 len und man setzt dann quadratmetermäßig dann
Verkäufer ein, wie ich das hier zum Beispiel habe. Ich
hab' hier einen Supermarkt, in dem ich einkaufe, da sitzt
ein Verkäufer an der Kasse und eine Hilfskraft füllt das
Lager auf. Wenn da noch zusätzlich das Telefon klingelt,
90 dann können Sie die Kasse vergessen. Das ist die eine
Sache, wo einfach die Leute nicht mehr in der Lage sind,
freundlich mir gegenüber zu sein. Und der zweite Punkt,
den ich mindestens, fast noch für schlimmer halte: In
den letzten Jahren wurde zunehmend die Ausbildung
95 verschlechtert, das heißt, wenn ich heute in einen Laden
gehe, was weiß ich Baumarkt oder sonst was, dann
muss der Verkäufer oder die Verkäuferin ja direkt Angst
vor mir haben, weil sie sich schlecht fühlt und sich überlegt, ob sie meinen Wünschen, die jetzt möglicherweise
100 irgendwelche speziellen Fragen beinhalten, ob sie denen
überhaupt gerecht werden kann. Und wenn ich Angst
vor dem Kunden habe, weil ich meiner eigenen
Fachkenntnis nicht trauen kann, dann kann ich nicht
freundlich sein.
115 **Moderatorin:** Sie haben dann schon dieses Fragen-Sie-
mich-bloß-nicht-Gesicht aufgesetzt.
Herr Knies: Ja, ganz genau, ganz genau. Die Leute
haben ja nur zwei Möglichkeiten, entweder sie wimmeln
mich ab oder sie müssen zugeben, dass sie keine
120 Ahnung haben von dem Job, an dem sie stehen und mit

dem sie Geld verdienen. Beides ist unangenehm für die Leute auch, das unterstelle ich denen jetzt auch mal, positiv.
(…)
125 **Moderatorin:** Ich kann mir vorstellen, dass viele diese Erfahrung teilen, Herr Knies. Ich danke für diese Anregung. (…)

Abschnitt 4
Moderatorin: Am Telefon begrüße ich jetzt Herrn Weiß
130 aus Frankfurt. Schönen guten Tag.
Herr Weiß: Guten Tag.
Moderatorin: Herr Weiß, wo sehen Sie denn den größten Bedarf im Dienstleistungssektor? Wie sind Ihre Erfahrungen?
135 **Herr Weiß:** Das größte Problem sind die Personaleinsparungen. Ich war selbst 30 Jahre im Öffentlichen Dienst, ich weiß, wovon ich rede. Bei uns sind ständig Personen eingespart worden, Dienststellen aufgelöst worden und der Arbeitsaufwand war immer größer
140 geworden. Der Bedienstete bei uns hatte sehr viel Verwaltungsaufgaben: Schreibdienst, Postbeantwortung, seinen üblichen Verwaltungskram und dazu die Kundenbetreuung, die den ganzen Tag von morgens halb acht bis abends um sechzehn Uhr ständig
145 Kundenbetreuung. Es ist tatsächlich so, dass man das als … zusätzlich als Belästigung empfunden hat, wenn man seine Arbeit nicht machen kann und dauernd durch Kunden behindert wird, seine Arbeit zu machen. Die Arbeit bleibt einfach liegen, und die Folge ist Stress. Und
150 es ist ein riesiger Aufwand, ständig freundlich zu sein, wenn Leute kommen und Fragen stellen und Fragen stellen, keine Ahnung haben, von dem, was sie eigentlich wollen. Das ist Stress, und wie kann ein Mensch da noch freundlich sein. Das Problem ist der Personalmangel. Ich
155 habe hier in der Nähe ein Postamt. Ich bin öfters dort am Postamt, da stehen jedes Mal … Früher waren an diesem Postamt drei Bedienstete, seit Jahren sind es nur noch

zwei und die Aufgaben werden immer größer. Postbanking zum Beispiel: Da kommen Ausländer, da
160 kommen Rentner, da kommen junge Leute, die von all diesen neuen Dingen wenig Ahnung haben und die Postbediensteten minuten-, ja viertelstundenlang befragen, befragen: Was muss ich machen? Wie muss ich ein Paket ins Ausland senden? Wie muss ich Geld ins
165 Ausland senden? Und hinter diesem Frager stehen fünf bis zehn Leute mit Paketen unterm Arm und warten und warten und warten. Und der Postbedienstete soll da nicht im Stress stehen. Das Problem ist die Überlastung. Die Einsparungen gehen zu Lasten der Kunden. Das ist
170 ganz eindeutig, das sehe ich überall, wo ich hinkomme. Bei unserem Postamt fast jeden Tag.
Moderatorin: Ja, ich denke Post ist ein gutes Beispiel. Immer mehr Filialen werden geschlossen.
Herr Weiß: Richtig und die Bediensteten stehen im
175 Stress.
Moderatorin: Ja, ich …
Herr Weiß: … Da hilft keine Belehrung, freundlich zu sein, da hilft kein Mundwinkel hochziehen. Der Bedienstete steht im Stress. Die Einsparung geht zu
180 Lasten der Kunden.
Moderatorin: Ich danke Ihnen auf jeden Fall für die Anregung. Vielleicht tut sich was auf diesem Sektor. ((…))
Unsere Redezeit bei „Was meinen Sie?" geht gerade zu
185 Ende. Die viel beschworene deutsche Dienstleistungswüste und ihre Hintergründe haben wir ein wenig beleuchtet, vielleicht auch ein paar Oasen ausfindig machen können. Danke den Hörern, dass Sie sich an dieser Sendung beteiligt haben, auch meinen
190 Studiogästen, dass Sie hier Rede und Antwort standen.

„Dienstleistungswüste Deutschland", Information am Morgen, Eine Aufnahme des DeutschlandRadios © DeutschlandRadio Köln, Journal am Morgen

Dieser Antwortbogen ist nach dem Modell des Antwortbogens in der ZMP gestaltet. Sie sollten ihn 1. zu den Aufgaben im Testkapitel (die Lösungen von 1 bis 60) und 2. zu den Testaufgaben in den vier Teilbereichen des Trainingskapitels (Lösungen von 1 bis 5 bzw. 1 bis 10) einsetzen. Machen Sie sich dementsprechend vor der Arbeit mit dem Trainingsbuch zwei Kopien dieses Antwortbogens.

Leseverstehen

Test: Aufgabe 1   Training: Aufgabe 6

1	1	a	b	c	d	e	f	g	h	negativ
2	2	a	b	c	d	e	f	g	h	negativ
3	3	a	b	c	d	e	f	g	h	negativ
4	4	a	b	c	d	e	f	g	h	negativ
5	5	a	b	c	d	e	f	g	h	negativ

Test: Aufgabe 2   Training: Aufgabe 7

6	1
7	2
8	3
9	4
10	5
11	6
12	7
13	8
14	9
15	10

Test: Aufgabe 3   Training: Aufgabe 7

16	1	a	b
17	2	a	b
18	3	a	b
19	4	a	b
20	5	a	b

Test: Aufgabe 4   Training: Aufgabe 4

21	1	a	b	c	d	26	6	a	b	c	d
22	2	a	b	c	d	27	7	a	b	c	d
23	3	a	b	c	d	28	8	a	b	c	d
24	4	a	b	c	d	29	9	a	b	c	d
25	5	a	b	c	d	30	10	a	b	c	d

Hörverstehen

Test: Aufgabe 1	Training: Aufgabe 7

31	1	....
32	2	....
33	3	....
34	4	....
35	5	....
36	6	....
37	7	....
38	8	....
39	9	....
40	10	....

Test: Aufgabe 2	Training: Aufgabe 12 bzw. 7

41	1	a	b	c	d		46	6	a	b	c	d
42	2	a	b	c	d		47	7	a	b	c	d
43	3	a	b	c	d		48	8	a	b	c	d
44	4	a	b	c	d		49	9	a	b	c	d
45	5	a	b	c	d		50	10	a	b	c	d

Schriftlicher Ausdruck

Test: Aufgabe 2	Training: Aufgabe 9

51	1	....
52	2	....
53	3	....
54	4	....
55	5	....
56	6	....
57	7	....
58	8	....
59	9	....
60	10	....

Verzeichnis der Abbildungen

S. 16: *Foto:* © Gesellschaft deutscher Chemiker (GDCh) Frankfurt a.M.
S. 18: *Foto:* Elisabeth Bonneau, Süddeutscher Verlag, München
S. 25: *Fotos:* Gerd Pfeiffer; München
S. 26: *Illustrationen:* Uli Olschewski, München
S. 78: *Illustration:* Karin Kopp, Augsburg
S. 81: *Illustration:* Daniela Governatori, Remscheid
S. 87: *Illustration:* Uli Olschewski, München
S. 87: *Schaubild:* © Globus Kartendienst, Hamburg
S. 91: *Schaubild:* © Globus Kartendienst, Hamburg
S. 99: *Fotos:* Gerd Pfeiffer, München
S.100: *Foto:* Gerd Pfeiffer, München
S.104: *Fotos:* Gerd Pfeiffer, München
S.105 und S. 108: *Illustrationen:* Uli Olschewski, München
S.110: *Illustrationen:* Uli Olschewski, München